LES IDÉES MORALES
DES INTERLOCUTEURS DE SOCRATE

BIBLIOTHÈQUE D'HISTOIRE DE LA PHILOSOPHIE

LES IDÉES MORALES
DES INTERLOCUTEURS DE SOCRATE
DANS
LES DIALOGUES PLATONICIENS DE JEUNESSE

PAR

Evelyne MÉRON

Ouvrage publié avec le concours
de l'Université de Bar-Ilan, Israël

PARIS
LIBRAIRIE PHILOSOPHIQUE J. VRIN
6, PLACE DE LA SORBONNE, V^e^
—
1979

A ma mère

Printed in France

En abordant cet ouvrage, je désire exprimer ma reconnaissance à tous ceux qui en ont permis la réalisation.

Que soit ici remercié d'abord Monsieur le Professeur Fernand Robert, qui a bien voulu accepter de diriger mon travail ; ses conseils me furent toujours précieux, et sa bienveillance ne s'est jamais démentie.

A Monsieur le Professeur Emmanuel Levinas, je dois mon initiation à l'étude de la morale et des textes philosophiques ; plus particulièrement je lui dois encore l'une des idées maîtresses auxquelles cette thèse aboutit.

Je reconnais ma dette aussi envers tous mes professeurs de grec, spécialement Mademoiselle S. Rey, et Mademoiselle H. Lajoinie, trop tôt disparue, qui, la première, m'a fait découvrir la littérature grecque et ses beautés.

J'ai grand plaisir à dire toute ma gratitude à ma collègue Claude Vial, de l'Université de Lyon ; cette amie vigilante m'a beaucoup aidée à enrichir ma bibliothèque.

Enfin l'Université Bar-Ilan, par sa participation financière, et par les studieux loisirs de l'année sabbatique qu'elle m'a accordée, m'a donné la possibilité de me consacrer à mes recherches.

A ma famille doit aller ma plus vive reconnaissance, au souvenir de ma mère, à mon père, à mon mari. Mes parents ont toujours veillé à la qualité de mes études. Mon père a pris une peine infinie pour relire ces pages. Et mon mari a constamment aiguillonné la poursuite de ce travail et a résolu bien des problèmes pratiques.

INTRODUCTION

Platon a-t-il été poète tragique dans sa jeunesse ? [1] Cela laisserait imaginer un extraordinaire bouleversement de sa pensée, car l'opposition du platonisme à la littérature tragique est frappante [2]. Peut-être cette « conversion » est-elle légendaire, déduite pour une part du fait que Platon aurait été poète, généralement parlant (Diogène Laërce lui attribue aussi des dithyrambes et des chansons), et pour une autre part de la sûreté parfaite avec laquelle il mène ses dialogues dans l'œuvre philosophique conservée. Quoi qu'il en soit, sa maîtrise dans le genre dialogué demeure l'évidence, et mérite une attention spéciale, car son intérêt est grand sur deux plans.

Sur le plan formel d'abord. La variété des figures campées, et leur pittoresque, font des *Dialogues* un chef-d'œuvre littéraire, et en agrémentent fort la lecture. Bien entendu, le but de Platon semble être de soulager l'attention : les dialogues un peu longs sont coupés d'intermèdes [3] ; les entrées en scène sont aussi spectaculaires que possible [4], la satire joue un rôle considérable [5]. Mais pour nous, avec le recul du temps, cette amusante galerie de portraits a une importance autrement plus considérable encore : c'est un extraordinaire document sur toute une société.

Sur le plan philosophique ensuite, la manière de dialoguer est essentielle ; puisque la démarche dialectique caractérise la pensée platonicienne [6], il faut pour la comprendre étudier l'ordre des répliques, leur originalité, leur spontanéité... Nous pouvons alors saisir à partir de quels éléments se forment les conclusions de Platon, si nous voyons bien sur quels points, et dans quelle mesure, Socrate s'oppose aux autres personnages. Ces conclusions, même provisoires et toutes négatives, sont

1. Cf. Diogène Laërce III 5.
2. Cf. l'article de Gilberte Ronnet, « *Le sentiment du tragique chez les Grecs* » REG. 1963, p. 336. Nous-même aurons à insister sur cet antagonisme.
3. *Protagoras* 338 b, par exemple.
4. Irruptions de Polos, puis de Calliclès, dans le *Gorgias,* par exemple.
5. Comme tout au long du *Grand Hippias* ; dans le *Protagoras*, le petit discours de Prodicos sur les synonymes devait être d'une drôlerie irrésistible pour les contemporains.
6. Cf. François Châtelet *Platon* (Paris 1965), surtout au début du livre.

toujours le résultat d'une construction à laquelle deux interlocuteurs au moins participent ; c'est la raison d'être de cette forme dialoguée [7].

Naturellement, ces deux centres d'intérêt, description d'un milieu, et formation de la pensée de l'auteur, sont liés, car la démarche dialectique, le jeu des oppositions, dépendra de la personnalité de l'homme qui s'oppose à Socrate [8].

⁂

Ces considérations sur la forme dialoguée s'appliquent surtout aux premières œuvres, celles que l'on appelle « socratiques » dans l'idée que la pensée du Maître, plutôt critique que constructive, ne s'exprime qu'en ces dialogues plus ou moins dépourvus d'un enseignement positif original [9]. Là peuvent être développées et argumentées les opinions non-socratiques. Comme de juste, les « philologues discutent » pour établir la liste exacte de ces œuvres de jeunesse ; leurs opinions divergent et sur la datation et sur l'authenticité de chacune. Puisqu'il n'est guère espérable d'arriver en ce domaine à des certitudes, nous éviterons de nous égarer en risquant des hypothèses, et nous suivrons pour l'authenticité les théories admises en général, notamment par Léon Robin dans son édition de la Pléiade. Nous négligerons la question chronologique, car ce qui nous intéresse, c'est la richesse du caractère, ou de l'opinion accordée à l'interlocuteur de Socrate ; nous trouvons cela, c'est normal, dans les dialogues où Socrate est seulement critique : tel est le cas des deux *Hippias*, d'*Ion*, d'*Alcibiade I*, de *Charmide*, de *Lachès*, de *Lysis*, d'*Euthyphron*, du premier livre de la *République*. Parfois Socrate joue un rôle plus large, parle d'abondance, et formule en son nom des doctrines positives : identité de la piété, de la justice et des autres vertus dans le *Protagoras*, caractère avantageux de la justice dans le *Gorgias* (la conclusion mythique suffit à prouver que la démonstration dialectique n'y est pas tout à fait suffisante), primauté du respect des lois dans le *Criton ;* dans le *Ménon* apparaît même une théorie généralement considérée comme propre à Platon, celle de la réminiscence. Peu importe :

7. Dorothy Tarrant (*Plato as dramatist* Journal of Hellenic Studies 1955) le dit ainsi : « Tandis que *ousia* reste le *paradeigma* éternel et immuable, l'activité humaine de la pensée procède par voie de *génésis*, par le heurt d'esprits individuels. » (p. 89).

8. Cf. D. Tarrant (*ibid.*, p. 86) : « Les commentateurs ont vu dans la peinture individualisée des personnages... le trait le plus évidemment dramatique de l'œuvre de Platon. Ces interlocuteurs jouent un double rôle : ils sont des êtres humains, individuellement conçus, et ils sont souvent aussi des personnifications de qualités morales ou de points de vue philosophiques. »

9. F. Robert estime, non sans vraisemblance, qu'il en va tout autrement : les premiers dialogues de Platon entreprenant de réhabiliter un Socrate récemment condamné, offriraient une figure du Maître simplifiée et déformée par souci d'apologétique. Le vrai Socrate serait celui qui enseigne la théorie des Formes (cf. *La littérature grecque*, Paris, 1967, p. 96-97). Mais ici, nous ne nous intéressons qu'à un Socrate *dramatis persona* ; si le personnage est simplifié, il l'est néanmoins dans la ligne de ce que Platon admire. Quant au souci d'apologétique, nous verrons qu'il n'a pas empêché Platon de prêter à son Socrate des points de vue assez choquants aux yeux de l'opinion. En tout état de cause, la continuité est certaine entre le Socrate des premiers dialogues et celui des suivants.

dans tous ces dialogues figurent des caractères fortement typés qui se heurtent plus ou moins vivement à Socrate, et apprennent de lui quelque chose sur eux-mêmes, notamment à reconnaître leurs ignorances. Tous ces dialogues cités ici feront l'objet de notre étude : ce sont ceux où Socrate joue le rôle d'un « poisson-torpille » qui engourdit ses adversaires, c'est-à-dire les empêche de défendre leurs opinions premières, tout simplement parce qu'ils en perçoivent enfin les défauts [10]. Nous ajouterons l'*Apologie,* où Socrate parle presque seul, mais en référence constante à une opinion publique qui le juge et le condamne.

Par contre, seront exclus des textes comme le *Ménéxène,* ou le *Banquet,* car s'y juxtaposent des discours formant un tout chacun, sans recours à la dialectique. Exclu aussi l'*Euthydème,* mettant en scène des originaux par trop ridicules [11]. Exclus enfin tous ces dialogues, généralement datés de la maturité ou de la vieillesse de Platon, où le répondant de Socrate n'est plus un interlocuteur véritable, mais un docile disciple dont les répliques sont toujours « oui », « c'est évident », et « comment pourrait-il en être autrement ? ».

Les œuvres que nous étudierons portent des sous-titres traditionnels et significatifs : *du faux, du beau, sur l'Iliade, de la nature de l'homme, de la sagesse morale, du courage, de l'amitié, de la piété, de la justice, de la rhétorique, du devoir, de la vertu ; le Protagoras ou les Sophistes* traite du sens civique ou social, et l'*Apologie* défend un idéal de vie. Il s'agit partout d'esthétique ou de morale, problèmes liés pour les anciens Grecs. Les opinions des interlocuteurs de Socrate que nous aurons à étudier seront donc leurs opinions sur la morale, et l'étude de leur personnalité servira à cerner l'originalité de leurs opinions.

⁂

Les qualités littéraires des *Dialogues* en font, avons-nous dit, un merveilleux documentaire. Tout un monde vit dans ces pages. Autour de Socrate, lui-même figure haute en couleurs, gravite une multitude de personnages dont la variété frappe d'abord : il y a des vieillards, l'étranger Céphale, et Criton le camarade d'enfance, amis très proches tous les deux, à qui Socrate s'adresse sur un ton affectueux. Il y a les enfants et les très jeunes gens sur lesquels Socrate se penche avec tendresse : Lysis, Charmide, l'adolescent Alcibiade. Très jeune encore, mais hostile,

10. Cette image de la torpille vient du *Ménon* 80 b, mais elle est déjà suggérée par des sentiments analogues chez la victime, par exemple dans le *Lachès* 194 b, dans l'*Alcibiade* 116 e, dans le *Gorgias* 513 c. Dans ces dialogues et dans tous les autres cités ici, un ou plusieurs personnages se voient dans l'incapacité de défendre les opinions énoncées par eux au début de l'entretien.

11. Ceci dit sans prévention contre les thèses soutenues par eux. Seulement ces thèses sont comme désincarnées, leurs champions étant dépourvus d'épaisseur psychologique. D'autre part, à la fin du dialogue, un brave homme comme Criton refuse tout net de se mettre à l'école des éristiques ; ceux-ci peuvent donc avoir été les rivaux des philosophes au sein du monde intellectuel, mais ils n'étaient guère représentatifs de l'opinion publique, sans doute : aussi Platon a-t-il exposé leurs thèses sans s'intéresser aux personnes. Quant à Clinias, il demeure assez banal, docile à tous.

Polos. Enfin l'ennemi qui obtiendra la mort du maître, Mélétos, se conduit avec la violence et la sottise de l'extrême jeunesse.

Auréolés de prestige, voici les sophistes, les très admirés Protagoras, Gorgias, et Hippias l'abîme de science. Plus sérieux, semble-t-il, les spécialistes : Ion, qui ne se pique que de critique littéraire, et pour le seul Homère ; Euthyphron, le théologien. Mystérieux et inconnu, Calliclès marche fougueusement sur la trace de ces grands hommes, comme Thrasymaque, dont on ne sait s'il est le Thrasymaque connu par ailleurs et à qui il ne ressemble guère. Critias et Ménon incarnent les ambitions convenables de la bonne société, athénienne et étrangère. Plus modestes sont les généraux Nicias et Lachès, ce dernier surtout sans prétention intellectuelle, et plus modestes encore les pères de famille Lysimaque et Mélésias.

Enfin, anonyme, mystérieux, presque toujours présent, Monsieur « tout le monde » ou l'Athénien moyen, est évoqué constamment par Polos ; il inspire — vraisemblablement — son idéologie au très humain Criton ; et il rythme l'*Apologie* du chahut de ses susceptibilités et de ses passions.

Une telle peinture est sans doute d'un grand agrément littéraire, et d'un plus grand intérêt documentaire. Mais il va de soi qu'il n'est pas question de décrire en historien le milieu de Socrate, avec pour document un témoignage forcément partial, ou déformé par Platon, surtout à une époque où la fidélité historiographique était inconnue [12]. Si le problème socratique a fait couler beaucoup d'encre, le problème des autres personnages n'est guère plus clair. Seulement nous n'avons désormais plus rien à faire avec une Athènes du Ve siècle, « historiquement » réelle, où nous n'irons jamais, et nous avons par contre le plus grand intérêt à savoir comment Platon voyait son milieu et celui de son maître. Dans la mesure du possible, il faudra tâcher d'apprécier combien les individualités et l'atmosphère générale décrites par Platon concordent avec d'autres documents [13]. Mais quelles que soient les conclusions, et

12. Cf. par exemple Thucydide I, 22, Flavius Josèphe *Contre Apion* A 42 ; Polybe *Histoires* XVI 20. Et le père Lacroix, *l'Histoire dans l'Antiquité*, 1951, p. 222.

13. Si l'on s'interroge sur la « vérité historique » des personnages de Platon, il conviendra d'établir une nette différence entre Socrate et tous les autres. Socrate est le porte-parole de Platon, au moins à un certain stade de sa pensée ; ceci n'est pas prouvé en toute rigueur ; Yvon Brès, par exemple, soutient à la page 38 de sa *Psychologie de Platon* (Paris 1973) que, comme au théâtre, tous les personnages ont une dignité égale quand il s'agit d'exprimer la personnalité de l'auteur, et ceci l'amène souvent à des exégèses révolutionnaires. Mais une lecture plus naïve découvre avec évidence que Socrate possède une maîtrise sans faille, et que le ridicule n'est jamais le lot que de ses interlocuteurs ; hostiles ou pas, les hommes qui gravitent autour de Socrate lui sont toujours inférieurs, par leur ignorance ou leur mauvaise volonté.

En conséquence, la « vérité historique » de Socrate, impossible à connaître, faute de document objectif, est aussi inutile à connaître puisque l'auteur prend à son compte l'enseignement, méthodologique ou dogmatique, peu importe ici, dispensé par ce personnage. Délimiter l'originalité de Platon par rapport à son maître aurait un intérêt plutôt anecdotique.

Au contraire, la « vérité historique » du milieu de Socrate peut être partiellement connue, et par les rares textes sophistiques parvenus jusqu'à nous, et par le reste de la littérature contemporaine ; et il est souhaitable de cerner cette « vérité », car il serait intéressant d'apprendre comment Platon situe sa doctrine par rapport à la pensée des autres Grecs.

peut-être les doutes subsistant, il nous reste une peinture du milieu de Socrate, c'est-à-dire du point de départ de la doctrine platonicienne.

La structure des *Dialogues,* où toujours Socrate s'oppose à quelqu'un d'autre, nous propose une opposition de deux formes de pensée dont aucune ne peut être rattachée avec certitude à l'enseignement de tel ou tel, mais se définit contre l'autre.

D'un côté il est hors de question de conjecturer où finit le socratisme et commence le platonisme. La continuité est assez évidente si le maître est le porte-parole littéraire du disciple, et nous appellerons ici socratisme la forme de pensée qui est celle de Platon, héritée plus ou moins fidèlement du Socrate réel, et exprimée par le Socrate fictif. Ce socratisme, Platon le présente au début de son œuvre comme se développant à partir d'une certaine opinion publique et contre elle, cette opinion ne pouvant être attribuée avec certitude au « vrai » Gorgias, ni à la bourgeoisie, ni à l'armée, ni à l'air du temps, mais étant d'abord non-socratique.

Il est donc essentiel, pour comprendre le socratisme (avant de chercher à savoir où il reste celui du maître et où il est devenu celui du disciple), de savoir quelle est cette opinion publique, sa source et son repoussoir. Si c'est celle qui a été « réellement » celle du peuple athénien, alors nous avons un document historique. Si elle est imaginée par Platon, alors il est très important de savoir comment il se représentait son monde, ce qu'étaient pour lui l'erreur, la vulgarité et le péché. En chaque cas, cela nous permet de situer l'originalité de Platon [14].

⁂

La méthode dialectique nous présente des personnages intéressants, mais en rend du même coup l'interprétation délicate. Par le jeu des questions et réponses, il devient difficile de savoir à qui attribuer l'opinion finalement énoncée. D'après Socrate, la solution est simple : toute opinion s'exprime dans une réponse, et appartient au répondeur [15]. Mais il convient d'être un peu plus subtil. Combien de fois ne verrons-nous pas un personnage embarrassé répondre ce qu'il croit que le questionneur approuve [16] ? Il faudra donc examiner le contexte avec attention pour

Une étude complète de cette « vérité » serait un travail d'érudition énorme. Mais il nous semble souhaitable d'étudier les *Dialogues* de Platon sans faire abstraction des autres témoignages sur le milieu de Socrate.

C'est pourquoi nous n'attacherons pas une importance prioritaire à l'étude des textes « socratiques » comme les *Nuées* ou les *Mémorables.* Le Socrate qui nous intéresse ici, c'est uniquement celui de Platon, forgé, *dramatis persona.*

14. Si la multitude de personnes diverses mises en scène par Platon représente un même état d'esprit cohérent, homogène, ce sera un indice, incertain d'ailleurs, que le philosophe reconstruit son monde pour s'y opposer plus logiquement. Si, par contre, les manières de penser des bons bourgeois, des blancs-becs, des généraux et des sophistes nous paraissent diverger, comme il est naturel, alors le socratisme se présentera comme un développement parmi d'autres des idées du temps.

15. *Alcibiade,* 112 e-113 b.

16. *Grand Hippias* 293 e sq., par exemple.

voir quand on s'exprime spontanément, et dans ce cas conjecturer si la pensée est originale ou influencée par des tiers, et quand, par respect humain ou crainte malhonnête de perdre la face, on essaie de deviner la pensée d'autrui.

Puis, quand le répondeur aboutit de bonne foi, après examen d'une question, à un résultat dont il est le premier surpris, comment lui attribuer sa réponse ? Pour Socrate, il y a toujours responsabilité totale du répondeur, et il énonce sa théorie de la « maïeutique »[17] : son rôle n'est que d'aider, par des questions appropriées tenant lieu sans doute de forceps, son interlocuteur à accoucher d'une idée lui appartenant, mais qu'il ne savait pas exprimer. Toutefois, la célèbre comparaison n'est pas forcément exacte. L'accoucheur peut préserver plus ou moins adroitement la santé de la mère et de l'enfant, mais en aucun cas il ne peut modifier la personnalité de cet enfant déjà existant. Il est vraisemblable au contraire que Socrate obtient un certain résultat en orientant ses questions à sa guise, tandis qu'un autre questionneur adroit aurait pu obtenir autrement d'autres découvertes[18] ; en effet, l'opinion ne préexistait pas vraiment, car une opinion inconsciente est chose au moins bizarre. Mais d'autre part, il n'est pas sûr que le résultat obtenu par Socrate puisse être obtenu avec n'importe quel interlocuteur, car les questions ne peuvent se succéder, en vue de ce résultat, dans un ordre déterminé que s'il existe objectivement une seule réponse à chaque question, ce qui est invraisemblable dans le domaine moral. Donc l'étude des personnalités parlant dans les premiers dialogues nous permettra de voir, dans la société du Ve siècle, non seulement une origine et un repoussoir au socratisme, mais aussi des éléments constituants de ce même socratisme[19].

***

Notre étude nous permettra d'examiner une double opposition. Celle de la morale socratique à la morale grecque classique, bien sûr, et ainsi nous définirons mieux Platon. Et puis celle de la morale grecque classique à la morale moderne, celle de « l'Européen moyen ». En effet, nous devrions nous reconnaître dans les Anciens, puisque « rien n'est nouveau sous le soleil », et surtout pas la nature humaine, or eux et nous autres appartenons également à une société cultivée. Et, de fait, nous nous reconnaissons souvent en eux. Mais d'autre part, nous avons été marqués par Platon, et si certaines idées, normales à Athènes il y

17. Ce passage du *Théétète,* 149 a et sq., illustre très bien l'intention des dialogues « de jeunesse ».

18. *L'Euthydème* nous présente des exemples d'argumentations dialectiques opposées. Platon s'en moque, mais le problème demeure.

19. Les deux courants, socratique et non-socratique, étant si fortement liés, nous aurons à analyser aussi la pensée de Socrate, mais toujours par rapport à celle de son entourage.

a vingt-cinq siècles, sont pour nous un scandale [20], c'est le signe que nous tous avons définitivement appris quelque chose de Platon. Bien entendu, l'influence judéo-chrétienne explique largement des divergences de cet ordre. Mais, après tout, la pénétration profonde d'une morale asiatique en occident mérite elle-même une explication, et l'enseignement d'un grand et original penseur grec pourrait en être une assez satisfaisante [21].

Étudier les idées morales des interlocuteurs de Socrate dans les dialogues platoniciens de jeunesse peut donc aider beaucoup à déterminer d'où est parti le socratisme, et tout autant où il aboutit.

20. Ainsi, l'idée de Polos, que le sort du tyran sanguinaire est le plus enviable qui soit, celle exprimée en *République* I que la justice consiste à rendre le mal pour le mal, celle de Calliclès ou des juges de l'*Apologie* que le danger non militaire déshonore celui qui l'encourt.

21. Pensons au mot de Pascal : « Platon pour préparer au christianisme ».

CHAPITRE PREMIER

QUELQUES PROBLÈMES FONDAMENTAUX

Anciens et Modernes.

Nous avons prévu de considérer les opinions prêtées par Platon aux interlocuteurs de Socrate comme l'expression du mode de pensée propre à un certain milieu, ce milieu étant facilement localisable dans l'espace et dans le temps, et s'opposant à d'autres sociétés, par exemple à la nôtre que nous connaissons le mieux. Ceci peut susciter des objections.

D'abord, le milieu de Socrate est varié, impossible peut-être à réduire à une description unique ; à plus forte raison, combien le nôtre peut-il alors sembler divers ; l'Occident moderne, auquel nous avons le sentiment d'appartenir, s'étend sur trop de siècles et de pays pour qu'on puisse seulement songer à le définir par une formule ou par un système.

Et pourtant, en lisant des descriptions exotiques ou antiques, nous ressentons que nous sommes différents ; c'est un fait [1]. Les commentaires sur Platon se réfèrent souvent à cette différence, depuis Grote [2] jusqu'à Alexandre Koyré [3] ; Pamela Huby a intitulé un livre récent « *Plato, and modern morality* » [4]. Nous nous autoriserons de ces exemples.

L'autre objection peut se fonder sur la pérennité de la nature humaine. Abstraction faite des divergences individuelles, et si les grands principes sont intéressés, il serait peu vraisemblable que les cas de conscience

1. Fait à considérer dans sa portée générale. Il va de soi que des parentés peuvent s'établir entre certaines tendances antiques et modernes ; la morale cornélienne, par exemple, ressemble beaucoup à la morale grecque que nous décrirons.

2. *Plato and the other companions of Socrates* (London 1888), *passim.* Au tome I p. 369, par exemple, il écrit :

« Dans le monde moderne, la recherche de la vérité comme recherche d'une inconnue n'est pas envisagée ».

3. *Introduction à la lecture de Platon* (Paris 1962). Par exemple à la page 43, n. 1, « le lecteur moderne... infecté de relativisme sociologique » est comparé à Protagoras.

4. Edimbourgh 1972. Nous ne nous servirons guère de ce livre, car il traite surtout de l'organisation publique (famille, propriété, etc.) et il se réfère presque uniquement à la *République* et aux *Lois.*

soient jugés tout autrement dans des sociétés policées, même séparées par plusieurs millénaires ; que le bien et le mal, l'admiration et l'horreur instinctives qu'ils suscitent, changent du tout au tout avec les civilisations.

Pourtant nous aurons ici à opposer constamment une forme de pensée hellénique égocentrique à une attitude moderne plus altruiste. Qu'est-ce à dire ? La pitié et l'amour-propre, dont Rousseau fait les deux foyers de l'âme humaine, ne sont ni anciens ni modernes, mais généralement humains. En effet, les valeurs primordiales restent toujours les mêmes. Tout homme normal recherche son propre bonheur, et nul n'a désiré sans autre motif la souffrance d'autrui. Mais il en va différemment des systèmes moraux, des échelles de valeurs ; si l'on tente d'organiser hiérarchiquement les instincts incohérents de la nature humaine, divers arrangements sont possibles, et sont effectivement en honneur dans des civilisations différentes. Un ancien et un moderne admireront le même succès, ou le même dévouement ; mais ce sera par référence à une autre théorie morale[5]. Rousseau lui-même s'exprime en moderne, quand il parle de l'effet « corrupteur » de la vie en société, l'homme y étant amené à donner la préférence à l'amour-propre sur la pitié, en cas de conflit.

⁂

Obscurité du grec antique.

Si la morale grecque est étrangère à la nôtre, au moins sous son aspect doctrinal, l'étude en sera assez délicate, et cela d'autant plus que les moralistes grecs ont forcément formulé leur pensée en une langue à laquelle nous n'avons pas un accès direct.

Traduire c'est trahir : ce jeu de mots est devenu un truisme, et n'admet guère d'exception. Mais cela peut être plus ou moins grave. Traduire une langue vivante européenne en une autre est une entreprise acrobatique, mais très réalisable : le problème y est bien plus stylistique que logique. Si nous n'avons pas d'équivalent élégant pour *Geschwister* nous pouvons nous résigner à le rendre par une périphrase. *Erlebnis* ou *Weltanschauung* sont plus délicats à définir par des vocables français, mais l'existence de ces notions est assez familière pour que l'on puisse parfois faire passer le mot allemand, tel quel ou artificieusement transposé, dans un contexte qui l'éclaire. Et jamais ces problèmes ne doivent être insolubles, si l'intérêt se porte sur la pensée du texte original et non sur le style de la traduction. C'est bien naturel, car si les Allemands n'écrivent pas par référence aux idées françaises, ni aucun peuple pour se conformer à la forme de pensée d'un autre, du moins y a-t-il tant de contacts entre les pays modernes, au moins en Occident, que les cadres de la pensée sont très semblables chez les uns et chez les autres.

5. Ainsi s'explique peut-être que les doctrines morales des philosophes nous dépaysent souvent plus que les attitudes des héros d'épopée ou de tragédies.

Il est certain que les mots anglais *beautiful, good* ou *friendly* ne sont pas sensiblement différents de nos « beau », « bon » ou « amical ». Et si *fair* n'a pas d'équivalent chez nous, les occasions de comparer les langues ont été assez fréquentes pour que le cas soit connu, le problème circonscrit, et codifiées les différentes manières de traduire le mot selon son contexte. Il en va tout autrement si nous voulons traduire une langue morte. Non seulement les Anciens n'écrivaient pas pour nous, mais ils n'écrivaient pas conformément à nos catégories. Cette lapalissade ne devrait pas être prise à la légère, car elle peut nous rendre conscients des risques courus à la lecture d'un texte grec[6]. Les occasions d'erreurs sont rares tant qu'il s'agit de réalités concrètes, définissables, de vêtements, de bateaux... mais dans le domaine sentimental et moral, comment savoir interpréter ? Qui nous dira jamais si le *philos*[7] homérique marque un sentiment d'attachement, ou la propriété ? La seconde hypothèse est dogmatiquement enseignée dans les écoles, mais sans justification probante. Et chez Platon, que signifient ces *kallos, philia, sôphrosunê, hosiotês,* et surtout cette *arétê* qui en est la synthèse ?

On ne peut à la fois supposer que Platon est un penseur admirable, et lui voir sans surprise attribuées par son traducteur qualifié, Léon Robin, dans la traduction de la Pléiade, des répliques comme celle-ci :

> « *Si tu lui réponds que ce beau qui fait l'objet de sa question n'est rien d'autre que l'or, il sera dans l'embarras et il n'entreprendra pas de te réfuter.* » (*Grand Hippias* 289 e),

ou bien :

> « *Les yeux qui sont beaux, ce ne sont pas disons-nous ceux que l'on jugerait ainsi faits qu'ils fussent incapables de voir, mais bien ceux qui en seront capables et que l'on peut utiliser pour la vision. N'est-il pas vrai ? — Oui.* » (*Grand Hippias* 295 c).

Ou encore ce reniement des « poètes maudits » tiré du *Lysis* :

> « *Un homme qui, avec de la poésie, se nuirait à lui-même, tu te refuserais, je pense, à accorder que ce puisse être jamais un bon poète, nuisible à lui-même ? — Non, par Zeus, je ne le voudrais pas, dit-il, ce serait en effet le comble de l'absurdité.* » (206 b).

6. Le latin nous est peut-être un peu moins « étranger », sans doute parce qu'une tradition ininterrompue a mené jusqu'à nous textes, commentaires, et façon de penser, ou bien aussi parce que l'Empire romain a romanisé la mentalité européenne durablement. En tout cas, il suffit de comparer la *philia* de Platon et l'*amicitia* de Cicéron pour voir laquelle est notre « amitié ».

7. En transcrivant le grec, nous avons tenté d'indiquer la prononciation actuellement en usage ; faute de mieux, nous avons renoncé à rendre l'accentuation et les iota souscrits ; l'accent circonflexe français nous a paru commode pour marquer les êta et les ôméga ; pour faciliter la compréhension, nous avons rendu la crase par l'apostrophe, malgré la défectuosité de ce procédé.

Que ces phrases soient donc attribuées à Platon peut suffire à nous alerter. Ces citations sont ici choisies pour leur concision, mais de telles bizarreries sont constantes au long de la traduction, et bien souvent toute une argumentation est fondée sur des associations d'idées parfaitement saugrenues à nos yeux.

Pour résoudre la difficulté, nous n'avons d'autre repère que le contexte, œuvres de Platon et de ses contemporains, et ce contexte n'est pas très éclairant, car les notions morales obscures se définissent les unes par les autres, le plus souvent. Toutefois, grâce à la multiplicité des occasions où chacune d'elles est examinée sous toutes ses facettes, grâce surtout aux raisonnements par analogie et aux exemples concrets, une étude attentive permet de définir assez bien ces notions. Seulement, nous devrons conclure que les traductions traditionnelles ne sont pas correctes, *kalos* n'est souvent pas « beau », ni *agathos* « bon » ; l'*arétê* n'est pas la « vertu », et s'il est facile d'accepter en principe que le mot grec n'a pas le sens exact du mot français qu'on lui superpose depuis des générations, il est plus difficile de garder cette vérité présente à l'esprit tout au long d'une lecture suivie. Lire du grec, et particulièrement les premiers dialogues de Platon, c'est un peu voyager dans une forêt obscure où des panneaux de signalisation menteurs égareraient les voyageurs.

Un bon exemple des embarras auxquels nous sommes exposés est donné dans la formule où Socrate définit la profession de Protagoras : « *Tu parles de science politique, et tu promets de former des* agathous politas. » (*Protagoras* 319 a). Or *agathos* est l'un des mots les plus déroutants qui soient. Des traducteurs comme Léon Robin dans la Pléiade, Alfred Croiset dans la collection des Universités de France, ou Émile Chambry dans l'édition Garnier-Flammarion, traduisent avec un bel ensemble « *de bons citoyens* » ! cela ne devrait pouvoir signifier que des « citoyens dévoués à la cité », sens plausible dans le contexte, car Protagoras y parle abondamment de justice et des autres qualités qui permettent la vie en commun (322 b et *passim*). Seulement, pour traditionnelle que soit l'équivalence *agathos* - « bon », il serait bien exceptionnel qu'elle soit justifiée ici. Nous avons lu dans le *Lysis* que le poète *agathos* est celui qui a du succès (même pas forcément d'ordre littéraire) ; ce n'est donc pas un « bon poète » ! Le sens d'*agathos* se précise lorsque nous lisons dans l'*Alcibiade* (115 a-b) ou dans le *Gorgias* (474 c-d) la distinction des couples de contraires *agathos-kakos* d'une part, *kalos-aiskhros* d'autre part : le second équivaut à *juste* et *injuste, honorable* ou non ; il est du domaine de la moralité. Le premier ressort à l'intérêt personnel et peut se rendre par *avantageux-nuisible*. Le poète évoqué dans le *Lysis* est évidemment un poète qui réussit. De même les citoyens formés par Protagoras ont chance d'être « *des citoyens qui réussissent leur carrière politique* ». Il est clair que ce problème d'interprétation lexicale est de toute première importance, puisque l'interprétation du caractère de Protagoras en dépend, et avec elle, celle de toute sa clientèle, le but avoué des étudiants (318 e) étant de devenir des citoyens *agathoi*. Civisme et moralité, la vertu de Montesquieu — ou bien ambition sans frein ? Voilà l'alternative.

Le bon, le beau et le « tragique ».

Ce n'est pas un hasard, si l'un des exemples les plus frappants d'obscurité dans un texte grec ancien est un exemple d'incertitude sur le sens du mot *agathos*. En effet, toutes les notions de morale grecque nous sont plus ou moins étrangères, mais, si elles se définissent les unes par les autres, il doit être possible de débrouiller l'écheveau en examinant le sens des critères suprêmes à quoi les Grecs rattachent leur système de valeurs : ce sont les notions de *kalon* et d'*agathon*.

La tradition exige de traduire par « beau » le premier de ces mots, et par « bon » le second. Nous avons déjà vu l'inexactitude de ces solutions [8] ; mais il convient de préciser davantage la signification des deux termes de référence.

Agathon cumule deux sens, parce qu'ils sont confondus pour un Grec ; mais pour nous, ils sont distincts : d'abord *agathon* désigne le sommet de l'échelle des valeurs, et, de ce point de vue, la traduction par « bon » est tout à fait satisfaisante. Nous lisons dans le *Grand Hippias* (296 c - 297 b) que l'*agathon* est la fin des actions humaines, et la référence des autres termes laudatifs tels qu'utilité ou beauté ; nous en dirions autant du « bien » [9] ; comme valeur suprême, par quoi se justifient toutes les autres, l'*agathon* est sans aucun doute le « bien », ou le « bon ».

Les choses se troublent, quand il s'agit de décrire ce bien ; car les Grecs, comme nous, désignaient par sa place au sommet de l'échelle de valeurs un certain idéal d'excellence, peu précis, mais assez clair, et ce n'était pas le même pour eux et pour nous. C'est là que la traduction par « bon » devient équivoque. Dans les emplois les moins philosophiques, les deux mots [10] peuvent encore se correspondre : ils indiquent l'un et l'autre la qualité satisfaisante d'un objet, d'un événement, d'une situation, donc leur utilité ou leur agrément, et, plus spécialement, la capacité de remplir une fonction ; en ce sens, Aristote [11] parle de la bonté du bon artiste ou du bon artisan ; le bon est donc toujours « bon » à quelque chose. Mais cette « bonté » est entendue différemment en grec et en français, comme le prouve le sens du mot employé absolument, et non plus en référence à une fonction. Le « bon ouvrier » fait bien son ouvrage, comme l'*agathos tekhnitês*, voilà qui est clair, mais qu'en sera-t-il de l'*anthrôpos agathos* et de l' « homme bon » ? Pour Aristote, celui-là, comme le bon ouvrier, doit remplir une certaine fonction [12], à savoir accomplir sa propre personnalité et atteindre au bonheur (bonheur actif sans doute, mais bonheur qui profite à lui-même, au premier chef). Le

8. *Agathon* a une valeur d'utilité, étrangère à notre « bon » ; *kalon* est un terme éthique le plus souvent, contrairement à notre « beau ». En Grec moderne, *kalos* a pris régulièrement une valeur morale.

9. Dans une perspective plus savante, Platon comme Aristote couronnent leur morale, l'un par l'Idée du Bien, l'autre par le Bien Suprême, malgré leurs divergences.

10. Les sens français indiqués ici sont consignés dans le *dictionnaire alphabétique et analogique de la langue française* de Paul Robert. Paris-Casablanca 1953.

11. *Ethique à Nicomaque* I 7.

12. Cf. Aristote, *ibid., passim* ; voir aussi *op. cit.*, I 10 (13-14) et I 12 (2).

français garde plus fidèlement encore cette idée de fonction : l' « homme bon » « aime à faire du bien », c'est-à-dire « à faire plaisir à son prochain ». Bref, l'*agathos anthrôpos,* homme accompli, est au service de soi-même ; l' « homme bon », généreux, bienveillant, est au service d'autrui. L'*agathon* est réfléchi, la bonté est transitive [13].

L'évolution du mot, contraire dans les deux langues, s'éclaire par l'exemple précédemment cité du *Lysis* 206 b : un *agathos poiêtês* est un « poète à qui la poésie réussit ». « Un bon poète » est pour nous un poète qui réussit sa poésie. Autrement dit, même là où le grec définit l'*agathon* par la fonction, ce qu'il loue est moins le succès de l'action, que le succès de l'agent ; il en va au contraire du français. Il n'est donc pas étonnant que l'*agathos anêr* soit bon à soi-même, et l' « homme bon », bon à autrui, et désintéressé.

Bien des remarques de Platon, particulièrement dans le *Gorgias,* confirment cette interprétation. En 498 d, Socrate enchaîne des raisonnement à la pleine satisfaction de son public, mais de façon fort bizarre pour nous ; voici ses paroles :

> « *Si l'on est content, l'on a en soi du bien* (t'agatha) *à savoir du plaisir ? — Bien entendu. — N'est-ce pas, les gens contents sont bons* (agathoi) *par la présence de biens* (agathôn) *en eux ? — Oui.* »

A supposer que le plaisir soit un « bien », nous dirions certainement que celui qui fait plaisir est « bon », ce qui est une tout autre perspective. Et en 506 d, Socrate formule encore cette importante évidence, que la présence d'un « bien » rend « bon » le jouisseur de ce bien. L'égocentrisme résultant de cette conception est nettement formulé aussi dans le *Gorgias* (458 a) :

> « *Il vaut mieux être débarrassé soi-même du plus grand mal que d'en débarrasser autrui.* » [14].

Aussi n'y aura-t-il pas lieu de s'étonner que, appliqué aux actions dans une perspective morale, le mot *agathon* désigne l'action utile à l'agent, par opposition aux actes de dévouement ou de générosité, que nous appelons, nous, « bonnes actions » ; en témoignent les textes très clairs de *Gorgias* 474 c, du premier *Alcibiade* 115 a-b.

13. Cette analyse, aisément déduite de la description aristotélicienne, reste conforme, malgré les siècles écoulés, au sens primitif du mot, ainsi décrit chez Homère par le père Festugière (*Contemplation et vie contemplative selon Platon,* Paris 1967, p. 46) : « Le sens originel d'*agathos* n'est pas celui de bonté morale, mais d'excellence... le mot n'exprime aucun jugement moral. Il s'agit d'une qualité physique ou intellectuelle que l'on admire ». En prenant plus tard un sens moral, par sa situation au sommet de l'échelle des valeurs, le mot *agathos* garde sa valeur descriptive de : « réussi », « de bonne qualité » ; la morale qu'il couronne sera forcément une morale centrée sur la notion de succès personnel.

14. *Meidzon agathon estin auton apallagênai kakou tou mégistou, ê allon apallaxai.* Cette déclaration constate une évidence. Si, dans ce passage, Socrate joue du paradoxe, c'est dans la conclusion qui s'ensuit : mieux vaut être réfuté que réfuter ; mais la prémisse est à prendre au pied de la lettre, sinon la conclusion n'aurait aucun sel.

Donc, le mot *agathon* doit être compris ainsi : appliqué à des objets, il en marque l'utilité pour le propriétaire ; appliqué à des actions, l'utilité pour l'agent ; appliqué à une personne, il signale la réussite de cette personne. Cette interprétation paraîtra peut-être insuffisamment justifiée. Du moins a-t-elle le mérite de permettre une lecture satisfaisante de Platon car elle convient à tous les contextes de nos dialogues. Elle fournit une réponse à diverses questions de commentateurs en difficulté ; ainsi Grote [15] se demande, à propos de *Gorgias* 474 d : le beau est bon d'après Platon, mais pour qui ? ou encore : la tyrannie d'Archélaos est mauvaise ; soit ! mais pour qui ? pour lui ou pour ses sujets ? Grote [16] encore, mais aussi Dodds [17], s'interrogent à propos de *Gorgias*, 477 a : la punition est belle si elle est juste, et bonne si elle est belle ; mais bonne pour qui ? Toutes ces questions semblent méconnaître l'esprit de la langue grecque. De même, sont rendues superflues les remarques imprécises comme celle-ci [18] :

> « Sous couvert d'un raisonnement formel, Platon affirme en fait que *kakon* doit être dommageable (d'une certaine manière) pour tous ceux qu'il concerne, *y compris la personne qui cause le dommage.* »

ou bien les commentaires au *Gorgias* 475 a, d'Alfred Croiset [19] ou d'Émile Chambry [20], qui distinguent un couple de termes précis *ôphélimos* et *blabéros*, du couple de termes équivoques *agathos* et *kakos*, et qui regrettent de les voir confondus par Platon [21].

Ceci dit, reste un problème que soulève notre interprétation : pourquoi Socrate et Polémarque [22], Socrate et Lysis [23] conviennent-ils d'accorder leur amitié [24] aux *agathoi* ? La qualité de ces derniers ne consiste-t-elle pas en leur propre succès, comme d'ailleurs le *Lysis* précisément le rappelle [25] ? Autant s'explique l'amitié envers un homme bon et généreux, autant celle évoquée par Platon paraît étrange. Peut-être la solution est-elle indiquée par René Schaerer, dans son livre *Dieu, l'homme et la vie d'après Platon* [26] où il dépeint la « bonté » du Démiurge comme l'absence de jalousie d'un être parfait [27], et où il écrit [28] :

15. *Op. cit.* II, p. 334-5.
16. *Ibid.*, p. 336.
17. Édition commentée du *Gorgias*, Oxford 1971, p. 252.
18. R. S. Bluck, cité par O'Brien dans *The Socratic Paradoxes and the Greek Mind* (North Carolina 1967), p. 87, n. 4.
19. Édition des Belles-Lettres, p. 149, n. 1.
20. Édition Garnier-Flammarion, p. 486, n. 128.
21. A l'adjectif *agathôs*, nous ferons correspondre le substantif *arétê*, cf. *Ménon* 87 d.
22. *République* I 335 a.
23. *Lysis* 214 c-216 e.
24. La notion de *philia* sera étudiée au chapitre V. Précisons qu'il s'agit d'un rapport de dépendance.
25. 215 a : « L'*agathos*, en tant qu'*agathos*, se suffit à lui-même ».
26. Neuchâtel 1944.
27. P. 23 : commentaire au *Timée* 29 d-30 c.
28. *Ibid.*, p. 30.

« Bien plus qu'il n'aime les hommes, Dieu suscite en eux un amour pour lui-même... La générosité divine ne fait donc que traduire concrètement un certain degré d'harmonie cosmique. »[29]

Ainsi s'explique l'amitié aussi sur le plan humain : l'on aime l'*agathos* parce qu'on l'admire, et lui se laisse aimer, ou même, peut-être, aime en retour, parce que sa perfection l'exempte de jalousie. Si la générosité n'est pas un élément de la bonté grecque, elle en est du moins une conséquence inévitable.

Le terme *kalon* est plus facile à traduire. S'appliquant à des corps ou à des œuvres d'art[30], il évoque l'admiration suscitée par le plaisir de certains sens, la vue et l'ouïe ; comme notre « beau »[31] il décrit la perfection extérieure de certaines formes, de certains aspects.

S'il est appliqué au domaine moral, cas extrêmement fréquent, *kalon* garde son sens primitif, à savoir ce qui plaît au jugement d'autrui. Mais, ainsi élargi, le mot grec dépasse de beaucoup notre « beau » et l'équivalence entre ces deux mots rendrait bizarre la traduction de certains textes[32]. Il serait plus juste de le rendre par « admirable »[33], en soulignant ainsi la part prise par les tiers, les « admirateurs », dans la constitution de cette valeur qu'est le *kalon*. La place considérable réservée à *kalon* dans la terminologie morale marque combien le Grec recherche et apprécie l'approbation d'autrui, l'une des meilleures justifications à sa conduite. Aussi des sociologues anglais appellent-ils la civilisation grecque « civilisation de la honte » ou civilisation orientée d'après les opinions d'autrui, le qu'en dira-t-on. Alvin W. Gouldner, en particulier, a consacré une très longue analyse de son *Enter Plato, Classical Greece and the origins of Social Theory*[34], aux caractéristiques d'une « civilisation de la honte », et surtout aux contradictions et aux incertitudes qui en découlent dans la société grecque.

En effet, le *kalon* exprime en morale une notion très équivoque, et décrit souvent des réalités opposées. Le succès personnel, *agathon* par définition, mérite aussi, en un sens, l'épithète *kalon*, car il suscite forcément, avec la jalousie, l'admiration d'autrui, admiration d'autant plus vive que ce succès aura été acquis de haute lutte. C'est en ce sens qu'un Calliclès[35] identifie l'échec et le méprisable.

Mais, par contre, un geste de charité ou de dévouement devra obte-

29. Cf. Victor Goldschmidt, *Platonisme et pensée contemporaine*, Paris 1970, p. 56.

30. Cf. d'Homère aux classiques, les nombreuses références du dictionnaire Bailly. Chez Platon, le *Grand Hippias* 298 a.

31. Le dictionnaire de Paul Robert définit le « beau » par l'admiration, le plaisir, et la perfection ; mais les exemples proposés restreignent cette définition à ce qui touche aux formes et aux apparences ; un « bel esprit » entre autres, est superficiel ; un « bon esprit » ne l'est pas.

32. Voir au chapitre III l'analyse de la notion dans le *Grand Hippias*. Voir en particulier p. 88, n. 35.

33. Comme d'ailleurs le préconise aussi Dodds, *op. cit.*, p. 248 ; *aiskhron*, le contraire de *kalon*, sera « méprisable ».

34. Londres 1967. Cf. aussi Dodds, *op. cit.*, p. 11 et sq.

35. *Gorgias* 483 a.

nir l'approbation des tiers — qui y trouvent leur compte — et même leur admiration, car l'on voit la difficulté de maîtriser l'égoïsme naturel. Il est normal que la société encourage toute forme d'altruisme, et la trouve digne de l'éloge impliqué par le terme *kalon*. Aussi Socrate propose-t-il du *kalon* un exemple typique, en citant le militaire qui risque sa vie pour voler au secours d'un ami en difficulté [36].

Il devient clair que diverses tendances morales grecques pourront se définir par la relation établie entre l'*agathon* et le *kalon*. Le premier désigne les intérêts personnels du sujet moral ; si variées que puissent être les manières de comprendre ces intérêts, il reste que le principe de l'intérêt personnel est suffisamment clair pour constituer une référence univoque. C'est d'ailleurs lui qui représente la valeur suprême, le « bien » d'après quoi s'organise tout le système moral [37].

Le *kalon* sera, pour sa part, tantôt opposé, tantôt identifié à l'*agathon*. Nous verrons chez les auteurs de doctrines une tendance à définir ces deux notions à peu près de la même façon, afin d'obtenir un idéal unique, avantageux et honorable à la fois, couronnant un système moral harmonieux. Ainsi Socrate comme Calliclès préconisent une telle identification, à cette importante différence près que, pour Socrate, l'avantage personnel comme l'honneur sont d'ordre spirituel et que, pour Calliclès, tous deux sont d'ordre matériel et social [38].

Cette tendance se retrouve à un niveau plus fruste, dans la conscience populaire. L'homme *kalos k'agathos* est le type idéal d'humanité, unissant harmonieusement en lui, en sus de la beauté physique si possible, l'aptitude à réussir sa propre vie et celle de s'accorder avec le reste de la société ; c'est un proche parent de l' « honnête homme » cher à nos classiques, plaisant aux autres et à soi-même [39].

Cependant, la *kalok'agathia* est une harmonie délicate, un idéal, un peu superficiel d'ailleurs, dont la réalisation est réservée à une élite [40]. En général, la conscience populaire [41] est profondément sensible aux

36. *Albiciade* 115 b.

37. Dire que seul *kalon* relève du domaine moral serait très inexact. *Agathon* désigne des avantages souvent étrangers à notre morale, mais, pour un Grec, ceux-ci restent en cas de conflit ceux que l'on choisira, au moins dans les *Dialogues* de Platon. Juste après avoir distingué le *kalon* de l'*agathon* ou juste avant de le faire, Alcibiade, comme Polos affirment sans hésitation qu'ils opteront pour l'*agathon* au moment de choisir et d'agir: Alcibiade se dévouera courageusement au salut d'un ami à la guerre, non par idéalisme, mais plutôt parce que, tout compte fait, il lui semble avantageux d'avoir du courage (*Alcibiade* 115 e) ; Polos préfère cyniquement commettre l'injustice à la subir, si peu honorable que soit ce choix (*Gorgias* 474 b). L'*agathon* étant le but à quoi tendent toutes les attitudes et les actions, il est donc le critère par excellence de la vie morale.

38. Voir chapitre II.

39. Cf. Paul Hazard, *La crise de la conscience européenne*, Paris 1961, p. 299.

40. Cf. *Le Banquet* de Xénophon : François Ollier, dans sa notice à l'édition des Belles-Lettres (p. 11 et sq.) a montré comment, dans cette œuvre, Socrate est le seul exemple de cette vertu ; les autres « pèchent tous par quelque côté ». A noter que, si Xénophon prend plaisir à disserter sur la *kalok'agathia*, Platon et ses personnages préfèrent s'interroger sur le problème plus grave de l'*arétè*, vertu de l'homme simplement *agathos*.

41. Du moins selon Platon ; les porte-parole de cette manière de voir sont dans les *Dialogues* des êtres jeunes et sans opinion originale, comme Alcibiade (cf. p. 153), ou des gens qui s'en rapportent sans cesse aux opinions des masses, comme Polos (cf. p. 73), ou encore la foule des juges de Socrate, ainsi que le suggère l'*Apologie*.

discordances trop fréquentes dans la vie. Si l'*agathon* concerne l'intérêt personnel du sujet, et le *kalon* tous les autres intérêts, leur divergence est bien normale ; et cette divergence est grave, car elle témoigne d'une cassure au sein du monde moral ; l'idéal est hors d'atteinte, et même de visée, car nul ne sait où il est. Le *kalon* est, par définition, qu'on le choisisse ou non en cas de conflit, la plus haute noblesse ; et si la noblesse entraîne le malheur, le scandale d'avoir à plaindre celui que l'on admire est intolérable ; car nul ne songe non plus à nier la valeur du bonheur. La vertu malheureuse, la souffrance du Juste, l'absurdité de la vie, tels sont les abîmes que laisse entrevoir cette banale constatation : l'oubli de soi, la justice, le courage, ne sont pas toujours payants.

Ces abîmes entrevus, nous les appellerons « tragiques ». Cet adjectif ainsi employé simplifie trop les aspects divers des tragédies grecques arrivées jusqu'à nous. Mais, croyons-nous, il résume un de ces aspects, aspect très important, et toujours présent, parmi d'autres, dans une tragédie.

Rappelons, pour citer peu d'exemples, mais empruntés aux trois maîtres du genre, que le Prométhée d'Eschyle est torturé précisément à cause de son dévouement à Zeus, et à l'ensemble de l'humanité [42]. Son Oreste subit un long martyre pour avoir accompli son devoir et respecté le dieu qui le lui a imposé. L'Antigone de Sophocle, suivant une observation saisissante du chœur-moraliste : « [S'est] heurtée au piédestal élevé de la Justice, et [elle en est] tombée, de haut » [43]. L'Hippolyte d'Euripide est l'image la plus complète de l'extrême pureté morale sombrant dans le désespoir absolu à cause de sa pureté même [44].

Dans ces exemples, nous voyons châtiées la charité, la piété, la justice, et la maîtrise des bas instincts, toutes vertus *allotriai* — selon la terminologie d'un Thrasymaque [45] —. Cette leçon doit choquer à la fois la sensibilité et la raison. Aussi verrons-nous les écoles philosophiques grecques s'attacher à résoudre l'opposition insensée du *kalon* et de l'*agathon* en un système cohérent. J. P. Vernant, au cours d'une analyse de la volonté chez le héros tragique, montre comment l'acte tragique est à la fois juste et coupable [46] ; le même auteur souligne que les ambiguïtés de la tragédie, si elles sont parentes d'un aspect de la pensée sophistique, sont radicalement étrangères à la pensée philosophique, et spécialement platonicienne [47]. Gilberte Ronnet consacre un article [48] à l'opposition fondamentale entre le sort du héros tragique

42. *Prométhée enchaîné*, v. 107-113 et 221-2 ; or Zeus est le persécuteur de Prométhée ; et l'humanité, dont l'auteur et les spectateurs font partie, doit apprécier à sa juste valeur la charité du héros.

43. *Antigone*, v. 853-5.

44. Voir notre étude détaillée : De l'*Hippolyte* d'Euripide à la *Phèdre* de Racine, deux conceptions du tragique dans « XVIIe siècle », 1973, n° 100, p. 35-63.

45. Voir p. 135 sq.

46. J. P. Vernant et P. Vidal-Naquet, *Mythe et tragédie en Grèce ancienne*, Paris 1973, p. 64 et sq.

47. *Ibid.*, p. 21, n. 1.

48. *Le sentiment du tragique chez les Grecs*, Revue des études grecques, LXXVI 1963/2, n°s 361-363, p. 327-33.

« voué par sa grandeur même au sort le plus cruel »[49], et la foi philosophique de Platon et d'Aristote en « un bonheur éternel pour l'homme de bien »[50]. Epictète souligne lui-même le divorce entre sa philosophie et le tragique. Dans ses *Entretiens*[51], il démystifie en ces termes les malheurs des héros victimes d'un destin cruel : « Que sont les tragédies, sinon les épreuves d'hommes éblouis par les objets extérieurs ? » Les héros s'illusionnent sur leur malheur, qui n'en est pas vraiment un ; Socrate au contraire, a dit Epictète juste auparavant, accepte son sort avec la reconnaissance due aux décisions divines[52].

Il est curieux, en effet, que ces philosophes qui prétendent prouver, par telle ou telle interprétation, que toute conduite louable est forcément avantageuse, Platon, Aristote, Epictète, tous sont disciples ou héritiers de Socrate. Il sera donc intéressant d'observer comment le Socrate des dialogues socratiques de Platon résout, pour sa part, le problème des rapports entre *kalon* et *agathon*, et comment le résolvent ses interlocuteurs, gens simples, ou intellectuels.

***

Savoir et métier.

Si ce que je choisis régulièrement — à savoir l'*agathon* — est aussi ce qui m'est utile, le corollaire de cet état de choses sera forcément une morale rationaliste, ou intellectualiste.

Une perspective éthique altruiste exige, en plus d'une certaine intelligence, des qualités dites « morales », comme l'instinct de bienveillance à l'égard de tiers, d'étrangers, ou même de rivaux, ou comme la force de volonté pour maîtriser les impulsions égoïstes. Mais dans une perspective égocentrique, il suffit d'avoir une vue claire et distincte de ses intérêts, vue révélée par un dieu ou humainement raisonnée, et une vue claire des moyens de réaliser ces intérêts. Science des fins ou science des moyens, c'est toujours une connaissance réaliste qui doit guider effectivement l'action. Alvin W. Gouldner, après avoir décrit le « faible

49. *Ibid.*, p. 331.

50. *Ibid.*, p. 336. G. Ronnet écrit que les auteurs de tragédies tentent eux-mêmes de dépasser le tragique, sauf dans de rares tragédies, par l'artifice d'un happy end. (Homère seul serait réellement tragique). Ceci n'est pas absolument vrai. La solution philosophique qui exige une faute au nœud du drame supprime bien le scandale, puisque la catastrophe finale châtie une faute. A moins que la catastrophe elle-même ne soit illusoire. La réconciliation en fin de trilogie chez Eschyle, le dénouement heureux et imprévu chez Sophocle et Euripide, s'inscrivent dans une perspective temporelle : les souffrances passées de Prométhée ou d'Iphigénie ne sont pas annulées, et le problème demeure posé, de la souffrance du juste ou de l'innocent.

51. I 4 ; cf. aussi I 24.

52. Cf. V. Goldschmidt (*Le problème de la tragédie d'après Platon*, Revue des Études grecques, LXI 1948, p. 44) : Le bonheur des personnages tragiques est imaginaire, comme leur malheur, et comme les causes de ces sentiments ; « L'action tragique est une adhésion à l'action du sort, elle est une réaction ; pour tout dire, elle est action passive. » Voir aussi, du même auteur, *Platonisme et pensée contemporaine*, p. 73 et 99.

attachement » des Grecs pour les objets et les personnes qui les entourent, analyse ainsi leur attitude [53] :

> « Le rationalisme suppose donc un monde dont l'individu est le centre, un monde dans lequel le moi évolue librement, entrant dans le champ des objets et le quittant, choisissant certains objets comme buts auxquels il s'attachera plus longtemps, en choisissant d'autres comme moyens d'atteindre ou de garder les précédents, et, après s'en être servi à son idée, coupant court à ses attachements. »

Il n'est pas étonnant que Michael O'Brien [54], dans son livre sur les relations entre le socratisme et l'esprit grec, distingue deux veines dans la morale hellénique ; l'une appartient aux tragiques : des vertus telles que l'amitié, la pitié, la gentillesse et la loyauté y sont opposées, et préférées, à la *sophia* ; *Philoctète* ou *Oreste* illustrent bien cette tendance [55]. Tout autres sont les « intellectuels », de Thucydide à Platon. Chez les personnages de ce dernier, Socrate et ses interlocuteurs, se fait jour une tendance plus ou moins marquée à admettre une morale rationaliste, soit de prime abord [56], soit au cours d'une argumentation [57].

Cependant, si ces caractères de la morale grecque sont évidents dans leurs grandes lignes, les détails sont loin d'être aussi clairs : les modes d'acquisition, puis de transmission, de la connaissance morale restent fâcheusement ambigus.

La réflexion personnelle suffit-elle pour découvrir la vérité ? C'est assez douteux, surtout si la vérité recherchée est normative : comment décider de ce qui sera fin, et de ce qui sera moyen ? Le Socrate de Platon suggère le recours à une révélation [58] ; sa théorie de la réminiscence dissipe même toute illusion de réflexion personnelle qui ne se rattacherait pas à une révélation ; mais la manière et les conditions de la révélation sont obscures.

D'autre part, la connaissance du bien peut-elle se communiquer de maître à disciple ? La vertu s'enseigne-t-elle ? La question est classique à Athènes : Protagoras la soulève dans son *Mégas Logos* [59] ; Isocrate la développe dans le *Contre les Sophistes* ; le Ménon de Platon s'en fait l'écho [60] : on se demande si l'enseignement de la vertu, à le supposer possible, se fera par l'exemple, l'exercice, ou la communication dogmatique d'un savoir abstrait ; ou peut-être encore, tout dépend des dons naturels de l'élève ... Comment répondre à ces questions, quand les mots

53. *Op. cit.*, p. 70-71.
54. *Op. cit.*, p. 31 et sq.
55. Cf. aussi le commentaire de Jeanne Roux sur *les Bacchantes* (Paris 1972). Euripide y paraît en contempteur acerbe du *sophon*.
56. C'est le cas de Protagoras (*Protagoras* 352 c-d).
57. Comme Hippias, par exemple (*Petit Hippias* 375 d).
58. Voir au chapitre II le commentaire de l'*Apologie*.
59. *Die Fragmente der Vorsokratiker*, édition Diels-Kranz, Dublin-Zurich 1966, tome II, p. 264.
60. *Ménon* 70 a.

mêmes désignant la connaissance morale sont d'une extrême imprécision ? Tous les modernes hésitent à traduire *sophia*, et proposent tantôt « science », tantôt « sagesse », et tantôt « habileté » ; les rapports entre *épistêmê* et *tekhnê* sont fort incertains : tantôt la synonymie est manifeste[61], et tantôt on suppose que le premier mot est concret et pratique, le second abstrait et théorique ; mais les exemples proposés par le dictionnaire Bailly, *Ion* 532 c pour la synonymie, *Ion* 536 c pour l'opposition entre les sens, sont tout à fait analogues l'un à l'autre, car dans les deux cas le contexte permet le doute[62]. Dans le *Ménon* 87 c, Socrate définit *épistêmê* comme « ce qui s'enseigne », et l'on traduit par « science » : l'on objecte alors que bien des choses s'enseignent en dehors de la science : le dessin, la danse ou le savoir-vivre ; en fait les deux notions, celle qui définit et celle qui est définie, rivalisent d'ambiguïté. Ainsi s'expliquent certains échecs de la recherche dialectique : au terme du *Protagoras*, Socrate a établi que la vertu est science et ne s'enseigne pas, Protagoras que la vertu s'enseigne sans être une science ; sans doute convient-il de renoncer à l'équivalence trop large entre science et matière d'enseignement ; mais il est difficile d'apporter au problème une solution plus exacte[63].

Les notions de connaissance, primordiales dans la pensée morale des Grecs, comme nous venons de le voir, jouent forcément un grand rôle dans le milieu de Socrate : les Sophistes, ces professionnels de l'intelligence, forment le groupe le plus nombreux des interlocuteurs, dans les dialogues socratiques. Mais d'un autre côté, beaucoup parmi les personnages des *Dialogues* affichent des goûts et des sympathies aristocratiques, voire « snob »[64], et méprisent toute connaissance professionnelle assez vulgaire pour être rémunérée ! Aussi n'est-il pas suprenant si le savoir, avec ses ambiguïtés inévitables dont nous avons déjà parlé, est considéré de façon bien incertaine, souvent contradictoire, dans la bonne société athénienne.

Pour nous, chez qui le savoir sous toutes ses formes connaît un prestige peu contesté, une telle situation paraît assez étrange. Aussi est-il intéressant de nous arrêter un peu à décrire ce trait, caractéristi-

61. Cf. *Gorgias* 511 e, où il s'agit de l'*épistêmê* — natation, dans un contexte consacré aux *tekhnai*. Voir Yvon Brès, *La psychologie de Platon* (Paris 1973), p. 49.

62. Le Greek-English Lexicon de Liddell et Scott revu par Jones (Oxford) cite des exemples de *tekhnê* couplée avec *épistêmê*, sans entreprendre d'en distinguer les sens.

63. Peut-être ces incertitudes permettent-elles de jeter un jour nouveau sur une question soulevée par Dodds (*op. cit.*, p. 217) : il essaie de concilier *Ménon* 95 c : Gorgias n'enseigne pas l'*arétê* — et *Gorgias* 460 a : Gorgias enseigne la justice. D'abord l'*arétê* n'est pas exactement la justice ; mais cette solution est illusoire, car la rhétorique, que Gorgias enseigne assurément, ouvre les voies du pouvoir, c'est-à-dire de l'*arétê* ; voilà la question reposée. Alors ? Probablement il est faux de dire avec Dodds : « Gorgias et son école n'ont pas réussi à élucider la relation entre la rhétorique et la morale. » Ce qui est en question, ce n'est pas l'objet de l'enseignement, mais le rapport entre l'enseignement du maître et la nature de l'élève, soit la possibilité même d'enseigner ! Penser à l'importance reconnue à la nature de l'élève par Isocrate, le disciple de Gorgias. D'ailleurs, dans la suite du paragraphe cité du *Ménon*, l'interrogation sur d'éventuels *didaskaloi arétês* se répète, et ne porte plus que sur le mot *didaskaloi*.

64. Cf. les portraits d'Alcibiade, de Ménon, de Calliclès, des élèves de Protagoras.

que du milieu de Socrate et par lequel s'expliqueront bien des particularités des *Dialogues*[65].

Les Grecs éprouvent souvent du mépris à l'égard de la connaissance technique. Mépris, sur le plan social d'abord, à l'égard des travailleurs.

Socrate, dans le *Gorgias,* prête à Calliclès des sentiments tout à fait plausibles, que l'autre n'a garde de désavouer :

> « *Tu méprises le capitaine de navire, lui, et son art ; tu es prêt à le traiter de mécanicien pour l'insulter ; tu ne voudrais pas donner ta fille à son fils, ni toi épouser la sienne* ». (512 c).

Le sentiment d'un fossé entre les classes s'exprime là. Ce sentiment s'accompagne tout naturellement de l'idée qu'il y a de sots métiers, ou au moins de honteux métiers. Ainsi Calliclès avait dénié toute dignité à la natation (511 c), abstraction faite évidemment de son utilité ; et la chose devait aller de soi, car c'est Socrate d'abord qui avait imaginé d'interroger Calliclès sur ce point, escomptant bien sûr la réponse effectivement obtenue. Dans le *Charmide,* même réaction de l'aristocrate Critias :

> « *T'imagines-tu qu'Hésiode eût affirmé que pour aucun homme il n'y a de déshonneur à tailler des chaussures, ou à vendre des salaisons, ou à siéger au lupanar ? non Socrate ! il ne faut pas que tu te le figures.* » (163 b).

Quelle véhémence ! absurde, paraît-il, de ne pas envelopper dans la même répugnance, et l'immoralité du prostitué, et l'activité manuelle et salariée des travailleurs les plus utiles pour la société ![66] Cela va loin, et il n'est pas même convenable de parler des artisanats. Socrate se fait traiter de malappris et d'homme impossible à fréquenter, parce qu'il confirme régulièrement ses raisonnements analogiques par des exemples empruntés au monde du travail :

> « *Au nom des dieux,* s'écrie Calliclès, *tu n'arrêtes pas de parler cordonniers et foulons, cuisiniers et médecins, comme si c'était de ces gens-là que nous parlions !* » (*Gorgias* 491 a).

Hippias s'était déjà insurgé contre l'obligation d'exposer à un ami de Socrate ses opinions sur la beauté des marmites :

> « *Qu'est-ce que c'est que cet homme, Socrate ? Quel grossier personnage, d'avoir le front de nommer des choses aussi innommables, sur un sujet relevé !* » (*Grand Hippias* 288 d)[67].

65. Cf. P. M. Schuhl (*Remarques sur Platon et la technologie,* R. E. G., LXVI 1953, p. 465) : « Ce qui frappe tout d'abord le lecteur de Platon, c'est l'attitude critique et négative du philosophe à l'égard des techniques. »

66. *L'Electre* d'Euripide témoigne du mépris ressenti dans les classes élevées, à l'égard des plus humbles, en particulier des paysans ; cf. notre essai, dans le Bulletin de l'Association Guillaume Budé — Mars 1972, p. 57-69, sur *Electre* et le *Dyscolos.*

67. Nous justifions Hippias, p. 107. Mais il reste que l'incapacité des Grecs de concevoir une esthétique « fonctionnelle » s'accorde à leur mépris pour l'utilitaire.

Et ainsi de suite ; Socrate est « tristement célèbre », chez ses contemporains [68], pour avoir introduit dans la conversation honnête des allusions au travail.

Mais n'en concluons pas que Socrate se sépare de son milieu par son attitude à l'égard des travailleurs. Il ne les estime pas plus qu'un autre : il parle d'eux pour les nécessités de ses analogies [69], parce qu'aucun respect humain ne l'arrête s'il est à la recherche du vrai ; nous avons dans le *Gorgias* (494 e) un exemple de ce genre d'impudence, quand Socrate oblige Calliclès à méditer sur les sensations du galeux qui se gratte à des endroits déshonnêtes. Socrate ne parle pas autrement de l'artisanat que de la gale ! De même quand, dans le *Gorgias* encore, Socrate reproche à Calliclès son mépris injustifié envers le capitaine d'un bateau, il ne lui reproche qu'une incohérence : pour lui, Socrate, capitaine et orateur ne valent pas mieux l'un que l'autre (512 c-d-e), et l'originalité de sa critique ne concerne que l'orateur, qu'il rabaisse. Plus nette encore est la condamnation par Socrate des métiers, indignes de l'attention d'un homme de valeur, parce que trop matérialistes, dans l'*Alcibiade* 131 b. Remarquons que le mépris des artisans ou commerçants s'adresse aussi au médecin (*Gorgias* 491 a, et 512 d) : le médecin est sans doute un peu chirurgien, et travaille de ses mains à l'occasion, mais il doit posséder une forte science théorique [70] tout à fait vénérable pour d'autres que d'aristocrates Athéniens du ve siècle. Ces Athéniens, eux, méprisent, par-delà une classe non « libérale » et contrainte à travailler pour vivre, le savoir lui-même dès l'instant qu'il peut servir à exercer ce genre de travail « servile ». Non que les Grecs méprisent la connaissance, évidemment ! L'histoire prouve éloquemment le contraire, et pour rester chez Platon, nous voyons avec quelle facilité tous acceptent l'intellectualisme de Socrate, sa volonté constante d'identifier au savoir toutes les bonnes choses, de l'amitié à la vertu ! mais ils n'admirent qu'une connaissance vaste, large et désintéressée (financièrement parlant, car pour Socrate le savoir est vertu dans la mesure où il apporte santé morale, bonheur ...) ; c'est-à-dire ce que nous appelons « culture générale ». Toute connaissance spécialisée et immédiatement utilisable est mal vue.

Protagoras en témoigne, car il critique ses collègues, sophistes érudits plutôt que cultivés :

> « *Les autres sophistes font tort à la jeunesse : alors que celle-ci s'est éloignée des disciplines techniques, ils l'y ramènent contre*

68. Tels l'Alcibiade du *Banquet*, un peu dégoûté par cet aspect du personnage (221 e).

69. P. M. Schuhl (*op. cit.*, p. 466-467) remarque que les artisans évoqués dans le *Gorgias* 503 d-506 d travaillent selon un *eidos*, et il ajoute : « Comment s'étonner dès lors que la transposition des techniques soit un des procédés préférés de la mythopoétique platonicienne ? » Mais la différence, notée ici p. 56, entre l'*eidos* artisanal et l'*eidos* véritable, nous invite à souligner qu'il y a analogie et « transposition » seulement, entre technique et philosophie, non parenté réelle.

70. Cf. la collection contemporaine des écrits d'Hippocrate ; dans le *Gorgias (passim)*, comparé chaque fois au cuisinier, le médecin fait surtout figure de diététicien.

> *son gré et la précipitent dans l'étude de spécialités, en leur enseignant le calcul, l'astronomie, la géométrie, la musique, tandis que si [l'on] vient auprès de moi, [l'on] n'apprendra rien d'autre que ce que [l'on] vient apprendre. Or l'objet de mon enseignement, c'est le bon conseil ...* » (*Protagoras* 318 d-e).

Il y a donc accord entre le grand Protagoras, et l'ensemble des jeunes gens chics, dégoûtés des études trop arides. Remarquons-le, ces études, désignées ici par « techniques », transposition pure et simple de *tekhnê*, n'ont rien de technique au sens français du mot, puisqu'il s'agit des mathématiques, les plus pures des sciences ! L'opprobre ici contenu dans le terme est double : il s'agit de connaissances qui sont, d'une part, utilisables pour gagner sa vie ou s'enrichir, et, d'autre part, ces connaissances sont spécialisées, exigeant une méthode précise, chacune la sienne. Bref, il s'agit tout simplement de sciences, au sens où nous entendons ce mot[71].

Au mépris des sciences, répond l'exaltation d'une espèce de culture générale, mais entendue tout autrement que nous ne faisons : pour nous, en effet, la culture générale est la somme d'un grand nombre de sciences étudiées chacune superficiellement. C'est l' « honnêteté » chère à nos classiques, et si bien décrite par Pascal :

> « Les gens universels ne sont appelés ni poètes ni géomètres, ... Mais ils sont tout cela, et juges de tous ceux-là... On ne s'aperçoit point en eux d'une qualité plutôt que d'une autre, hors de la nécessité de la mettre en usage, mais alors on s'en souvient. »[72]

Et l'auteur justifie sa préférence pour les « gens universels » par une sorte de choix de priorité :

> « Peu de tout. Puisqu'on ne peut être universel en sachant tout ce qui se peut savoir sur tout, il faut savoir peu de tout. Car il est bien plus beau de savoir quelque chose de tout que de savoir tout d'une chose ... Si on pouvait avoir les deux, encore mieux, mais s'il faut choisir, il faut choisir celle-là. »[72]

71. Dans l'étude que Jean-Pierre Vernant consacre à l'idée de travail en Grèce, dans *Mythe et Pensée chez les Grecs* (Paris, 1974 — Tome II) ; il revient à plusieurs reprises sur ce fait, que les Grecs font peu de cas des travailleurs et du travail : « Malgré la place déjà prise par les techniques dans la vie des hommes... l'activité technique et le travail n'ont que très difficilement accès à la valeur morale. » (p. 15) ; et encore : « Les activités économiques demeurent, dans les institutions de la cité, et pour la pensée qui s'y exprime, à l'arrière-plan. La Polis prolonge et généralise des traditions aristocratiques » (p. 35, n. 88). « L'idéal de l'homme libre, de l'homme actif, est d'être uniquement usager, jamais producteur. » (p. 43).

D'autre part, le sociologue Gouldner (p. 68) étaye sa théorie originale du « faible attachement aux objets » chez les Grecs par la réalité mieux connue du mépris grec à l'égard du travail : « Il se peut que l'attitude des Grecs, réservée et parfois méprisante, à l'égard de la technologie et plus généralement des activités économiques, soit, elle aussi, une manifestation d'un assez faible attachement aux objets. »

72. *Pensées* 39 et 42, dans l'édition de J. Chevalier.

Pour les Grecs, c'est tout différent. Bien entendu, les enfants apprennent à l'école à lire, à écrire, et à faire de la musique. Mais peu importe aux adultes qui ont dépassé ce très primaire enseignement [73]. La grande affaire de la vie c'est de posséder une certaine connaissance fort délicate à définir. Pour Gorgias, et son ami Polos, il s'agit de « *la plus belle de toutes* ! » (*Gorgias* 448 c, d). Priés de remplacer cette proposition par une définition, ils sont bien embarrassés, et, après avoir avancé qu'il enseigne à parler, Gorgias ne sait plus dire sur quels sujets il enseigne à parler : il ne s'agit ni de la médecine, ni de la gymnastique qui ont rapport au travail manuel (450 b), mais pas non plus des mathématiques (450 e) ; alors Gorgias en revient aux descriptions : il s'agit « *des plus importantes parmi les choses humaines, et des meilleures* » (451 d), et c'est bien tard que vient enfin la révélation :

> « *Je veux dire la capacité de persuader en parlant les juges au tribunal, les sénateurs au Sénat, le peuple à l'Assemblée, et dans toute autre réunion qui soit une réunion politique.* » (452 d-e).

Somme toute, il s'agit d'un art très précis, rhétorique et science politique à la fois. Pourquoi donc cette difficulté à le définir ? Probablement parce que l'excellence, la prééminence de cet art sont si aveuglantes aux Grecs, qu'ils n'en distinguent plus les contours exacts. Le même flottement se retrouve dans l'*Alcibiade* : là, ce n'est pas tant le jeune homme qui hésite, c'est plutôt Socrate qui pose ses questions de façon à faire écarter d'abord l'architecture, la divination et la médecine, des compétences d'Alcibiade (107 a-c) ; puis Alcibiade déclare qu'il va conseiller les Athéniens « *sur leurs propres affaires* » (107 c) ; rien n'est moins précis, et Socrate s'empresse de faire écarter les questions de constructions navales des « affaires » des Athéniens (107 c). Enfin Alcibiade se hasarde à dire qu'il interviendra au sujet de la guerre et de la paix, ou d'une autre des affaires de la ville (107 d). Il définit donc, puis corrige aussitôt sa trop précise définition par une expression très générale qui fait retomber sa compétence au rang des choses indéfinissables, et Socrate se hâte de spécifier la première partie, la véritable définition :

> « *Tu veux dire quand ils délibéreront avec qui il faut faire la paix, contre qui combattre, et comment ?* » (107 d).

Encore une fois, l'on arrive à définir cette étrange connaissance comme étant la politique. Le vieux Protagoras, plein de sagesse et d'expérience, sait, lui, de quoi il parle, mais il juge nécessaire de préparer le terrain par mille circonlocutions, avant d'en venir au fait :

> « *Jeune homme, voici ce que tu gagneras à me fréquenter : après un jour passé avec moi, tu rentreras chez toi devenu meilleur, et de même le lendemain,* » (*Protagoras* 318 a)

73. Calliclès nous montre bien que la formation des très jeunes gens ne saurait servir à orienter la vie des hommes faits, quand il réserve aux adolescents l'étude de la philosophie (*Gorgias* 485 c-d).

donc ici encore l'expression de l'émerveillement passe avant la définition, et Socrate se juge obligé de mener l'enquête avec précision en excluant peinture et pratique de la flûte de l'enseignement du Maître ; alors seulement Protagoras répond, par une longue période, rejette dédaigneusement les connaissances spéciales pour en arriver enfin à l'essentiel :

> « *On apprend chez moi la sagesse et en ce qui concerne sa maison, afin de diriger au mieux chacun sa maison, et en ce qui concerne la ville, afin d'être parfaitement capable d'agir et de parler dans les affaires de la ville.* » (318 e - 319 a).

Tout de même c'est encore à Socrate que revient le dernier mot :

> « *Est-ce que je te suis bien ? tu parles, je crois, de la science politique et tu promets de former de bons*[74] *citoyens.* » (319 a).

Cette étrange difficulté à définir le plus beau des arts, s'explique sans doute d'abord par sa trop éblouissante beauté, mais surtout par la manière incertaine dont il s'acquiert.

La comparaison avec notre situation est significative : nous parlons de science politique sans hésitation ni commentaires superflus ; et nous avons pour cela des facultés, des écoles, des étudiants et des professeurs. Ce sont des disciplines à peine plus prestigieuses que les autres, et tout à fait comparables[75]. Mais pour les Grecs, l'idée seule d'un enseignement en ces matières ne les effleurait qu'à titre de plaisanterie. Alcibiade s'étant vanté de se connaître en justice et injustice, Socrate demande :

> « *Voyons mon cher Alcibiade, ... m'as-tu caché que tu apprenais cela et fréquentais un maître qui t'a enseigné à distinguer le juste et l'injuste ? Qui est-ce ? Dis-le moi pour me présenter à lui, moi aussi, comme disciple.* »

Et Alcibiade s'écrie : « *tu te moques de moi Socrate !* » (109 d). Si ces notions ne s'enseignent pas, comment les acquiert-on ? C'est le sujet d'un dialogue entre Socrate et Alcibiade. Le jeune homme propose là une réponse fort ingénieuse. Pourtant le problème est délicat, car Socrate a posé comme règle de jeu que toute connaissance est, soit apprise, soit

74. Il serait sans doute plus correct de traduire « *des citoyens qui réussissent bien* », ou « *qui font une belle carrière !* » cf. p. 20.

75. Dans le *Protagoras* (319 d), Socrate mentionne le trait typique de la démocratie athénienne : le droit de tout un chacun à participer à l'assemblée du peuple, ceci à propos des questions les plus graves. Ce droit, spécial à la ville de Socrate, mais inconnu d'autres cités, étonnait Socrate, si vraiment celui-ci était laconisant ; il étonne tous les modernes, même démocrates. Dans leur ensemble, les Athéniens considèrent donc la sagesse politique comme tout à fait différente d'une science, car en cas de débat scientifique seul le connaisseur a son mot à dire.

trouvée, et ne peut être trouvée que si elle a été cherchée (106 d). Ceci exclut l'hypothèse des connaissances innées. Or justement Alcibiade avoue avoir dès son plus jeune âge possédé des notions sur la justice et l'injustice ; si ces notions ne sont pas innées, elles ne proviennent pas non plus d'une quête fructueuse, puisqu'on ne cherche pas ce que l'on ignore. Donc Alcibiade les a apprises, mais non pas à l'école, ni auprès d'un maître déterminé comme on apprend toutes autres choses ici-bas, mais auprès de « *tout le monde* » (110 e) — et c'est avec ingéniosité encore que le jeune homme défend les paradoxes de sa théorie :

> Socrate : « *Ce « tout le monde » ne sait pas enseigner à jouer au trictrac ; et pourtant je pense que c'est moins important que la justice. Non ? tu ne penses pas ?* Alcibiade : *Si !* Socrate : *Alors ils ne peuvent pas enseigner des choses frivoles, mais seulement les choses sérieuses ?* Alcibiade : *Mais oui ! Au moins, ils peuvent enseigner beaucoup de choses plus sérieuses que le jeu.* Socrate : *Lesquelles ?* Alcibiade : *Par exemple c'est d'eux que j'ai appris à parler grec !* »

Cette habile explication est proposée ici par un adolescent naïf et superficiel ; elle fait donc honneur à son intelligence, mais elle n'est pas originale, et semble au contraire avoir été la solution généralement admise à ce difficile problème de l'acquisition d'une science qui ne s'enseigne pas. Le vieux et sage Protagoras, en un style plus soutenu, propose une explication identique à celle d'Alcibiade. On pouvait en effet se demander comment lui, qui se déclare professeur de politique, réussit, à sauvegarder le caractère exceptionnel de sa discipline. Eh bien, il le fait par cette théorie de l'*Alcibiade* : il enseigne la politique, dit-il, parce que cette science s'enseigne ; mais alors que toutes les sciences s'apprennent seulement chez des maîtres spécialisés, celle-ci s'apprend surtout auprès de ... tout le monde, y compris femmes et esclaves, et ceci dès le plus jeune âge ; pour justifier ces vues un peu étonnantes, il a recours à la même comparaison qu'Alcibiade : tout le monde enseigne la moralité, comme tout le monde enseigne la langue maternelle (ce qui n'exclut évidemment pas un perfectionnement auprès d'un maître, grammairien, ou sophiste).

> « *Tous sont maîtres de « vertu », chacun dans la mesure de ses possibilités, et tu n'en vois aucun ; et alors, c'est comme si tu cherchais qui enseigne le grec, tu n'en verrais pas un...* » (327 e).

Être professeur d'une science non « technique », c'est-à-dire qui ne s'enseigne pas comme les autres, est une situation paradoxale, et cela peut expliquer un autre paradoxe : l'aversion générale suscitée par les sophistes, professeurs de vertu. Les Grecs, haïssant ce qui s'enseigne, définissant la connaissance la plus excellente comme celle qui ne s'enseigne pas, sont déconcertés par l'existence de professeurs d'une science excellente, et s'ils les révèrent, comme il est naturel, pour leurs capacités et pour le pouvoir qu'ils savent donner à leurs disciples, s'ils les entourent, leur font la cour et les paient, d'un autre côté ils les méprisent[76].

Le *Gorgias* fait rapidement allusion à ce fait quand Socrate dit de Calliclès — sans rencontrer de contradiction :

> « *C'est la même chose, mon cher, que le sophiste et l'orateur, ou c'est presque pareil ; et toi, dans ton ignorance, tu trouves une chose superbe, la rhétorique, et l'autre, tu la méprises.* » 520 a-b)

or il serait bien étonnant que Calliclès ait appris d'autres que des sophistes ses subtiles distinctions entre la Loi et la Nature, et ses paradoxes tendant à établir la force d'une théorie injuste.

Le *Protagoras* revient à plusieurs reprises et plus nettement sur ce problème. C'est d'abord le jeune Hippocrate qui se conduit de curieuse façon : il montre un enthousiasme délirant pour écouter l'enseignement de Protagoras, dont il dit : « *Tout le monde le vante, et on le dit extrêmement habile à parler* » (310 e). Il ne manifeste donc nul dégoût pour le contenu de l'enseignement du sophiste. Mais dès qu'Hippocrate s'aperçoit qu'il a l'air de se poser en émule du maître, le voici penaud et rougissant et il convient honnêtement qu'il aurait honte d'avouer en public cette émulation (312 a). Et pourtant, qu'y a-t-il de honteux dans cette sophistique qu'il définit : « *connaissance de sagesse* » (311 c), définition des plus vagues, mais qui ne nous semble pas particulièrement péjorative ? Ni Hippocrate, ni Socrate ne jugent nécessaire de rendre compte de cette bizarrerie, dont il ne paraissent même pas conscients[77].

Mentionnons encore les deux épisodes limpides du même dialogue : en 314 d, le portier d'une grande maison aristocratique semble exaspéré de voir des « sophistes » se présenter à l'entrée. Puis, en 316 d - 317 b, Protagoras en personne essaye d'analyser les causes de l'inimitié générale à l'égard des sophistes, et s'estime courageux, autant qu'habile, d'avouer franchement qu'il est lui-même l'un de ceux-ci.

Notons enfin, dans le *Ménon* (91 c), l'explosion de fureur avec laquelle le traditionaliste Anytos accueille la simple mention du mot « Sophiste ».

Toutes ces habitudes de pensée paradoxales, contradictoires, irrationnelles, s'expliquent, peut-être, par une certaine difficulté à imaginer différents modes de connaissance ; cette difficulté transparaît parfois dans les *Dialogues* de Platon.

76. John Burnet, *Greek Philosophy* (London 1914), T. I, p. 108, distingue sans insister la répulsion du peuple contre le sophiste, due à la jalousie éveillée par une habileté supérieure, et la répulsion aristocratique contre le terme sophiste : « Sa forme même suggérait le professionalisme, ce à quoi répugnait d'instinct l'Hellène bien-né ».

77. Grote (*op. cit.*, tome II, p. 261, n. 1) compare la réaction d'Hippocrate à celle d'un aristocrate anglais moderne, interrogé de cette manière : « Pourquoi suivez-vous l'enseignement du Dr.*** à Eton, ou du Professeur*** à Oxford ? Prétendez-vous acquérir les qualifications voulues pour devenir maître d'école ou professeur ? Il vous rira au nez pour cette question ; s'il y répond sérieusement, il le fera sans doute de la même façon qu'Hippocrate ». Mais les termes de la comparaison sont ici faussés par la distance qui sépare le « maître d'école » et le docteur ou le professeur. Soupçonné d'aspirer au professorat, dans l'enseignement supérieur, le moins intellectuel des Anglais pourrait s'en défendre, mais n'aurait pas lieu d'en rougir.

Nous verrons Socrate [78], en harmonie avec ses divers interlocuteurs, incapable d'imaginer un milieu entre la compétence artisanale, ou la révélation surnaturelle : poésie, rhétorique, politique, soumises à l'obligation de se définir par l'une ou l'autre de ces deux formes de connaissance, prendront souvent une apparence assez déconcertante, quand les personnages de Platon s'efforceront de les décrire.

***

Ordre de l'étude.

Nous avons maintenant à examiner quatorze dialogues, un nombre considérable de personnages, et diverses notions qui s'éclairent les unes les autres, et sont presque toutes évoquées dans chaque texte. C'est dire comme il est délicat de choisir un ordre suivant lequel organiser cette étude.

L'ordre chronologique des dialogues est impossible à observer, si agréable que ce serait, vu l'incertitude qui règne en ce domaine.

Choisir un classement selon les sujets traités donnerait une sécurité illusoire, car toute une série de dialogues, nous le verrons, consacrés en principe à tel ou tel thème, tournent à vide en réalité, et ne sont aux personnages qu'une occasion pour énoncer erreurs ou même absurdités.

L'on pourrait enfin être tenté d'adopter un classement des dialogues selon la manière dont les questions y sont posées : les uns, comme le *Grand Hippias* ou le *Lachès* tentent d'établir la définition exacte d'une notion, d'autres, comme le *Criton* ou le *Petit Hippias* semblent entreprendre une recherche plus complexe en décrivant et hiérarchisant des valeurs. En fait, une telle distinction serait tout à fait illusoire. Socrate insiste sans doute volontiers sur la différence entre la définition et la description : dans le *Ménon,* il met en garde son interlocuteur contre la tentation d'énumérer les propriétés du mérite, avant d'éclaircir « *ce qu'est* » le mérite (71 b et 86 d) ; c'est impossible, dit-il, de « *savoir si Ménon est beau, riche et noble, sans savoir qui il est.* » (71 b). Mais comment définir Ménon, sinon par ses qualités ? Sa filiation, ou son domicile, ne seraient-ils pas aussi des qualités extérieures à sa vraie personnalité ? On peut connaître Ménon pour l'avoir fréquenté, mais cette connaissance immédiate ne peut se formuler en une définition verbale. Il en est de même des notions morales. Tous les sujets parlant une langue donnée, savent immédiatement ce qu'il faut entendre par « courage », « beauté », ou « piété » ; les désaccords commencent avec l'analyse de ces notions. En un âge plus mûr en matière de méthode logique, Pascal a clairement démontré [79] l'impossibilité de définir les mots fondamentaux d'une langue

78. Cf. p. 169 et n. 36.

79. Opuscules : *De l'Esprit Géométrique et de l'Art de Persuader.*

> « parce que ces termes-là désignent si naturellement les choses qu'ils signifient à ceux qui entendent la langue, que l'éclaircissement qu'on en voudrait faire apporterait plus d'obscurité que d'instruction. »

Si l'on tente de le faire, l'on tombe dans l'erreur qui consiste à formuler, à la place d'une définition, une « proposition qu'il faut prouver » car l'on dit alors que « ce que l'on conçoit par le terme » considéré soit telle ou telle chose. Il serait facile de montrer qu'en effet, chaque « définition » envisagée dans les *Dialogues* est en réalité une tentative de faire coïncider « ce que tout le monde entend naturellement par le mot » en question, et une certaine idée que Socrate, ou son interlocuteur, s'en fait. Nous lisons dans le commentaire de Grote sur le *Protagoras* [80] que la grande erreur du célèbre sophiste est de considérer la vertu comme un *datum* ; mais Socrate lui-même, en essayant de définir la vertu, ne se réfère-t-il pas, à son tour, à d'autres *data,* tels que bien, mal, connaissance et plaisir ? Là n'est pas la différence importante entre les deux méthodes.

Ainsi, dans tous les *Dialogues,* nous aurons à faire à une réflexion, plus ou moins pertinente selon les cas, sur le contenu d'une notion.

Mais pourquoi la réflexion est-elle plus ou moins pertinente ? Là, nous tenons enfin un fil conducteur : certains des interlocuteurs de Socrate sont plus aptes que d'autres à profiter de la recherche dialectique pour approfondir leur pensée. En nous intéressant au caractère et à la manière de raisonner des divers personnages, nous pourrons distinguer les *Dialogues* où ils figurent [81].

D'abord, nous étudierons les dialogues où Socrate lui-même expose plus ou moins clairement sa propre pensée, car il s'y trouve dans une situation grave, ou confronté à des interlocuteurs divers, et aptes à le comprendre : ce seront le *Gorgias* et l'*Apologie de Socrate.*

Puis nous verrons un certain nombre de dialogues où l'incapacité dialectique de l'interlocuteur empêche tout progrès de la réflexion : ce seront le *Petit* et le *Grand Hippias,* le *Charmide,* et le début du premier livre de la *République* (l'entretien avec Céphale).

Ensuite nous essaierons d'analyser des dialogues où les interlocuteurs sont assez ouverts ou même intelligents pour retirer quelque enseignement de l'entretien, ou pour exposer eux-mêmes des opinions dignes de quelque intérêt : ce seront le *Ménon,* le *Premier Alcibiade,* la suite et la fin du premier livre de la *République* (dialogues avec Polémarque, puis Thrasymaque), et le *Protagoras.*

Enfin, nous examinerons quelques notions qui se dégagent d'autres dialogues fructueux, grâce à la plus ou moins grande ouverture d'esprit des interlocuteurs de Socrate y figurant, en choisissant ces notions parmi

80. *Op. cit.,* tome II, p. 300.

81. Cf. le chapitre de V. Goldschmidt *Sur le « système de Platon »* (dans *Questions platoniciennes,* Paris 1970, p. 23-33), où sont récusées les tentatives d'étudier le platonisme dogmatiquement ou génétiquement, et préférée une recherche méthodologique.

celles qui semblent devoir contredire les conclusions atteintes auparavant, et spécialement le parti-pris intellectualiste répandu dans les œuvres de Platon : ce seront le goût, d'après l'*Ion,* la religion, d'après l'*Euthyphron,* l'amitié, d'après plusieurs textes et surtout le *Lysis,* enfin le courage, d'après le *Lachès* surtout et aussi, à nouveau, l'*Apologie de Socrate.*

Pour conclure, nous essaierons de montrer qu'une entente tacite sur les prémisses de toute réflexion règne entre Socrate et ses interlocuteurs. Cette entente sera particulièrement mise en lumière dans le *Criton.*

CHAPITRE II

ESQUISSES DE SYSTÈMES

Le *Gorgias* et l'*Apologie de Socrate*

Caractères particuliers de ces œuvres.

La critique de Platon est rendue difficile par deux aspects de son œuvre. L'un est la forme dialoguée, à laquelle l'écrivain est resté constamment fidèle ; si cette forme peut devenir un artifice dans les textes de la maturité et de la vieillesse, où Socrate enseigne et ses interlocuteurs acquiescent, elle garde toute son ambiguïté dans le groupe de textes qui nous occupe. Là, Socrate critique, mais n'enseigne guère ; les interlocuteurs s'expriment librement, et l'auteur, pas plus qu'un dramaturge, ne prend position sur les points de vue évoqués par tel ou tel personnage. On voudrait bien faire de Socrate, toujours et partout, le porte-parole de l'auteur, mais cette solution trop simple est rendue délicate par la seconde caractéristique des *Dialogues* : Socrate s'y contredit à maintes reprises, adoptant ici une doctrine qu'il réfutera ailleurs, si un autre personnage la soutient. Ces « incohérences » réclament une explication ; le plus facile serait de supposer une évolution dans les idées de Platon [1] ; en principe, la vraisemblance psychologique milite vigoureusement en faveur d'une telle évolution. Mais, en fait, aucun critère plus sûr que des goûts, des impressions personnelles, ne permet de déterminer l'ordre réel de composition des œuvres. Mieux vaut, donc, quitter cette voie incertaine. Peut-on, alors, supposer qu'ici Socrate est sérieux, mais que là il plaisante ? Peut-être ; mais comment décider où et quand ? Là du moins, certains indices sont à notre portée ; la forme dialoguée crée les difficultés, mais en suggère aussi parfois la solution : il est possible d'étudier les rapports entre Socrate et ses interlocuteurs, la part prise par chacun à la progression réelle de l'entretien, et d'en déduire avec

1. Ainsi, suivant les préférences personnelles du critique pour telle ou telle doctrine, on considère que l'hédoniste *Protagoras* est postérieur à l'idéaliste *Gorgias* (opinion de Grote) ou vice-versa (opinion suggérée par E. Chambry).

qui Socrate consent à dévoiler sa vraie pensée, et qui il préfère mystifier. Bien entendu, ce genre de déduction est un peu aléatoire, car, s'il est indispensable pour comprendre Socrate de percer à jour son interlocuteur, la réciproque est aussi vraie ; le cercle vicieux menace.

Nous allons donc rechercher les grandes lignes de la pensée de Socrate à partir des premiers indices les plus clairs et les plus vraisemblables. A partir de là, l'étude de ses interlocuteurs devrait être facilitée. Si les résultats obtenus permettent de lire avec cohérence l'ensemble des premiers dialogues, ce sera un signe plausible de leur justesse. On pourrait alors, le cas échéant, s'en servir pour approfondir l'étude du socratisme [2].

Nous aborderons les dialogues socratiques en considérant l'*Apologie* et le *Gorgias*. Un assez grand nombre de raisons convergentes justifient cette priorité. Ces deux œuvres, en effet, nous offrent à la fois un portrait particulièrement sûr de Socrate, et un tableau particulièrement large de l'entourage de Socrate. Socrate mérite-t-il jamais plus d'être pris au sérieux que lorsqu'il donne sa vie en gage de ses convictions ? Les professions de foi de l'*Apologie,* pures des accommodements qui auraient assuré la sécurité de Socrate (38 d-e), doivent refléter le fond de sa pensée. Quant au public, un vaste jury démocratiquement recruté, il est représentatif de la foule athénienne.

Seulement l'*Apologie* est trop succincte pour qu'on en tire les indications désirées ; Socrate, pressé par le bref délai dont il dispose légalement (37 b), ne peut aller au fond des choses, et n'argumente que par allusions. Son public, d'autre part, n'a pas la parole, et se manifeste seulement aux passages délicats par des protestations confuses dont Socrate se fait l'écho.

C'est donc surtout au *Gorgias* que nous aurons recours. Ce dialogue, en effet, long et détaillé, présente toutes les particularités favorables à une étude de Socrate et de ses interlocuteurs.

Le sujet du dialogue « *n'est absolument pas mince* » (472 c), c'est : « *Comment faut-il vivre* » ? (487 c - 500 c). La valeur des principes en jeu est soulignée par les nombreuses allusions de plusieurs antagonistes aux risques mortels encourus dans ce monde ou dans l'autre par les adeptes de tel ou tel idéal de vie. Les constantes allusions à l'inévitable procès de Socrate donnent le même poids à son enseignement ici, qu'aux paroles prononcées plus tard au cours de ce procès devenu réalité. Aussi n'est-il pas étonnant que les mêmes idées soient évoquées dans l'*Apologie,* et développées dans le *Gorgias.*

Si, d'ailleurs, le ton général du *Gorgias* prouve le sérieux des paroles de Socrate dans ce dialogue, un passage explicite dissipe toute hésitation à ce sujet :

> « *Socrate,* s'écrie Calliclès vers le milieu du texte, *devons-nous supposer que tu es sérieux ou que tu plaisantes ? Car si tu es*

2. Cette dernière étape dépasserait bien entendu le cadre de la présente étude. Voyons d'abord si des résultats cohérents peuvent être obtenus.

sérieux, et si tu te trouves dire vrai, toute la vie humaine serait sens dessus dessous » (481 c) ;

si l'hypothèse de Calliclès, que les paradoxes socratiques sont à prendre avec le sourire, était vraie, et la vie humaine rendue à son cours ordinaire, alors le dialogue n'aurait plus de raison d'être.

Autre avantage : sur ces questions primordiales, le *Gorgias* affronte Socrate à un éventail particulièrement diversifié de personnages : le vieux et honorable Gorgias, le jeune et turbulent Polos, le dur Calliclès que nulle pudeur n'intimide. Les diverses prises de position de ces trois hommes nous révéleront tout un choix d'attitudes plus ou moins originales, fort instructives sur l'ensemble du milieu de Socrate. Le troisième de ces personnages, Calliclès, présente un intérêt spécial. Créature de Platon dont le nom nous est inconnu par ailleurs, il représente un cas exceptionnel. Aussi toutes sortes d'hypothèses ont-elles été faites : Calliclès serait un être fictif, né de l'imagination de l'auteur ; ou bien il aurait existé comme les autres, mais, mort jeune, n'aurait pas laissé trace dans l'Histoire, par hasard [3] ; ou, enfin, il serait une image de l'auteur, de ce qu'aurait pu être Platon sans l'influence de Socrate [4]. Bien entendu, faute d'un document imprévu vérifiant le deuxième cas, rien ne permet de trancher scientifiquement le débat ; quoiqu'il en soit, la dernière hypothèse n'est point incompatible avec la première ni avec la seconde — même un personnage réel, en devenant acteur d'une œuvre littéraire, est refaçonné par l'auteur. Que l'on puisse seulement songer à une parenté entre Calliclès et Platon signale assez l'importance du personnage. D'ailleurs, là encore, le texte souligne cette importance. Socrate déclare avoir trouvé en Calliclès la « *pierre de touche* » de sa personnalité (486 e) ; c'est dire que leur échange de propos sera plus qu'une joute destinée à ébranler des certitudes inconsidérées [5] ; il s'agira ici « *d'établir la vérité* » (487 e).

Or, cette vérité, Socrate l'exprime clairement, en son nom, dans le *Gorgias* mieux que partout ailleurs dans cette série de dialogues. Déjà avec Polos, son second interlocuteur, Socrate avance des opinions personnelles (463 d ; 464 b - 465 e ; 466 d ; 469 c ; 470 e ; 472 e ; 480 c) ; ce dont il n'est pas coutumier ; avec Calliclès, même jeu, malgré une résistance plus grande de l'adversaire (493 d ; 495 e ; 503 d ; 504 a ; 505 b). Ici, Socrate ne cherche pas avec un compagnon d'ignorance, ni n'a l'air de chercher, comme dans d'autres dialogues, ici il enseigne. Enfin, après

3. C'est l'opinion soutenue par Dodds (*Plato-Gorgias*, Oxford 1971, p. 12-13) avec des arguments plausibles.

4. C'est l'opinion de F. Robert (*op. cit.*, p. 92) et d'A. Koyré (*A la découverte de Platon*, Paris 1962, p. 93, n. 1) ; il est intéressant de noter que Dodds l'évoque aussi (*op. cit.*, p. 14). F. Robert note une coïncidence curieuse : le vrai nom de Platon, à en croire Diogène Laërce (III 4), était Aristoclès ; ce nom peut se déguiser élégamment en Calliclès.

5. Comme il arrive avec la plupart des interlocuteurs dans d'autres œuvres ; Socrate n'a jamais trouvé ailleurs sa « pierre de touche » ; il en est réduit à déconcerter les Hippias ou les Critias vaniteux ; ou à initier à la méthode dialectique les Lysis ou les Alcibiade ignorants.

avoir réfuté tous ses interlocuteurs, Socrate trouve l'occasion exceptionnelle de faire, en son propre nom, un long exposé suivi, où le fond de sa pensée sera cette fois élucidé [6].

Le *Gorgias* est donc plus clair que toutes les autres œuvres de son groupe, même dans sa partie dialoguée ; ailleurs, Socrate et son interlocuteur proposent successivement des hypothèses ; il n'est pas facile de décider où Socrate en propose fallacieusement une acceptable à son vis-à-vis, ni où ce dernier en propose diplomatiquement une qu'il croit devoir plaire à Socrate ; ici, les positions en regard sont nettement opposées, et les deux parties jouent franc jeu [7].

⁂

L'Enseignement de Socrate dans le Gorgias.

Isolée de la suite, la première partie du *Gorgias*, l'entretien entre Socrate et le célèbre professeur de rhétorique Gorgias, est apparemment faite comme les dialogues socratiques habituels [8] où la recherche en commun d'une définition aboutit à un échec des deux partenaires. Mais le *Gorgias* présente déjà là des traits originaux ; en vérité, l'enquête sur la définition aboutit, fait très rare ; car en 455 a, la rhétorique, objet de cette enquête, est définie à la satisfaction générale comme :

> « *Ouvrière d'une persuasion de croyance, non d'enseignement, au sujet de la justice et de l'injustice* ».

Il n'y a donc pas ici d'insolubles difficultés formelles. Les difficultés se présentent à propos de problèmes qui mèneront plus loin : cette justice et cette injustice, domaines de la rhétorique, comment se manifestent-elles, à quelle conduite obligent-elles ? C'est à ces questions-là que l'en-

6. Ce n'est pas lui qui a imaginé le mythe final des Enfers ; mais il prend ce récit à son compte, puisqu'il y croit d'une foi parfaite (523 a ; 524 a).

D'autre part on objecte qu'ici certaines doctrines de Socrate sont neuves, et refléteraient plutôt une évolution des doctrines de Platon (Dodds, *op. cit.*, p. 21, n. 3). Mais nous verrons que, nouvelles ou non dans leur formulation, ces doctrines rendent fort bien compte des obscurités dans d'autres dialogues socratiques.

7. J. Duchemin (*Remarques sur la composition du Gorgias*, Revue des Études Grecques LV, 1943, p. 266-286) expose « la difficulté extrême d'établir le plan réel du dialogue », et les divergences des commentateurs. D'après elle, « le décalage total entre la forme de l'exposé platonicien et son contenu philosophique » s'explique par la dépendance de Socrate vis-à-vis des trois autres personnages. « En effet, bien que les apparences nous le montrent comme le meneur du jeu, il est clair que sa méthode, et le ton même de ses répliques, se modifient suivant le caractère, le ton, les procédés de son adversaire du moment » (p. 282). Sans doute, et nous voyons, nous aussi, dans le jeu des interlocuteurs la clé de la progression du dialogue. Mais nous ne pouvons adopter la conclusion : « Les traits de Socrate sont tout juste esquissés (p. 282) ...si, du point de vue philosophique, il reste le vrai meneur de jeu, c'est parce qu'il écrase complètement cet adversaire en trois personnes, réalisé au maximum en Calliclès. » (p. 285). Nous voyons ici, dans l'enseignement de Socrate, beaucoup plus qu'une réfutation !

8. Comme par exemple : le *Grand Hippias*, le *Charmide*, le *Lysis*, le *Lachès*, l'*Euthyphron*. Pour la comparaison, cf. Dodds, *op. cit.*, p. 195.

tretien ne saura point apporter de solution satisfaisante. Or, dans les pages où l'on examine les leçons impliquées par une définition formellement correcte, mais débouchant sur des problèmes moraux, plusieurs thèmes seront provisoirement évoqués, pour être approfondis plus tard.

D'abord, en 458 e, Socrate, à propos de la méthode dialectique pour éliminer les erreurs, prononce comme allant de soi ces mots, lourds de signification, et qui donneront le ton de tout le livre :

> « *Être débarrassé soi-même du plus grand mal est un plus grand bien que d'en débarrasser autrui.* »

Nous ne serons donc pas surpris de voir se dérouler toutes les argumentations ultérieures en référence constante à l'intérêt égocentrique du sujet [9].

En 459 a-c, c'est un autre aspect qui est envisagé par Socrate, apparemment distinct du problème moral : celui de la connaissance [10]. En vérité Socrate impose ce nouveau problème : dans le cours normal de la conversation, Gorgias et lui avaient convenu que l'orateur persuade sur des sujets dont il n'a pas de connaissance scientifique. Bien sûr Gorgias attribue à la rhétorique, qu'il appelle une « *compétence particulière* » (459 c) [11], une valeur propre, un peu mystérieuse sans doute, mais d'autant plus admirable. On ne s'improvise pas orateur [12] ; il faut de l'habileté, de l'expérience ou beaucoup d'esprit, pour user de la « magie du verbe » [13].

Cette valeur propre de la rhétorique, Socrate en fait abstraction ; il retient seulement l'ignorance de l'orateur sur ce dont il parle :

> « *Ainsi celui qui ne sait pas, pour un public qui ne sait pas, sera plus convaincant que celui qui sait.* » (459 b)

Moyennant « *un certain procédé de persuasion* » (*ibid.*), dont Socrate ne fait visiblement pas grand cas, même sur le plan moralement neutre de la difficulté, il suffit d'être ignorant, dirait-on, pour être un excellent orateur [14]. Cela heurte le bon sens, mais révèle aussi le point de vue de Socrate : peu lui importent les apparences, formes ou astuces, et leur

9. Au grand scandale de Grote, *op. cit.*, p. 349 par exemple. Mais tel est le point de vue moral de tous les personnages de Platon.

10. Mais il y a un lien naturel entre morale et connaissance, dans la perspective égocentrique que nous venons d'évoquer, cf. chapitre I, p. 27.

11. *Mia tekhnê*, par opposition à *tas allas tekhnas*, « toutes les autres ».

12. Même s'il y a « *facilité* » à devenir orateur, plutôt que compétent effectivement dans tous les métiers possibles ! (459 c).

13. Le Gorgias historique en fait une éblouissante démonstration dans la péroraison de son *Palamède* (DK. II, p. 302, 33.34) : son plaideur, après avoir pour sa défense accumulé de bien contestables vraisemblances a l'audace de conclure : « *Didaxanta t'alêthès, ouk apatêsanta mé dei diaphugein tên aitian tautên. Humas dé khrê mê tois logois mallon ê tois ergois prosékhein ton noun...* ».

Une duplicité si adroite n'est pas à la portée du premier venu !

14. Ou journaliste, ou propagandiste de n'importe quel genre...

rôle dans la vie humaine[15]; il s'intéresse uniquement à la vérité ou à l'erreur dans les mots et les choses, au respect ou au mépris de la vérité dans les hommes.

Un problème fondamental[16], problème où se lient les questions de morale et de savoir, est très discrètement suggéré en 459 d :

> « *En est-il de la justice et de l'injustice, du méprisable et de l'admirable, du bien et du mal, comme de la santé et de l'objet de tous les autres métiers ?* »

En d'autres termes, peut-on assimiler connaissances techniques, et foi en certaines valeurs ? Gorgias répond que non (460 a), mais on ne voit pas ici s'il a tort ou raison[17].

Enfin, en 460 b, Socrate affirme encore et plus simplement le lien entre la morale et le savoir : « *Qui a appris la justice est juste ... et qui est juste pratique la justice.* »

Ainsi, à partir d'une enquête à l'air innocent sur la définition, puis la description, d'un genre d'études alors à la mode, Socrate trouve l'occasion de poser des jalons pour l'examen de la moralité : en quoi consiste-t-elle ? Comment apparaît-elle dans la conscience du sujet moral ? Nous voyons déjà qu'elle consiste à rechercher le bien du sujet moral, bien dont le sujet moral possède une certaine forme de connaissance.

Mais Gorgias est trop souple pour aider Socrate à préciser les points délicats. Polos prend alors la relève. Après s'être entendus sur la méthode à suivre, Socrate et lui abordent l'examen. Socrate commence par définir et décrire, en un exposé suivi, deux genres d'activités humaines, la *tekhnê* et l'*empeiria*[18]. Avant d'analyser le texte, il faut s'arrêter au sens exact de ces deux mots-clefs. La traduction traditionnelle en est très peu satisfaisante : *tekhnê* est rendu par « art »; ce mot dans notre langue est devenu fort équivoque : il cumule des sens latins, qui sont en effet parallèles à ceux de *tekhnê*-métier, connaissance réglée — et un sens moderne — expression du beau, où les dons et l'inspiration jouent le plus grand rôle[19]. Mais l'art selon le premier sens, l'art de l'artisan, se cantonne aujourd'hui dans des formules figées comme « homme de l'art », « règles de l'art », « ouvrages d'art », qui ne sont point équivoques ; l'art au second sens, l'art de l'artiste, est au contraire un mot bien vivant dans la langue, et nécessaire car il exprime une idée pour laquelle il n'a pas de synonyme. A moins donc d'employer des

15. Voir le chapitre sur l'*Ion* et l'art. Socrate méconnaît complètement la notion moderne d'art, dont ses contemporains ont pourtant une vague idée.

16. Traité dans le *Petit Hippias*, et la seconde partie de *République I*, mais dont la clef est donnée plus loin dans le *Gorgias*, quand il y sera question des moyens et des fins.

17. Nous verrons plus loin qu'il a raison. Cf. p. 56 et n. 57, p. 59, en particulier.

18. Cette deuxième catégorie est désignée par Socrate aussi comme *kolakeia* « *flatterie* » (464 e), mais ce terme est plutôt un jugement de valeur qu'une définition, et c'est *empeiria* qui est parallèle à *tekhnê* (465 a).

19. Les Anciens n'avaient pas une idée nette de l'Art en ce sens. Chez Platon, l'*Ion* en est une bonne illustration. Les *Grenouilles* d'Aristophane, donnent la même impression. Cf. Burnet (Commentaire de l'*Apologie*), p. 95.

formules toutes faites, ou de cultiver l'archaïsme, ce qui n'est point l'affaire d'une traduction, seul le dernier sens paraît légitime. Or Socrate nous parle dans notre texte de deux genres d'activités, l'une qui exige « *une âme habile à conjecturer, audacieuse, naturellement doué de tact* » (prosomilein tois anthrôpois) (463 a), l'autre qui « *rend compte de ses réalisations ... et peut dire la cause de chacune de ses démarches* (465 a). Quelle bizarrerie d'appeler « art » partout la seconde de ces catégories ! « Art » conviendrait assez bien à la première au contraire [20] ; mais pour éviter les équivoques, l'habitude étant bien ancrée d'assimiler dans ce célèbre passage « art » et *tekhnê* selon la traduction courante, nous éviterons le mot « art » ; nous traduirons ici *empeiria* par « savoir-faire » et *tekhnê* par « science » (bien que son application à la gymnastique [21] soit un peu étrange) ; l'opposition en sera plus claire.

Ces deux sortes d'activité, Socrate les distingue à deux titres : d'une part leur fin est différente, et d'autre part leur méthode. La science vise à la santé, ou plus exactement au bon état (*euexia*), de l'âme ou du corps (464 a), elle s'attache à réaliser le meilleur (*to beltiston*) (464 c) ; et, nous l'avons vu, elle le réalise parce qu'elle est capable de rendre compte de sa démarche en enchaînant les effets aux causes (465 a) ; le savoir-faire vise à « *l'agréable sans considérer le meilleur* » (465 a), ceci par des moyens aléatoires, nés de l'expérience sensible, et sujets à caution. Ce qu'il faut retenir de cette analyse, c'est la différence des fins de la science et du savoir-faire ; la différence de méthode en est l'expression ; prise isolément en effet, elle est illusoire : les sciences, la médecine préventive ou curative, la politique, s'enseignent ; mais les savoir-faire aussi, cuisine gastronomique [22], ou rhétorique [23] ; toutes ces disciplines comportent des règles, et les spécialistes de chacune sauraient trouver sans aucun doute des justifications à ces règles [24]. La divergence commence, si l'on veut rattacher lesdites règles non plus les unes aux autres, ou encore à un vague principe d'utilité ou d'agrément, mais à un objectif déterminé : le bien, objectif des sciences est intelligible, clair et distinct ; le plaisir, objectif des savoir-faire, est accessible aux sens, et donc confus ; Socrate le dit en 465 d :

> « *Si le corps, livré à lui-même, en décidait, d'après son propre agrément ... toutes choses seraient confondues pêle-mêle.* »

Nous apprenons donc ici que Socrate distingue entre les activités humaines selon leurs fins, et que la seule fin légitime à ses yeux est le bien, bien intelligible et non sensible ; la morale sera surtout une

20. A ce détail près qu' « art » est laudatif et *empeiria* péjoratif ; mais ces nuances de valeur ne changent rien à la définition, et révèlent seulement la différence entre les conceptions antiques et les nôtres.

21. Celle-ci, il est vrai, est apparentée ici à l'éducation physique et à l'hygiène, et plus généralement encore à la médecine préventive (cf. 518 b-d).

22. En 518 b est mentionné un traité récemment publié sur la cuisine.

23. Le métier de Gorgias en est la preuve.

24. En 501 b, Socrate reconnaît que le savoir-faire a souci de « *la manière de produire le plaisir* » *(tina tropon* [*hê hêdonê*] *gignoito).*

démarche de l'esprit. Mais en quoi consiste le bien ? Ceci est pour l'instant laissé dans l'ombre, et sera élucidé plus tard.

En attendant, l'exposé de Socrate fait place à d'autres notions, dont les rapports réciproques doivent être précisés. Il s'agit de l'agrément, et de l'honorable (*kalon*) ; le premier est une réalité érigée en valeur rivale du bien par des esprits médiocres ; elle ne réclame pas de description ou de définition car on en fait sans cesse l'expérience concrète. L'autre est employé par le vulgaire comme une autre valeur rivale du bien (474 c-d) ; mais sa vraie fonction est de qualifier les valeurs, de donner rang prioritaire à celle-ci ou à celle-là ; ce jugement d'application délicate mérite, lui, un examen approfondi. En 464 e - 465 a, Socrate a déclaré le savoir-faire « *méprisable* » (aiskhron) ... *de viser à l'agréable sans souci de l'utile* ». Il fait donc de l'agrément un principe avilissant, et il dévoile alors plus clairement sa pensée qu'en 474 d, dans la discussion avec Polos, où il pose, provisoirement, la définition : est honorable (ou beau) ce qui est, soit utile, soit agréable, soit les deux à la fois. Apparemment, il y a contradiction entre les deux passages. En vérité, Socrate apprivoise son interlocuteur avec une formulation acceptable pour celui-ci, mais non pas fausse pour lui-même ; Socrate n'estime honorable que le bien [25] ; la première partie de la définition est ainsi justifiée ; pour la seconde, trois cas peuvent se présenter : ou bien l'agrément est bon, et alors il n'y a rien de nouveau ; ou bien l'agrément n'est ni bon ni mauvais, moralement neutre ; alors, en tant que tel, on peut sans inconvénient l'assimiler à un bien, et de ce fait à un bien honorable [26]. Par contre, si le plaisir est mauvais, alors il n'a rien que de méprisable : Socrate l'a déjà dit en 465 a, et ici le contexte exige cette interprétation, même pour Polos, car, sinon, l'injustice étant évidemment plus agréable à commettre qu'à subir, elle serait aussi plus honorable à commettre, contrairement à ce qui est dit (474 c).

La troisième partie de la définition n'a donc aucune originalité propre, car le principe de l'honorable c'est le bon, et dans l'agrément le bon encore ; le bon et l'agrément réunis, c'est toujours la même chose [27].

Ainsi, Socrate a éliminé l'agrément physique des références possibles de la vie morale, et réservé son estime pour le Bien exclusivement. Son idéal moral est précisé mais n'est pas encore éclairci [28].

25. Cf. 477 e, par exemple ; mais tous les entretiens socratiques illustrent cette conviction.

26. Socrate le suggère en disant qu'il est souhaitable pour le juste de n'être pas persécuté (469 c). Ici nous retrouvons l' « hédonisme » assez particulier (voir encore p. 51) du *Protagoras* : le plaisir, en tant que tel, est un bien. Et, sans doute, il faut un ascétisme difficile à fonder en raison, pour condamner un plaisir exempt de circonstances blâmables ; seulement l'idée d'un plaisir moralement neutre est plutôt abstraite et doit s'appliquer rarement dans la vie pratique. En 499 c sq, avec Calliclès, Socrate n'envisage que de « *bons et de mauvais plaisirs* ».

27. Le principe logique du *Grand Hippias* (303 a-d) : une définition ne peut comporter d'alternative, n'est donc pas transgressé. Quant à la surprise de Grote (*op. cit.*, II, p. 334) de voir Socrate définir ici sans hésiter une notion qu'il ne peut arriver à cerner dans tout le *Grand Hippias*, elle ne tient pas compte du fait que Socrate enseigne Polos, et se moque d'Hippias.

28. Grote *ibid.* II, p. 332 (et encore à la page 348 à propos d'un autre passage) s'étonne de voir Socrate parler d'un Bien non défini. Mais ce n'est qu'un jalon pour l'approfondissement ultérieur.

En attendant, car tout le dialogue avec Polos est consacré à préciser divers points sans les élucider, Socrate va établir divers paradoxes entraînés par le choix d'un bien purement intelligible. D'abord, le bonheur est l'effet du bien (470 e) ; il est sans rapport avec le plaisir et la peine ; parler du malheur du puissant tyran Archélaos (479 a) c'est sans doute parler par énigme ; en temps utile, il faudra bien sûr définir un bonheur qui n'a rien de charnel, et le définir en relation avec la définition du Bien [29].

Si le bonheur se définit abstraitement, il devient possible de dire que le châtiment de l'injustice contribue au bonheur, ou plutôt diminue le malheur, du coupable (478 e). Le passage consacré aux punitions a été interprété diversement : selon Dodds[30], Socrate expose ici une théorie d'une justice pédagogique, ramenant le coupable puni à de meilleurs sentiments, et diamétralement opposée au principe rétributif du talion. Mais Grote [31] voyait dans la présente théorie celle où l'application du châtiment, *ipso facto,* purgerait le coupable. Le contexte, dont toutes les considérations sont résolument abstraites, semble militer en faveur de cette interprétation-ci ; l'argument de 476 d-e, va nettement dans ce sens : le châtiment est bon, c'est-à-dire utile, du seul fait qu'il est juste. Cette égalité mathématique semble exclure une intention pédagogique [32] ; une telle intention pourrait se dégager de la suite (477 a), mais sans doute est-ce cette suite qu'il faut interpréter : l'âme du coupable puni, y dit Socrate, devient meilleure, débarrassée de sa méchanceté, ou plus exactement de sa mauvaise qualité (*kakia*) ; mais l'interprétation de ce passage la plus conforme au raisonnement précédent serait celle-ci : la punition, mettant fin au scandale, logique et moral à la fois, qu'est le succès de l'injustice, rétablit un équilibre inconnu du criminel jouisseur, lequel, cumulant les méfaits et les plaisirs, perd toute conscience des limites du bien et du mal. Rien n'autorise ici à évoquer plus concrètement la repentance du coupable et les bons sentiments du repenti. La comparaison explicite entre la punition et l'opération médicale (478 a) ne doit pas non plus suggérer un parallélisme entre les bons sentiments et le bien-être [33] qui suivent le retour à la santé physique ou morale,

29. Plus loin dans le *Gorgias,* et dans le premier *Alcibiade,* Socrate montre que les cités n'ont pas besoin de murs ni de chantiers navals pour être heureuses. Edmond Lévy commente ainsi cet enseignement politique (*Athènes devant la défaite de 404,* Paris 1976, p. 152) : « La puissance n'est appréciée que comme source de richesse, qui elle-même n'aurait de valeur que comme source de bonheur. Socrate reprend donc à un niveau philosophique les conceptions d'un Aristophane... Il approfondit une idée qui semblait évidente à ses contemporains et témoigne ainsi de la désaffection des Athéniens à l'égard de l'idéologie de la puissance ». Il se peut. Mais, croyons-nous, l' « approfondissement » opéré par Socrate qui déconsidère la richesse, proche encore de la puissance, pour ne s'attacher qu'à la vertu, donne une assez grande originalité à ses paroles. La « politique » de Socrate a certainement paru très étrange.

30. *Op. cit.,* p. 257.

31. *Op. cit.,* p. 337.

32. L'horreur de la dialectique platonicienne pour la psychologie s'exprimera au début de *République I,* dans le dialogue avec Céphale.

L'idée d'une justice éducative est abandonnée par Platon à Protagoras (*Protagoras* 324 a-b).

33. Grote s'étonne *op. cit.* II, p. 337 de la comparaison établie par Platon entre la santé du corps, rendue évidente par le bien-être, et la santé de l'âme, inconsciente à qui

mais plus abstraitement, le rétablissement d'un équilibre, auquel visent la justice comme la médecine[34].

Enfin, dernier paradoxe, et le plus sensible car il concerne la vie pratique, Socrate prétend que le bon usage de l'art oratoire consiste à accuser ses amis coupables, et à « défendre » ses ennemis pour les priver du châtiment mérité (480 b - 481 a) ; ce n'est selon Dodds[35] qu'une « amusante idée ». Sans doute l'idée de nuire à ses ennemis porte-t-elle le sceau d'une pensée vulgaire[36] ; mais là n'est pas le fond du problème ; Socrate veut dire simplement : si l'on veut nuire à tel ou tel, voici un moyen, révolutionnaire mais seul efficace, de nuire ; les moyens de nuire et de rendre service décrits par Socrate, si étranges soient-ils, s'enchaînent trop rigoureusement aux démonstrations précédentes pour être une simple plaisanterie. Bien au contraire, leur sérieux est garanti par l'échange de répliques, placé juste après, entre Calliclès stupéfait et Socrate (481 b-c) ; car c'est ici que Platon insiste le plus expressément sur l'importance des propos qu'il prête à Socrate.

Les paradoxes assénés au trop naïf Polos comportent en effet un enseignement très grave ; mais ils ne sont qu'une propédeutique, destinée à attirer l'attention des auditeurs capables d'en saisir la portée. Avec Calliclès, Socrate va enfin entreprendre d'éclaircir les données fondamentales de sa morale ; peut-être alors les conséquences en seront-elles plus convaincantes et moins paradoxales[37].

Après avoir affirmé son sérieux, Socrate aborde l'entretien avec Calliclès, en soulignant derechef quelques principes de méthode : le philosophe dit toujours la même chose — au risque d'ennuyer — (482 a), le philosophe n'accepte jamais de se contredire — au risque de contredire le monde entier — (482 c). Socrate donne ainsi à entendre, une fois de plus, que tous ses propos, y compris les paradoxes, font ici partie intégrante d'un seul système, et doivent être considérés attentivement.

Puis nous entrons enfin dans le vif du sujet : qu'est le bien, et donc le bonheur ? Mais d'abord vient l'enseignement négatif : il faut réfuter la thèse non philosophique ; Calliclès a tort, le bien n'est pas le plaisir, le plaisir ne fait pas le bonheur ! Avant d'argumenter, Socrate exprime son opinion : il cite avec sympathie l'adage assimilant le corps à un tombeau (*sôma sêma*) (493 a) ; il affirme : « *Les gens rangés sont plus heureux que les gens déréglés* »[38] (493 d). Il récuse donc très clai-

n'en est pas instruit ; en effet cette comparaison serait insoutenable ; mais Platon ne songe sans doute pas au bien-être en parlant de santé du corps, cf. p. 52, n. 43. Cf. aussi Constantin Tsatsos, (*La philosophie sociale des Grecs Anciens*. Paris 1971, p. 110) : « Les vrais médecins... ont comme critère l'harmonie interne de l'organisme, et ne visent qu'elle, indifférents à toutes les dispositions subjectives du malade ».

34. Les théories médicales fondées sur cette notion d'équilibre sont mentionnées par Taylor *op. cit.*, p. 120. Platon lui-même rappelle ces théories dans *le Banquet* 186 d-e.

35. *Op. cit.*, p. 258.

36. Cf. le dialogue avec Polémarque, *République* I.

37. Cf. J. Duchemin (*loc. cit.*, p. 270) : « Un seul point est acquis par tous, la coupure très nette en 481 b. Faut-il en conclure qu'il y a en tout cas deux grandes parties bien délimitées ? Nous ne le croyons pas ». En effet, la continuité de la pensée est fondamentale.

38. *Eudaimonesterous einai tous kosmious tôn acolastôn.*

rement la compétence des sens pour établir les valeurs, et il se réfère à un autre principe qui sera bientôt examiné : l'ordre.

Aussi de longues pages (494 a - 500 a) vont-elles être consacrées maintenant à la critique de l'hédonisme. On s'est étonné [39] souvent de voir Socrate démanteler ici une doctrine que, dans le *Protagoras,* il soutient. Mais il faut se rendre compte que le « plaisir » dont il est question ici n'est pas celui dont on parle dans le *Protagoras,* bien que le même mot soit utilisé : ici, plaisir, pris en son sens courant, désigne un état que le corps peut percevoir (500 a) ; là-bas, le « plaisir », se rapportant aussi à l'avenir, apparaît alors à l'intelligence seulement (354 c ; 357 b). Mieux encore : dans le *Protagoras,* l'identité du bien et du « plaisir » est affirmée dans un système où le bien lui-même est à son tour apparenté à la connaissance, et au courage, toutes les vertus étant confondues (357 d ; 359 d ; 261 b) ; ici, le plaisir est distingué d'un bien, lui-même distingué de la science et du courage, conformément à l'usage ordinaire de la langue (495 d). Le texte du *Gorgias* est donc d'interprétation relativement facile, les notions y étant exprimées par des mots de sens banal ; et le *Protagoras* utilise, en un agencement contraire, les mêmes mots mais pourvus d'un sens original ; il est donc peu probable qu'il aboutisse à des conclusions contraires autrement qu'en apparence [40].

Contre l'hédonisme de Calliclès, Socrate utilise deux raisonnements ; le premier n'est pas le plus convaincant ; il se fonde sur une majeure un peu hasardée : bonheur et malheur, santé et maladie, s'excluent absolument, à chaque instant (après tout, l'ophtalmie donnée en exemple (496 a) peut être progressivement remplacée par la santé de l'œil, l'œil n'étant ni sain ni très malade pendant la période intermédiaire) ; puis vient une mineure, contestable aussi : peine et plaisir peuvent coexister ; (mais, pour reprendre l'exemple du texte (496 e), peut-on vraiment dire qu'il « *a soif* », d'un homme qui boit ?) La conclusion de telles prémisses ne saurait être très assurée ; elle pourrait d'ailleurs contester le parallélisme des deux couples bonheur-malheur et plaisir-peine, mais non de chaque élément terme à terme, comme Socrate le voudrait (497 a).

Le second raisonnement est plus fort : Calliclès, ayant distingué bonheur et courage, mais assimilé bonheur et plaisir, puis vertu et courage, se contredit s'il attribue la vertu [41] à la fois au courageux, et au lâche content de sauver sa peau. (498 e - 499 b). Bien entendu, les prémisses sont encore discutables ici, pas seulement en logique pure et abstraite. Calliclès pèche cette fois en accordant des prémisses contradictoires, mais certaines de ces prémisses lui sont imposées inéluctablement par la société à laquelle il appartient : un Athénien de bonne race ne peut

39. Cf. par exemple Grote, *op. cit.,* II, p. 346.

40. Le sens le plus probable de « plaisir » dans le *Protagoras* est « avantage pour le sujet » ; en ce sens il est semblable au « bien » du *Gorgias* où tout est considéré du point de vue du sujet.

41. Pour la relation entre bonheur et vertu, réaffirmée ici même (498 d-e), voir le chapitre précédent.

nier que le courage soit une vertu [42]; Socrate n'a plus qu'à dégager la conclusion, qu'il approuve : un Athénien ne doit pas reconnaître le contentement comme une vertu. L'essentiel a été d'amener l'interlocuteur à prendre conscience de ses contradictions.

A ce point, Socrate est arrivé à établir une distinction entre les plaisirs, par référence à une valeur supérieure, en tant que « bons » ou « mauvais » (499 c - 500 a); cette distinction, tous en conviennent, exige d'être faite par une personne compétente (*tekhnikos*) (500 a); autant dire que la connaissance devient le critère moral, excluant les sensations physiques. Ceci nous rappelle le paragraphe 493, où Socrate avait opposé l' « *ordre* » aux valeurs charnelles : cette réminiscence se justifie, car ici, dès le paragraphe 503, après quelques considérations générales sur l'importance du débat, Socrate fait de l' « ordre » l'objet de toutes les compétences :

> « *L'homme de bien* (agathos) ... *ne considère-t-il pas quelque chose? Il est semblable à tous les autres ouvriers, qui ont chacun les yeux sur leur ouvrage : ils ne recueillent ni n'emploient ce qu'ils emploient, au hasard, mais de façon à donner à ce qu'il font une certaine forme* (eidos). »

Puis il évoque l'exemple des « *peintres, architectes, constructeurs de bateaux, toutes les sortes d'ouvriers* » et accumule les *taxis, prépon, harmottein, tétagménon, kékosmêménon, kosmein, suntattein.* (503 d - 504 a). La vertu est donc une *tekhnê* en tant qu'elle vise à la réalisation d'un plan.

Ceci va être affirmé avec force par Socrate, à plusieurs reprises :

> « *L'ordre et l'harmonie de l'âme s'appellent légalité et loi; elles font les hommes respectueux des lois, et réglés. Ce sont elles la justice et la sagesse* » (504 d).

Toutes les vertus, d'ailleurs, si on les examine systématiquement, se réfèrent à un ordre [43] : « *L'excellence* (arétê) *de chaque chose est un arrangement et une organisation ordonnés* » (506 d); or « *l'âme ordonnée* (506 e) est « *sage* », « *bonne* » (507 a), « *pieuse* » « *juste* » et « *courageuse* » (507 b), l'homme possédant ces vertus est « *parfaitement bon; l'homme bon agit bien, réussit, atteint le bonheur* » (507 c). Enfin, dès 507 e, Socrate élève encore le principe d'ordre en en faisant le fondement du monde entier : Un homme déréglé

> « *ne saurait être aimé d'un autre homme ni d'aucun dieu, car il est incapable de s'associer avec personne, et sans société, point*

42. Cf. le chapitre sur le courage, p. 199 et *passim*. Dodds rappelle les données linguistiques (*op. cit.*, p. 314) : *anêr agathos* signifie en grec usuel « un brave ». Calliclès ne peut donc imaginer de séparer le « bien » de la bravoure militaire.

43. Quand, dans ce contexte, en 505 a, Socrate affirme que la vie est « méprisable » en l'état de maladie, il ne songe probablement pas au désagrément qui accompagne la maladie.

d'entente (philia). *Les sages*[44] *disent, Calliclès, que le ciel, la terre, les dieux et les hommes tiennent ensemble par la société, l'entente, l'esprit d'ordre, la sagesse et la justice, et pour cette raison ils appellent cosmos, ou ordre, le monde entier... Il t'échappe que l'égalité géométrique règne chez les dieux et les hommes : toi, tu crois devoir t'efforcer à l'emporter sur autrui ; c'est que tu négliges la géométrie !* »[45]

Dans tout ce passage, qui forme assurément le cœur du *Gorgias*, Socrate insiste très clairement sur l'essentiel de sa pensée ; s'il s'y attarde, c'est moins pour éclaircir des difficultés, car le terrain a été soigneusement préparé depuis longtemps par des réfutations préalables, mais pour montrer l'importance de cet enseignement d'où tout découle[46].

A partir de là, il ne reste plus à Socrate qu'à détruire certaines implications concrètes de sa doctrine. Plusieurs points[47] précédemment obscurs sont déjà résolus : au nom de quel bien les satisfactions d'Archélaos, ou d'autres bandits florissants, sont-elles condamnées ? Quel est le bien qui permet de distinguer entre de bons et de mauvais plaisirs ? C'est l'ordre, condition d'harmonie dans le monde, la société, et chaque

44. Une expression de ce genre conduit Dodds (*op. cit.*, p. 21, n. 3) à écrire : « Un élément semble n'être pas socratique ; il est d'ailleurs indiqué franchement comme un emprunt à une autre source (507 e) : c'est la nouvelle manière « platonicienne » de décrire le bien en termes d' « ordre » ...qui apparaît pour la première fois dans le *Gorgias* ». Mais, d'abord, nous ignorons l'ordre de composition des dialogues (cf. *ibid.*, p. 18 sq.). Puis, il est surtout intéressant de voir comme cette théorie de l'ordre, empruntée ou non, éclaire le reste du *Gorgias* et les autres dialogues socratiques. Socrate peut citer « les sages » autant pour impressionner Calliclès que pour préciser ses sources !

45. Cette apparition d' « égalités géométriques » ici est assez peu claire : Dodds (*op. cit.*, p. 339) et Taylor (*op. cit.*, p. 124) l'expliquent éruditement comme « proportion » par opposition à l'égalité arithmétique ; mais c'est Calliclès, partisan de proportionner les succès des grands hommes à leur excellence naturelle, qui serait alors l'admirateur de l' « égalité géométrique » ! De même, Léon Robin (*Platon*, Paris 1938, p. 245) interprétait notre passage à la lumière de textes de la *République*, ce qui est peut-être hasardeux, et parlait de « cette égalité supérieure... proportionnant au degré de perfection de chaque être la place qu'il doit occuper dans l'ensemble ». Là encore, l'on est au moins très près de la pensée de Calliclès. Il paraît plus satisfaisant d'après le contexte de considérer ici la géométrie comme la science des relations réciproques — et égalitaires. L'ordre, la géométrie, les rapports réciproques entre les êtres moraux, hommes et dieux, s'opposent à l'égocentrisme anarchique du grand homme en quête de son épanouissement, envers et contre tous.

Le dictionnaire grec-anglais de Liddel et Scott (Oxford 1940), traduit notre locution par « proportion » mais avec notre passage pour seule référence ! Si toutefois la terminologie scientifique grecque constante impose réellement cette traduction, même dans un texte aussi peu technique que le nôtre, il convient au moins de souligner que l'opposition, violente ici, entre la pensée de Socrate et celle de Calliclès pose alors un sérieux problème. Sans doute faudrait-il considérer dans la « proportion », moins l'aspect inégalitaire auquel le mot français fait songer surtout, mais l'établissement de relations réglées ; après tout Socrate s'exprime par le mot égalitaire *isotês* !

46. On pourrait discuter longuement, à grand renfort de vraisemblance sur les conclusions à tirer de la présence du mot *eidos* (503 e) dans ce passage. En tout cas le *Gorgias* peut se comprendre sans référence à la « Théorie des Formes », et, tel quel, permet d'expliquer les positions prises par Socrate dans les autres dialogues de jeunesse.

47. Ceux qui surprenaient Grote (*op. cit.*, II, p. 332, 337, 348).

individualité. Quel est pour un anti-hédoniste, l'avantage inhérent à la santé physique ? Ce n'est pas le bien-être, mais le bon fonctionnement du corps ; ainsi se justifie la comparaison, constante dans le texte, entre la santé physique. toujours consciente, la santé morale perceptible seulement à une intelligence avertie.

Maintenant, Socrate va aborder, ou reprendre, d'autres questions. Pour commencer, il va traiter quelques problèmes touchant à la vie privée, puis il en envisagera d'autres, d'ordre public et politique. Mais les Anciens distinguant mal le privé du public [48], il serait plus correct de parler de problèmes théoriques, puis pratiques.

Socrate commence, en 508 c, par le point le plus sensible à Calliclès : le philosophe est en danger d'être persécuté ; or, dit-il, l'état de persécuté n'a rien de méprisable (508 e) ; ceci est conforme à la récente définition du mal, confondu avec le méprisable [49]. Mais cette définition est tout à fait étrangère aux conceptions banales. Aux yeux de n'importe qui, il est « *mauvais* » de souffrir de la persécution (474 c) et « *méprisable* » d'en être victime (508 d-e). La souffrance est en effet pénible, et peut aller jusqu'à l'anéantissement de la mort ; quant à l'infériorité de la victime, elle est socialement humiliante. Mais pour Socrate, ce qui est méprisable et mauvais, c'est de déranger l'harmonie universelle, en étant injuste par exemple. Or la société est ainsi faite qu'il est pratiquement impossible d'éviter la persécution, à moins d'être injuste (510 e). La persécution, si elle n'est pas un bien, loin de là (469 c), est donc le moindre mal. Socrate respecte de la sorte intégralement son idéal d'ordre et de réciprocité : afficher un goût du martyre serait une manière, paradoxale et contre-nature peut-être, de faire à son moi une place à part [50]. Mais classer froidement les maux selon la gravité que la raison leur reconnaît, c'est se considérer soi-même objectivement.

Les remarques sur des situations connues amènent enfin au principe général :

> « *Vivre le plus longtemps possible, un homme digne de ce nom ne doit pas s'en soucier ... C'est la suite qu'il faut examiner : de quelle manière vivre au mieux ce temps dont on dispose.* » (512 e).

Ce principe est surprenant dans la mesure où il est général. En effet un Calliclès l'admet volontiers dans certaines circonstances : il n'estime pas assez important de survivre à un naufrage ou à une inondation, pour estimer beaucoup la navigation et la natation (511 c) ; mais par contre

48. Cf. chapitre V, p. 193-195, un corollaire de cette manière de voir. Dans le *Gorgias*, dialoguant avec Polos, Socrate appelle la médecine et la gymnastique soins du corps, et la politique soins de l'âme : la distinction entre les domaines physiques et spirituels est plus nette que celle entre l'individu et la société.

49. De la conversation avec Polos, nous avons appris que le bien seul est admirable ; donc le mal seul est méprisable.

50. En ce sens, le Judaïsme décrit par Ahad Haam, qui enseigne à aimer son prochain « comme soi-même » et non pas « plus que soi-même », est plus proche de l'hellénisme que du christianisme.

il voue un culte à la rhétorique, car elle peut le sauver des risques d'un procès, où il croit son honneur intéressé. C'est cette contradiction, caractéristique de la pensée des aristocrates athéniens [51], que Socrate s'attache à faire éclater (512 c). Il prétend moins révolutionner les idées morales de ses contemporains, que les organiser en un ensemble logique, et c'est déjà une grande nouveauté.

Ayant considéré les risques judiciaires et autres encourus par l'homme de bien au sein de la société, Socrate est amené à parler maintenant de la vie publique, concrètement, en entrant dans des détails historiques et politiques.

La manière dont Socrate envisage la fonction de l'homme d'État peut surprendre au premier abord. Dans un passage antérieur (503 a), il avait affirmé sans commentaire : « *Il est beau* (pour le politique) *de travailler à rendre les âmes des citoyens les meilleures possible.* » L'homme de bien, une fois au pouvoir, devrait-il travailler au bien d'autrui ? Ceci semble détonner dans cette œuvre, où Socrate se cantonne, d'après Grote [52], dans la « part de l'Ethique concernant le moi » et où, écrit Dodds [53],

> « la question est constamment examinée en termes de bonheur et non de devoir, aussi bien par Socrate que par Calliclès. »

La solution a été déjà suggérée au cœur de l'œuvre, en 508 a, quand Socrate évoque l'harmonie universelle, et montre que, généralement parlant, seuls de bons rapports mutuels constituent la vertu [54]. Maintenant, il explique concrètement, et bien simplement, pourquoi le bonheur du politique, de l'agent, exige l'amélioration des citoyens, objets de son action :

> « *Car sans cela ... aucun autre service* [*à leur égard*] *n'offrirait aucune utilité, si une pensée honnête* (kalê k'agathê) *faisait défaut à ces gens destinés à beaucoup s'enrichir, à gouverner, ou à disposer de n'importe quelle autre sorte de puissance.* » (513 e - 514 a).

Éclairante illustration du grand principe de 508 a ! Tout service matériel rendu à autrui, service moralement neutre, ou immoral, est dangereux pour son auteur, car la reconnaissance d'autrui est garantie seulement par sa vertu (qui est aussi son bonheur) [55]. Ainsi Socrate résout-il

51. Comme la contradiction relevée aux pages 51-52.

52. *Op. cit.*, p. 335.

53. *Op. cit.*, p. 31.

54. Cf. V. Goldschmidt, *Platonisme et pensée contemporaine*, p. 56-57 : « Ce n'est pas afin de pouvoir administrer la Cité idéale que les dialecticiens connaîtront le paradigme céleste, mais, le connaissant, ils l'imiteront ».

55. Cette interprétation du dernier passage cité n'est pas la seule possible. On comprend souvent (E.Chambry ; commentaire de Dodds, *op. cit.*, p. 351) : les services rendus seront inutiles aux bénéficiaires non vertueux, autre sens parfaitement possible. Mais l'interprétation ici proposée convient bien à l'enseignement du *Gorgias* et fait écho au dialogue avec Mélétos dans l'*Apologie*. Cf. p. 61.

le grand problème moral posé par certains de ses interlocuteurs, et particulièrement bien exprimé par Thrasymaque dans la *République I* (343 c) : l'*arétê*, ou l'aptitude au succès généralement considérée comme condition du bonheur, profite au sujet, elle est *oikeion*. Est-elle contraire à la justice, respect d'autrui, qui profite à des tiers, qui est *allotrion* ? Fallacieuse distinction, pense Socrate : car ces points de vue se complètent quand l'harmonie s'établit entre les êtres.

S'améliorant en améliorant, l'homme politique doit recourir à une science (*tekhnê*) (517 c et sq.), puisque le propre de la « science » est d'indiquer le bien, l'ordre, plan à réaliser, but à atteindre de toute amélioration (465 a, et *passim*). Oui, mais de quelle science au juste s'agit-il ? Socrate souligne que des confusions sont aisées entre telle discipline, simple savoir-faire, et telle science. Le sophiste qui s'entoure de garanties juridiques pour obtenir ses honoraires (520 c) est victime d'une telle confusion : il prétend enseigner la science de la vertu, et il se fait payer comme professeur de savoir-faire artisanal. De même pour le politicien déplorant l'ingratitude de ses administrés (520 b). A quoi tient la facilité de cette confusion ?

C'est qu'il n'y a pas de distinction aussi nette que le premier exposé au naïf Polos pouvait le laisser croire. Presque toutes les activités humaines sont à la fois science et savoir-faire, suivant le point de vue où l'on se place. Déjà, certains détails le laissaient entendre : dans le premier exposé, Socrate avait dressé une liste de sciences, comportant la médecine (464 b) ; le médecin sauve en effet des vies car il a une connaissance claire de la santé et des procédés utiles à son rétablissement. Mais en parlant avec Calliclès, Socrate émet des doutes sur l'utilité de conserver la vie à tel ou tel (512 a) ; le navigateur ignore pour qui la vie est bonne, et le médecin sans doute aussi [56] ; leur métier est donc un savoir-faire visant clairement à un but qui n'est pas lui-même clairement choisi. Maintenant, en 517 e, le terme *tekhnê* est employé, à la légère en apparence, pour désigner les activités subalternes commandées par les soins (*thérapeiai*) véritables. De fait, elles sont bien des *tekhnai*, en un sens, mais elles ne le sont plus si on les considère comme des auxiliaires d'une science suzeraine, car une vraie féodalité s'établit entre les métiers : le cuisinier sait produire du plaisir, le médecin sait quand le plaisir permet la prolongation de la vie, le juge discerne qui mérite de vivre ... Tout acte a une fin, mais seule la connaissance de la fin dernière justifie les actes, jusqu'aux plus humbles. C'est donc cette connaissance qui est la plus haute et la plus nécessaire, mais elle est difficile, car la vision de l'harmonie universelle n'est pas donnée au premier venu [57].

56. Les deux professions sont citées ensemble en 512 d, et rapprochées de la rhétorique, considérée dès le début comme savoir-faire.

57. Le problème de la distinction des fins et des moyens, est même diffcile à poser. Le grec connaît les notions de fin et de moyen, mais elles ne suffisent pas, car la fin est elle-même un moyen, et si la fin dernière n'est pas d'un autre ordre que les fins intermédiaires, Lachès a raison de faire du devin le connaisseur des fins ! Nous préférerons donc utiliser, au prix d'un anachronisme, les termes jansénistes de « fait » et de « droit ».

Si cette connaissance était claire, aucun maître n'aurait à se plaindre de ses sujets, ni de ses disciples. Mais dans la réalité, les hommes d'État, pour peine d'avoir enseigné des savoir-faire, sont constamment victimes de leurs concitoyens ; cela par leur faute, l'erreur étant une faute (518 c).

Seul Socrate peut être injustement mis à mort (521 b-d), risque considéré comme très probable.

Apparemment, il y a une contradiction quand il ajoute

> « *Je crois être l'un des rares Athéniens, pour ne pas dire le seul, à pratiquer la vraie science politique.* » (521 d).

Pourquoi le politicien Périclès ne pourrait-il tomber en disgrâce sans être fautif, et le « politicien » Socrate, si ? Probablement parce que Socrate pratique sa science en homme privé, se heurte à son entourage en s'exprimant, et que les autres politiques, investis du pouvoir, disposent de facilités pour influencer leurs concitoyens. C'est la différence marquée par la terminologie moderne entre le gouvernement et l'opposition[58].

Le développement raisonné de la pensée de Socrate est alors complet. Toutefois le rappel de sa position personnelle, des risques qu'elle comporte, du choix qu'elle impose, amène à conclure par une revue des principes fondamentaux, mais d'un point de vue moins objectif : cette fois c'est la conviction intime qui s'exprime, la passion, la foi même en une instance supérieure à la raison humaine. Le texte se termine par un mythe, pour marquer ce changement de perspective. Nous allons voir que l'enseignement de ce mythe reprend sans le dénaturer l'enseignement des raisonnements précédents ; la grande nouveauté est que les chaînes « *de fer et d'acier* » (509 a) de la dialectique sont ici remplacées

Nous retrouverons ce problème de la distinction entre « fin » et « droit » dans le chapitre consacré au *Lachès*.

Y. Brès (*op. cit.*, p. 52) écrit : « Platon distingue des *épistêmai-tekhnai* futiles, et des *épistêmai-tekhnai* sérieuses, mais il laisse les techniques sérieuses encore très au-dessous de l'idéal humain sur lequel porte la méditation philosophique » ; toutefois nous ne sommes pas convaincue par la conclusion de l'auteur : « car cet idéal n'est pas conçu par Platon comme de nature scientifique » ; nous croyons qu'il s'agit bien d'un savoir mais d'un autre ordre que les techniques.

58. L'idée d' « opposition » est suggérée en 521 a, par l'expression « *Diamakhesthai Athênaiois, hopôs hôs beltistoi ésontai* ». Reste un problème sérieux, si l'on se reporte à l'*Apologie* 31 d, où Socrate explique son abstention de la politique (au sens gouvernemental sans doute) par l'intervention de son « démon », car s'il avait joué un rôle politique, il l'aurait payé de sa vie. Faut-il comprendre que, même au pouvoir, il y aurait eu une attitude d'opposition ? parce que la *tekhnê* demande à heurter les préjugés de front, alors que la *kolakeia* doit obtenir un succès personnel par la complaisance, succès manqué par les Périclès et les Thémistocle ?

Des modernes disent qu'un homme de gauche au gouvernement pratique fatalement une politique de droite. Toute idée socialiste mise à part, ne pourrait-on dire qu'un Socrate au pouvoir serait comparable à une homme de gauche menant une politique de gauche, hardiesse étonnante et peut-être mortelle.

par la foi absolue[59]. Sans doute, le mythe contient des éléments nouveaux : la croyance à l'immortalité de l'âme, la croyance au jugement des morts. Mais ces éléments sont exigés par la forme du mythe, et souffrent aisément une interprétation symbolique[60]. D'ailleurs Socrate souligne expressément la convergence entre les conclusions du dialogue et celles du mythe :

> « *Il serait normal de mépriser* [*ces récits*] *si nos recherches nous avaient menés à quelque conclusion meilleure et plus vraie ... Au contraire, en un si long entretien, de tant de propositions réfutées, celle-là seule subsiste.* » (527 a-b).

Ce qui importe, dans l'idée de jugement des morts, n'est point tant la mystérieuse localisation outre-tombe ; c'est l'équité parfaite d'un tribunal extralucide, « *mort, voyant directement d'âme à âme* », jugeant des êtres nus, « *sans escorte de parents, sans pompe* » (523 e).

Le châtiment infligé aux coupables morts est d'une interprétation plus délicate. Deux cas sont évoqués. Certaines âmes sont curables (525 b), et leur châtiment a valeur médicale ; ceci rappelle le châtiment rétributif dont il avait été question avec Polos ; si l'âme est supposée immortelle, il n'y a rien d'étrange à ce que l'équilibre compromis par la faute soit rétabli après la mort, s'il ne l'a été avant. Le principe reste le même. D'autres âmes cependant sont incurables (525 c). Qu'est-ce à dire ? Est-ce une observation psychologique ? Peut-être, mais peut-être aussi l'âme incurable est-elle celle qui a commis des fautes si énormes, qu'aucun châtiment imaginable n'en peut restaurer l'équilibre. Et à qui est destinée la punition de ces âmes-là, inutile aux condamnés, mais prévue pour servir d'exemple dissuasif ? le texte dit formellement « *pour chacun des coupables qui arrivent là* » (525 c), et ceci pose de nouveaux problèmes, car l'utilité de cet enseignement éthique destiné à des morts suppose une doctrine de résurrection dont il n'est question nulle part dans le reste du texte. Mais peut-être l'idée d'instruire des morts est-elle seulement imposée par la cohérence du récit mythique. Après tout, ce récit est fait ici, non pour décrire des faits, mais pour édifier le vivant Calliclès ! La mention d'un châtiment exemplaire pourrait bien être faite pour instruire les vivants qui l'entendent.

Un seul point fondamental n'ayant pas été assez clairement établi par des raison logiques est affirmé ici avec certitude : c'est que, en cas de conflit, la santé morale, la vertu de l'âme, doit être préférée aux réussites matérielles, physiques et sociales. L'harmonie universelle est une idée raisonnable ; mais l'établissement d'une échelle des valeurs demande

59. On ne peut pas ne pas penser à la démarche des *Pensées* de Pascal : la raison prépare le terrain à la révélation de la grâce, puis se « soumet », ses limites atteintes, et fait place à la foi. Mais la foi janséniste ajoute ses révélations aux doutes de la raison. La foi de Socrate confirme les acquisitions de la raison.

60. Ceci, sans vouloir prétendre un seul instant que l'interprétation symbolique épuiserait la signification du mythe .

une référence à un principe supérieur. Nous voyons là combien la science du « droit » est autre que la connaissance des « faits ».

⁂

*L'Enseignement de Socrate dans l'*Apologie.

Les grands traits de la doctrine exposée dans le *Gorgias* se retrouvent fidèlement, avons-nous dit, dans l'*Apologie de Socrate* [61].

Dans l'*Apologie*, le même Socrate qui prétend « *savoir seulement qu'il ne sait rien* » (21 d et sq), sait pourtant des choses fort importantes, et il jouera en les enseignant le rôle magistral qui lui est aussi attribué dans le *Gorgias* : « *Je sais,* proclame-t-il devant ses juges,

> *je sais que mal faire, et désobéir à meilleur que moi, dieu ou homme, c'est mauvais et méprisable.* » (29 b)

Bien sûr, ici le temps manque, et peut-être aussi un public intelligent, pour que Socrate entreprenne de définir ce que sont « *mal faire* », « *meilleur que soi* », « *mauvais* » ou « *méprisable* », mais il reste ce fait fondamental : en matière de morale, Socrate est un homme qui sait [62].

Ayant donc le privilège de toucher à des données sûres, par-delà les apparences, Socrate voue un culte à la vérité. Curieusement, sa défense s'ouvre sur un rapprochement entre les notions ennemies de rhétorique et de vérité, ces mêmes notions dont le rapport constitue le problème initial du *Gorgias*, avant d'y déboucher, comme ici, sur le problème ultime du « comment vivre ? » Amené par les règles judi-

61. C'est significatif de l'unité des dialogues socratiques, car si l'on explique quelquefois par une datation relativement tardive les particularités du *Gorgias*, l'on s'accorde parfois à placer au contraire l'*Apologie* parmi les premières œuvres de son auteur (cf. Taylor, *op. cit.*, p. 156 ; E. Chambry, *op. cit.* Notice sur la vie et les œuvres de Platon, p. 11 ; A. et M. Croiset, *Histoire de la littérature grecque,* Paris 1899, IV, p. 280). Si jamais ces hypothèses sont vraies, la comparaison des deux textes mène à croire à la continuité de la pensée que Platon attribue à Socrate.

62. Grote (*op. cit.*, I, p. 420-421) reconnaît à Socrate et à Platon une méthode de critique négative, l'Elenchus, et une doctrine positive. Bizarrement, d'après lui : « le courant positif et le courant négatif, chez ces deux penseurs, coulent dans des lits tout à fait distincts. La théorie positive plonge ses racines ailleurs ; elle n'est ni conçue ni ajustée en vue de résoudre les contradictions, ou d'éclairer les obscurités, que l'Elenchus négatif à montrées... [L'Elenchus] fournit des problèmes, non des solutions... [Socrate et Platon] ne se soumettent eux-mêmes à aucun contrôle négatif... D'où vient que le contre-examen négatif et le dogmatisme positif sont deux démarches indépendantes de l'esprit : l'un ne mène pas à l'autre, ni ne l'implique, ni ne le vérifie. »

C'est assez vrai, mais l'exemple de science et d'ignorance donné ici par Socrate éclaire cette incohérence : la nature de la mort est illusoirement connue, car elle ne relève que des impressions, des sentiments, des habitudes de pensée ; le devoir à choisir est parfaitement connu, car il relève de la conviction. Socrate enseigne ses intuitions, d'origine divine probablement, et critique les opinions et préjugés. Les deux domaines sont distincts. Reste le problème psychologique : comment reconnaître une conviction d'une impression ? Mais Platon se soucie peu de psychologie. Encore effleure-t-il le problème en *Ménon* 98 a-c.

ciaires à prononcer un discours, qui sera fort beau, Socrate nie de prime abord devoir sa réussite littéraire à des procédés formels et conformes à un goût artificiel ; il la doit à l'adéquation du contenu de ses paroles à la réalité des choses :

> « *Je ne me montrerai pas du tout habile à parler ... à moins qu'ils n'appellent habile orateur celui qui énonce la vérité ; si c'est cela, je conviendrais volontiers que je suis un orateur, mais pas à leur manière ... Vous entendrez de ma bouche toute la vérité ; par Zeus ! ce ne seront pas, Athéniens, des propos enjolivés, comme les leurs, d'expressions et de vocables* [*choisis*], *ni arrangés harmonieusement ; vous allez m'entendre parler à l'aventure, avec les mots qui se présenteront.* » (17 b-c).

Comment ne pas penser alors à la distinction établie dans le *Gorgias* entre une rhétorique, savoir-faire d'agrément sans référence à une vérité connaissable (465 b-c) et une autre rhétorique idéale, science du vrai bien (503 a - 504 d) ? Socrate pousse d'ailleurs loin, en fait, le culte rendu à la vérité ; au lieu de flatter [63] les juges, comme Mélétos qui sans vergogne déclare tous les assistants aptes à enseigner la jeunesse (24 e), Socrate se contente d'attirer l'attention des juges sur l'absurdité de ce mot de Mélétos, si plaisant soit-il à entendre (25 b - c). Enfin Socrate assure son arrêt de mort par une dernière provocation plus violente que les autres : invité à dire « *ce qu'il mérite* », il prend l'expression au pied de la lettre, et opte donc pour une récompense, au lieu du châtiment léger, attendu ici suivant les règles du jeu procédural (36 d). Comme on l'a remarqué [64], Socrate n'ignore point la rhétorique, et son discours se rencontre, pour les détails formels, avec bien des brillants discours de son temps ; il est piquant que, précisément, la dénégation de son habileté oratoire soit un de ces « lieux communs » par lesquels tout plaideur cherchait à capter la bienveillance du tribunal [65] ; mais ce « lieu commun », une fois considéré dans le contexte de la pensée socratique, acquiert une profondeur insoupçonnée des maîtres de l'art oratoire [66].

63. La rhétorique, comme savoir-faire, est bien une *kolakeia* !

64. Burnet (édition commentée, p. 73).

65. Cf. les références citées par Burnet, *ibid.*, p. 66.
Cf. aussi Taylor, *op. cit.*, p. 157.

66. *L'Apologie de Socrate* de Platon présente de nombreuses analogies avec un autre discours fictif à peu près contemporain, l'*Apologie de Palamède* du célèbre rhéteur Gorgias. Ces analogies sont fort curieuses si l'on songe à l'antagonisme régnant entre les rhéteurs et les sophistes d'une part, Socrate et Platon d'autre part.

Citons quelques passages du texte de Gorgias qui semblent faire écho à des remarques socratiques : au paragraphe 17, l'accusé dénie que le crime puisse être payant, comme Socrate argumentant avec Mélétos (25 e) ; au paragraphe 26, Palamède prouve l'incohérence de l'accusation, puisque l'on accuse seulement des gens redoutables, mais que ces gens-là ne commettraient pas l'erreur de choisir le crime s'il ne paie pas ; or si le crime doit se retourner contre le criminel, l'actuel raisonnement pourrait s'utiliser dans toutes les accusations, et, de fait, Socrate l'emploie aussi contre Mélétos (25 d). Au paragraphe 28, Palamède fait son propre éloge, exigé par les circonstances, malgré l'hostilité du tribunal ; et Socrate en fait autant en 20 e. Au paragraphe 33, le héros de Gorgias renonce à user

Socrate honore la vérité au prix de sa vie, parce qu'il possède une conviction morale. Il ne dit pas clairement quel est à ses yeux le bien qui justifie ses choix ; mais on peut le déduire de certain court passage allusivement conçu d'après l'idée socratique du bien ; il s'agit du second interrogatoire de l'accusateur Mélétos par Socrate (25 c-e) ; nous y trouvons l'argument suivant : les méchants nuisent toujours à qui les fréquente ; or nul ne veut qu'on lui nuise ; donc nul ne veut rendre méchants ceux qu'il fréquente. Appliquées à des cas d'espèce, ces considérations trop absolues ont un air assez sophistique[67]. Mélétos aurait dû rétorquer que les méchants ne nuisent pas « *toujours* » à leurs associés, et que Socrate aurait précisément eu la finesse de calculer où et comment profiter des mauvais penchants qu'il a développés chez autrui. Mais, prise comme une leçon générale, la pensée de Socrate est claire : celui qui sème des germes de mal, introduit dans l'ordre du monde social un ferment de trouble dont les conséquences dépassent le premier méfait commis, et doivent tôt ou tard frapper d'un choc en retour le premier perturbateur. Alors que le maître et les disciples vertueux vivront toujours en harmonie, le maître corrupteur est à la merci de la corruption qu'il a introduite dans son groupe. Sous une forme énigmatique, l'argument asséné à Mélétos est une illustration du grand principe d'ordre, d'harmonie et de réciprocité, exposé dans le *Gorgias* 507-508 a, et dont, probablement, l'on trouve une application en *Gorgias* 513-514 a. Dans l'*Apologie,* Socrate lui-même étant un aiguillon de vertu, contrairement à la thèse de l'accusation, rend service à ses concitoyens (30 d-e) et ne se fait pas tort à lui-même (30 d), malgré les apparences.

De cette conception du bien, dérivent les mêmes enseignements que dans le *Gorgias* : le mérite n'est pas, comme on croit, la réussite sociale

de supplications, afin de ne pas faire ombrage à la justesse de sa cause, considération pré-stoïcienne qui sera aussi celle de Socrate en 35 c. Enfin, au paragraphe 35, Palamède ose comparer le « risque » d'injustice encouru par ses juges, avec son propre péril d'accusé, et il va jusqu'à estimer le risque de déshonneur attaché à la faute plus grave que le danger de mort. Ainsi parlera Socrate (30 c-d), non sans étonner, sans doute, son public.

Mais l'exorde de *Palamède* laisse résonner une fausse note dans cette harmonie : là où Socrate (38 c-d) rappelait seulement que, vu son grand âge, sa mort n'aurait pu tarder, et que sa condamnation ne modifie guère son destin, Palamède (§ 1) fait la même constatation, atténuée car il n'est pas particulièrement âgé, mais insiste surtout sur le risque effrayant de déshonneur au cas où il subirait une condamnation capitale. Cette idée est absente de l'*Apologie de Socrate* ; elle y serait incompatible avec le reste du discours. C'est que la similitude des thèmes évoqués dans les deux *Apologies* est fallacieuse. Seuls comptent le contexte et l'intention d'ensemble : chez Gorgias, des vraisemblances se succèdent, en vue d'obtenir un acquittement ; chez Platon, des vérités sont assénées, et déterminent une condamnation. L'hostilité du philosophe pour la rhétorique ne débouche pas sur un renouvellement de la manière de faire un discours ; mais, sans répudier les formes traditionnelles d'expression, elle exige la recherche honnête des vraies valeurs.

Guido Calogero (*Gorgias, and the Socratic principle Nemo sua sponte peccat* — Journal of Hellenic Studies, LXXVII, part I, 1957, p. 12-17) relève plusieurs analogies. D'après lui, il y a une doctrine commune à Gorgias et à Socrate : la persuasion est toute-puissante ; mais la différence entre eux est celle même que nous disons : pour Gorgias, on peut persuader n'importe quoi ; pour Socrate, on ne doit donc persuader que la vérité.

67. Comme l'écrit O'Brien, *op. cit.*, p. 85. Mais ensuite, p. 87, cet auteur fait le rapprochement avec les développements du *Gorgias* (466 b sq.).

et matérielle, car ces faux biens s'acquièrent dans la concurrence égoïste, ou même l'anarchie ; le mérite consiste, au contraire, à perfectionner sa pensée et sa connaissance :

> « *N'as-tu pas honte,* demande Socrate à chaque Athénien, *de te soucier d'accroître le plus possible ta fortune, ta réputation et tes honneurs ? Tu ne te préoccupes ni ne te soucies pourtant d'améliorer le plus possible ta raison, ton sens de la vérité, ton âme !* » (29 d - e ; cf. encore 30 b).

Corollairement, l'échec social[68], même sous sa forme la plus effrayante, la condamnation judiciaire, n'a rien de honteux ; à la question scandalisée de ses juges : « *N'as-tu pas honte* » d'être en danger ? (28 b), Socrate réplique :

> « *Tu as tort de croire qu'un homme bon à quelque chose doive calculer les risques de vie ou de mort, et non considérer seulement si son action est juste ou injuste.* » (28 b).

Plus paradoxal encore : l'infériorité sociale, et les malheurs qui s'y rattachent, ne sont point de vrais malheurs, ne sont point réellement « mauvais » : [Mon accusateur]

> « *pourrait peut-être mettre à mort, exiler, ou priver des droits civiques. Et cela, il le prendra peut-être bien, lui ou quelqu'autre, pour de grands maux ; mais pas moi ; je trouve bien pire de faire ce qu'il fait maintenant, d'essayer de perdre un homme injustement.* » (30 d)[69].

Des deux éventualités fâcheuses, persécuter ou être persécuté, la première est beaucoup plus redoutable : car la méchanceté « *court plus vite que la mort* » (39 b)[70].

Cependant Socrate, si indifférent qu'il soit aux valeurs autres que morales, n'a pas le goût du martyre[71]. Il n'a pas fait de politique jusqu'à présent, car ses principes l'auraient mis en conflit avec le pouvoir et il aurait trouvé la mort depuis longtemps (31 d). Taylor écrit[72] :

> « [Les accusateurs], qui ne souhaitaient nullement voir un martyre, avaient créé une situation telle qu'il y en aurait forcément un, à moins que la partie adverse ne transige avec sa conscience ; et Socrate avait décidé qu'ils auraient un martyre ! »

68. Socrate exerce sa mission auprès de ses concitoyens aux dépens de ses propres affaires ; il est pauvre (31 c).
69. Cf. *Gorgias* 521 b-c.
70. Cf. *Gorgias* 510 e.
71. Cf. *Gorgias* 469 c.
72. *Op. cit.*, p. 160. Cf. p. 166-167.

Sans doute Socrate refuse les compromissions, mais il ne cherche pas les occasions non plus ! Sans se laisser détourner à droite ni à gauche par aucune espèce de passion, il se laisse toujours guider par sa dignité et sa raison.

Oui, la morale de Socrate est profondément intellectualisée : avec une vue claire et distincte de principes intelligibles, elle est toujours conduite par la raison, mais une raison éclairée elle-même par une sorte de révélation plus haute encore. Dans le *Gorgias,* un mythe eschatologique confirmait les conclusions du raisonnement. Dans l'*Apologie,* l'approbation du « démon » de Socrate confirme les choix du philosophe (31 d ; 40 a-b). Au cours du procès, l'attitude de ce conseiller divin est en effet significative : Socrate choisit bien, naturellement : le silence, intervention négative du dieu, vaut approbation et lève les derniers doutes permis sur la valeur du choix de Socrate [73]. L'homme, s'il mène une vie parfaitement philosophique, est un envoyé de Dieu (31 a). Que le dernier mot de l'*Apologie* soit encore : « *dieu* », réfère de manière saisissante à l'autorité suprême tout l'enseignement du philosophe [74].

L'intellectualisme socratique est loin du « rationalisme » dans son acception moderne... [75]

⁂

73. Dans la version de cet incident par Xénophon, tout au contraire, le « démon » s'oppose au mouvement naturel de Socrate préparant sa défense ; cette version présente une image diminuée du philosophe.

74. Taylor (*op. cit.*, p. 161), suivant Burnet (*op. cit.*, p. 92), souligne qu'Apollon de Delphes n'a jamais été à Athènes *persona grata* ; il se peut que Socrate ait exploité le fait pour s'exprimer plus aisément devant un auditoire paisible et amusé. Mais l'ensemble de l'*Apologie* exige que Socrate ait réellement pris au sérieux, sous sa forme énigmatique, la réponse de l'oracle. L'activité pédagogique de Socrate, mission divine plus chère que sa vie, découle de cet oracle (38 a). Les juges n'ont pas voulu le croire, et apparemment certains commentateurs modernes non plus !

75. Simone Pétrement écrit (*Le Dualisme chez Platon, les Gnostiques et les Manichéens*, Paris 1947, p. 86-7) :

« Nous voici loin de l'intellectualisme... L'idée platonicienne que le mal est ignorance de soi, c'est-à-dire sommeil, conduit à considérer la vérité comme un domaine *séparé*. Celui qui se trompe ne peut la chercher, puisqu'il croit l'avoir... Il est entièrement dans les ténèbres, et l'on ne voit pas comment il pourrait en sortir, sinon par un éveil divin ». Cette conclusion, abstraitement déduite de l'analyse des *Dialogues*, est aussitôt après confirmée par la figure de Socrate dans l'*Apologie* (*ibid.*, p. 88-89) : inspiré par un « *démon* » cet éveilleur de consciences est pour les hommes « grâce divine et sauveur divin », don de Dieu », « au service de Dieu ». Jusqu'à quel point parle-t-il sérieusement, ajoute l'auteur, c'est ce qu'il est difficile de savoir. Mais quand ce ne serait qu'un mythe, c'est déjà beaucoup ».

Cf. encore Léon Robin, *La Morale Antique*, Paris 1947, p. 28-29. Avec moins d'insistance, Grote (*op. cit.*, I, p. 423) avait relevé l'aspect mystique de la raison socratique : « Il nous faut noter aussi ce trait saillant de la personnalité de Socrate : la prééminence accordée à sa propre raison, à sa propre norme du bien et du mal ; que dis-je ! il pousse même assez loin cette confiance en ses capacités pour croire qu'une voix divine l'instruit et le fait agir ».

Le caractère surnaturel de la connaissance socratique est fortement marqué dans le *Ménon* : la connaissance étant un souvenir d'un autre monde, et n'ayant pu être acquise dans cet autre monde à la manière dont on s'instruit, croit-on, en celui-ci (car cela ne résoudrait rien au problème de l'impossibilité de s'instruire ici-bas), elle est forcément extérieure à l'homme, et lui a été communiquée dans un monde meilleur.

Les Interlocuteurs dans le Gorgias.

Face à Socrate, si sûr de lui, et si ferme dans ses positions, le *Gorgias* présente trois interlocuteurs en une savante gradation. En apparence, les trois hommes, Gorgias, Polos et Calliclès, défendent la même thèse avec plus ou moins de bonheur ; en réalité, leurs personnalités sont très différentes, et par conséquence leurs idées divergent sur des points importants. Il est donc raisonnable de voir, en ces trois adversaires de Socrate, un abrégé des diverses positions marquantes dans le milieu auquel Socrate s'oppose.

Gorgias est un grand homme. Sa réputation le précède, l'admiration de ses fidèles l'entoure comme un rempart : Polos le ménage (448 b), Polos et Calliclès le relaient pour défendre sa doctrine. Socrate lui parle toujours avec une déférence extrême, et s'il a une critique à lui faire il la déguise en compliment :

> « *Sache bien que s'il y a des gens pour vouloir, dans un dialogue, savoir exactement de quoi l'on parle, j'en suis ; j'imagine que toi aussi.* » (453 a-b).

Suggestion dont Gorgias est assez fin pour faire son profit, ainsi qu'en plusieurs occasions semblables. Aux égards qu'on a pour lui, il répond par une urbanité parfaite, acceptant le dialogue et la contradiction d'une humeur toujours égale, et par la suite c'est lui qui renouera le dialogue avec Polos malgré l'irréflexion de celui-ci (463 d), puis avec Calliclès malgré le mauvais caractère de ce dernier (497 b).

Malheureusement, ces qualités d'homme du monde nuisent aux vertus vraies, et le sentiment des convenances l'emporte de beaucoup en Gorgias sur l'honnêteté intellectuelle. Nous le devinons à un moment décisif : quand Socrate est sur le point de confondre Gorgias, et le lui annonce (457 e), il remarque qu'il est avantageux d'être confondu, si l'on peut ainsi se rapprocher de la vérité ; Gorgias se croit obligé d'accorder ce point pour le principe ; mais est-il bien disposé à poursuivre ? en tout cas il propose juste à ce moment de s'arrêter, pour ménager la patience des assistants, lesquels protestent aussitôt : sans doute sont-ils tout surpris de la proposition ! La scène (458 b-c) peignant un malheureux Gorgias forcé de choisir entre ses bonnes manières et sa vanité est de la fine comédie. Socrate est donc libre de poursuivre la défaite de Gorgias, que ce dernier accepte d'ailleurs de bonne grâce, conscient du fait, sans doute, que c'est encore sa meilleure chance de garder l'estime générale [76].

Ces remarques faites, nous pouvons supposer que les paroles de Gorgias ne représentent pas ses convictions les plus intimes : nous n'avons pas assez confiance en son honnêteté pour cela ; tout de même il parle beaucoup, et bien, comme de juste, monologue volontiers. Ses opinions

76. Cf. J. Duchemin (*loc. cit.*, p. 272) : il n'y a pas de solution de continuité en 458 c.

n'ont pas la platitude des idées de tout le monde[77], mais elles représentent, avec plus d'élégance que d'originalité, ce qui est considéré comme digne d'un honnête homme. Polos d'ailleurs, dans un éclair de lucidité, l'a bien jugé quand il dit que Gorgias « *s'est gêné*[78] *de ne pas accorder que l'orateur connaît la justice* » (461 b). Ce n'était pas vraiment son idée, mais celle qu'il croyait bon d'exprimer.

Dans l'architecture du *Gorgias,* Polos est une figure assez insignifiante. Jeune (461 c), et de ce fait impropre à une discussion suivie (463 e), il est fort peu considéré par ses amis : son ardeur juvénile ayant fait dévier le dialogue jusqu'à des déclarations obscures, Gorgias impatienté se tourne vers Socrate et lui demande avec dédain : « *Eh bien, laisse tomber Polos, et à moi tu vas expliquer tes paroles* » (463 c). Socrate obtempère d'autant plus volontiers que lui-même à toute occasion se moque de Polos, de sa hâte à précipiter les étapes du dialogue (462 d), de sa négligence à enregistrer les points admis (466 a), de son style ampoulé qui ne cerne pas le sujet (466 b) ... A quoi bon, alors, faire s'affronter Socrate et ce piètre dialecticien ? Pour Platon l'intérêt de la scène est sans doute d'abord de créer un contraste littéraire avec les entretiens précédent et suivant, où Gorgias et Calliclès brillent l'un de tout son prestige, l'autre de sa forte personnalité. Surtout, Platon profite du manque d'envergure de son jeune fat pour donner à Socrate une chance d'exposer ses idées personnelles directement — et non plus en les faisant dire à autrui grâce à des questions bien orientées, ainsi qu'il en usait ailleurs, notamment avec Alcibiade. C'est explicitement parce que Polos ne sait pas dialoguer, que Socrate formule à loisir sa théorie des sciences et des savoir-faire (463 e), et s'il en revient, après, au dialogue plus traditionnel, il n'en prend pas moins l'initiative de déclarer son échelle de valeurs : renonçant à interroger, il affirme :

> « *Je ne voudrais ni l'un ni l'autre ; mais s'il me fallait ou bien être injuste ou bien être victime d'une injustice, je préférerais être victime plutôt que d'être injuste.* » (469 c). « *Pour ma part, Polos, j'affirme, puisque tu préfères m'écouter, que lorsqu'on agit justement cela vaut mieux, et que lorsqu'on agit injustement, cela vaut moins.* » (470 c).

Autant de prises de positions bien nettes, et qui n'engagent que lui.

Polos s'efface donc sur le plan philosophique et laisse Socrate monologuer, ou presque. Mais comme témoin de son époque, il garde une importance de tout premier plan. Il est sans doute un des représentants les plus typiques du milieu de Socrate et cela, à mesure justement de son manque de maturité. Il est trop jeune pour s'être forgé une

77. En 456 a et sq., notamment, Gorgias définit, avec brio et pénétration, le pouvoir de la propagande sur les esprits faibles et sur les foules ; il prévoit les objections et y répond intelligemment.

78. *Êskhunthê.*

personnalité et il défend avec énergie non ses opinions propres, mais celles du monde, non pas même de son monde, mais de tout le monde. Polos, en effet, lorsqu'il s'essaye à l'art difficile de la preuve, ne procède pas en logicien mais en orateur ; autrement dit, il ne prouve pas ses principes par des arguments, mais par des témoignages, par le consensus de la foule. D'une formule ironique, il prétend que presque tous les Athéniens envieraient le tyran Archélaos (471 c). Et Socrate renchérit :

> « *Pour ce dont tu parles, à peu près tous les Athéniens t'appuieront, et tous les étrangers, si tu veux les citer contre moi.* » (472 a).

Mais Polos ne cessera pas d'en revenir à sa méthode de témoignages :

> « *Socrate, tu dis des choses que pas un homme ne dirait : demande donc à l'un des assistants.* » (473 e).

D'ailleurs Polos, du fait qu'il exprime les sentiments de la majorité, se persuade qu'il exprime les sentiments de l'humanité entière et les attribue à Socrate, qui s'en défend :

> « *Socrate, tu n'accepterais pas de pouvoir faire ce qui te plaît dans la cité plutôt que d'en être empêché ?* » (468 e) « *Tu n'accepterais donc pas d'être un tyran ?* » (469 c) « *Moi, je crois que ni moi ni personne d'autre ne le pense ; et toi, tu accepterais d'être victime d'une injustice plutôt que d'être injuste ? ... Loin de là, ni toi, ni moi, ni personne d'autre.* » (473 b).

Polos est donc un témoin de la tournure d'esprit à laquelle Socrate s'oppose. Et deux grandes qualités font de lui un témoin valable ; d'abord il est intelligent ; s'il est un mauvais dialecticien, sa fougue en est coupable, mais il lui suffit d'être attentif pour définir un problème ou discerner avec acuité les points faibles d'une argumentation. Il a parfaitement vu pourquoi Gorgias était acculé à une contradiction, où était la faute de Gorgias, et que cette faute n'était point inhérente à la doctrine du rhéteur (461 b). Si Socrate ne lui avait pas donné le change en l'entraînant sur de nouvelles pistes (462 b), Polos aurait pu reprendre le rôle de Gorgias avec un meilleurs succès. D'autre part, Polos est honnête. Autant il met d'acharnement, teinté d'impolitesse ironique (467 b-470 c, 471 c), à défendre son point de vue, et pas seulement au départ mais durant plus de la moitié de la discussion, autant il met ensuite de bonne volonté à accepter les arguments de Socrate au fur et à mesure qu'il leur cède. Pour finir, il remarque, toujours honnêtement, que les conclusions sont imprévues, mais justifiées : « *C'est étrange, je trouve, mais sans doute tu l'accordes avec nos prémisses* » (480 e).

La figure de Calliclès est la plus impressionnante de la série. Les commentateurs s'accordent à souligner la hauteur et la sincérité de ses ambitions. En tout cas, c'est lui la « *pierre de touche* » (486 d) grâce à qui Socrate aura, par exception, l'occasion d'aller au fond des choses, car il ne se paye pas de mots contrairement à Gorgias (487 a-b), il possède une doctrine réfléchie (487 b) contrairement à Polos [79], et pour une raison ou pour une autre [80], il tient vraiment à convaincre Socrate, donc à mener la discussion jusqu'à son terme logique.

L'âge de Calliclès n'est noté nulle part. Sans doute est-il moins jeune que Polos, puisqu'il abandonne avec condescendance aux jeunes gens les vains ébats de la philosophie (485 a-c) ; mais il ne paraît pas s'être encore illustré dans la vie politique où le porte son ambition, et sans doute faut-il l'imaginer dans les premières années de sa maturité. Il a déjà beaucoup réfléchi à l'orientation qu'il veut donner à sa vie ; il est capable d'en parler longuement, et de la justifier par différentes considérations littéraires ou raisonnées (482 e - 486 c). Ses idées sont assez précises et fermes : Socrate n'obtient qu'une victoire de pure forme en amenant Calliclès à définir successivement le « *meilleur* » par : « *le plus fort* », puis « *le plus intelligent* », et enfin « *le plus hardiment ambitieux* » (488 d - 490 c). En vérité Calliclès a toujours pensé au dernier de ces sens, et c'est Socrate qui a malicieusement interprété le premier comme désignant la force matérielle ou même musculaire, et le second comme désignant l'intelligence professionnelle du bon artisan spécialisé. De toute évidence, Calliclès avait toujours en vue la force de caractère et la perspicacité nécessaires à la réalisation de n'importe quel projet. Qu'il expose ou argumente, il sera toujours l'avocat de l'homme d'élite qui voit grand, et ose tout pour faire triompher sa personnalité.

Cet idéal assez net, Calliclès n'a pas peur de le proclamer au risque de déplaire. Aucune fausse pudeur ne vient le retenir, et faire sombrer sa thèse avant qu'une vraie réfutation n'ait eu lieu. Il ne se soucie ni de l'opinion du monde, comme Polos, ni de celle du beau monde, comme Gorgias. La politesse n'a pas plus de prise sur lui que le conformisme, ou le culte de sa réputation. Selon Dodds [81], les trois personnages reculent également devant la « honte » de soutenir certaines implications de leur doctrine. Mais le cas est différent : Polos, et surtout Gorgias, « *se gênent* » sans doute d'applaudir franchement à l'injustice (460 a et 474 c). Pour Calliclès, admettre que le courage militaire est une forme d'excellence (497 e), et qu'à l'exercice d'un métier, pour utile qu'il soit, s'attache une flétrissure sociale (512 c) [82], ce n'est point céder à la pudeur, à la crainte du qu'en dira-t-on, mais c'est exprimer la conviction profonde d'un aristocrate. Cette conviction est conforme, en un sens, à l'admiration pour les élites professée par Calliclès, à son mépris pour le commun des mortels.

Impressionnés par l'arrogance de Calliclès, par sa hardiesse à pro-

79. Socrate, en 487 a, a la courtoisie de ne reprocher ni à Gorgias son goût des à peu près, ni à Polos son manque de profondeur : il attribue à tous deux le même défaut, le manque de franc parler. Mais cela reflète mal l'évidence du texte.

80. Dodds (*op. cit.*, p. 14) croit à la sincérité de la bienveillance de Calliclès à l'égard de Socrate. Si l'on pense que Calliclès est, au contraire, ironique et condescendant, son désir de convaincre n'en est pas moins vif, est c'est ce qui compte.

81. *Op. cit.*, p. 30 et n. 2.

82. Voir p. 71 en quoi la reconnaissance de ces points fait achopper le système de Calliclès.

clamer des théories mal faites pour plaire à tous, certains commentateurs ont cru que la pensée du personnage devait être originale, choquer les bienséances. Léon Robin[83] suppose que Platon prête à Calliclès des paradoxes extrémistes, dévoilant ainsi une doctrine secrète que les sophistes auraient professée seulement devant des cercles fermés d'auditeurs sympathisants.

Pourtant nous verrons que la doctrine de Calliclès est fort proche de celle qu'un Protagoras, à en croire Platon, forge pour plaire à ses clients[84]. On peut aussi rapprocher l'idéal de Calliclès — être libre soi-même et dominer autrui (491 d-e, et *passim*) — de l'idéal du bien-pensant Gorgias :

> « *Le plus grand bien* [*est ce qui*] *procure la liberté à soi-même, et à chacun dans sa cité le pouvoir sur autrui* » (452 d) ;

d'ailleurs le sociologue Gouldner[85] généralise cet idéal pour en faire celui de tous les Grecs :

> « La personnalité grecque était comme une médaille dont une face portait l'inscription « Ne te laisse pas dominer », tandis qu'on lisait sur l'autre face « Domine autrui ». »

Et il poursuit en soulignant le caractère essentiel de cet idéal :

> « Il y a donc un douloureux dilemme dans la conception grecque de la personne ».

Calliclès, semble-t-il donc, n'est pas original par la nature même de sa pensée. Mais cette pensée, largement répandue et par là-même contradictoire puisqu'elle est farouchement individualiste, il la présente bien mieux que les autres : sur Gorgias et sur Polos, il l'emporte par la franchise d'une réflexion qui n'a pas peur des conséquences, et par l'esprit de système qui prévoit ces conséquences et tente de les intégrer à un ensemble cohérent.

Face au système socratique où règne l'ordre, la cohérence peut attester la plus ou moins grande valeur des idées d'un adversaire. Or l'idéal « rhétorique » de Gorgias, Polos, et Calliclès, est particulièrement délicat à organiser en système. Voyons dans quelle mesure ils y parviennent.

Quelles sont les idées de Gorgias ? Ce sont moins les siennes, disions-nous, que celles qu'il juge de bon ton. Et, pour lui, le bon ton consiste en une vue très optimiste des relations humaines. En principe, il ne parle que de la rhétorique, mais cette discipline exerce sur les hommes un pouvoir universel, l'orateur étant capable de persuader n'importe qui de n'importe quoi, et persuader c'est faire agir (456 a). A l'auditeur,

83. *La pensée grecque et les origines de l'esprit scientifique* (Paris 1963), p. 171.
84. Cf. p. 149 (à propos de *Protagoras* 318 e-319 a).
85. *Op. cit.*, p. 102.

Socrate en l'occurrence, la rhétorique « *apparaît d'une grandeur presque surnaturelle* » (456 a). L'orateur, Gorgias ou son disciple, sera donc confronté aux tentations du pouvoir suprême qui peut être diabolique comme il peut être divin. Et puisque le sort de tous les autres hommes dépend de l'orateur, ces tentations sont chose grave. Gorgias en est conscient, c'est de lui-même, sans provocation de Socrate, qu'il soulève le problème (456 c - 457 c). Il sait bien que l'on peut « *faire le mal grâce à ce pouvoir et à cette science* » (457 b), mais si cela peut entraîner quelques difficultés pratiques, il les escamote, et résoud le problème au niveau des principes, car, dit-il, toute perversion de la rhétorique n'est qu'une manière d'usage[86], usage illégitime et donc négligeable. La distinction entre le principe et son usage est associée à une distinction aussi étrange entre le maître de rhétorique, qui par nature ne peut songer qu'au bien, et l'élève (de fait, il est pourtant passé maître en son art !) seul susceptible de détourner l'outil vers le mal :

> « *Le maître a livré son savoir en vue d'une utilisation juste, lui l'a utilisé en sens contraire* » (457 c).

Ce qu'il disait si nettement du maître, Gorgias va bientôt l'étendre au disciple ; poussé par les questions de Socrate et par le respect humain, il va en venir à déclarer que l'enseignement de la rhétorique est un enseignement de justice : « *Je crois,* dit-il, *que si l'on ignore* [*la morale*], *on l'apprendra auprès de moi* » (460 a). Notons que son « *je crois* » indique une prise de position moins ferme que tout à l'heure. Quoi qu'il en soit, Gorgias a laissé entendre pour commencer que la rhétorique est la plus magnifique[87] des choses ; au vrai, c'est Polos qui l'a dit (448 c), mais l'incompréhension de Gorgias (448 d) devant le rejet par Socrate d'une telle « définition » prouve bien qu'il aurait volontiers répondu comme Polos. Plus tard il définira l'orateur comme l'homme le plus puissant du monde (456 a). Si, pour finir, il annonce que la rhétorique est juste par essence, et que le véritable orateur se doit d'être juste[88], cela revient à dire que tout est au mieux. Si le puissant est juste, l'avantageux s'unit à l'admirable et alors évidemment tout sera bien, pour le puissant lui-même, et pour ceux qui dépendent de lui.

Le seul ennui est que ce séduisant système est ruiné par une observation simple : de tristes sires mésusent parfois de ce noble art (457 b-460 d). Ce n'était pas un système réaliste, mais une pure vue de l'esprit, conforme à un bon ton très rhétorique, et qui s'écroule dans la contradiction.

Gorgias a confondu le *kalon* et l'*agathon*, nié le « tragique »[89], mais son optimisme illusoire n'a aucune valeur. Il est significatif que cette prise de position ouvre le dialogue, car elle n'est qu'un point de départ. Il va

86. Les termes *khrêsthai* ou *khreia* reviennent en 457 c avec une insistance significative.
87. Tout à la fois *aristê* et *kallistê* : très « bonne » et très « belle ».
88. La justice est, de l'avis général, une vertu *allotria* !
89. Voir chapitre I, p. 26 sq.

falloir maintenant examiner une conception du monde plus réaliste. A cet écervelé de Polos est dévolu le rôle de marquer le progrès nécessaire : son cynisme d'adolescent lui permettra d'intégrer l'expérience à son système, sans se laisser retenir par le respect humain ; mais d'autre part son manque de dispositions pour la philosophie permettra à Platon de déconsidérer les conclusions auxquelles il aboutit. Polos, l'homme qui prétend que la rhétorique est injuste et bonne (461 b), qui dissocie sans hésiter le « beau »[90] du « bien » et le « mauvais » du « laid »[90] (474 d), c'est l'homme qui reconnaît que la vie est « tragique », puisque justice et bonheur sont dissociés, et même peut-être opposés. Heureusement que cet homme n'est pas un penseur sérieux ! Car chez Platon cette vision « tragique » est scandaleusement incohérente et rien n'est plus contraire à la leçon de Socrate[91].

Le sentiment que nous appelons « tragique », chez Polos, est celui qui résulte d'un conflit entre deux aspects de sa sensibilité. D'abord un sens du pathétique qui lui permet des descriptions grandguignolesques : un homme est

> « *pris, on le torture, on le coupe en morceaux, on lui brûle les yeux, on lui fait souffrir toutes sortes d'autres souffrances atroces, on lui montre ses enfants et sa femme dans le même état, et pour finir il est mis en croix ou enduit de poix* » (473 c).

Comme Polos « raisonne » constamment avec son imagination et sa passion, il faut croire que ces très horrifiques évocations représentent pour lui plus que des mots sonores.

Mais le sens de l'honneur lui fait répondre sans hésiter à la question :

> « *Qu'est-ce qui est le plus méprisable ? être injuste ou victime d'une injustice ? — Être injuste !* » (474 c).

Donc Polos est porté par son sens de l'honneur à louer l'abnégation ; et porté aussi à approuver le crime par le sens de son intérêt, intérêt très matériel, physique même, exacerbé par sa profonde terreur de la souffrance. Que Polos ait, pour son compte, décidé de sauvegarder son intérêt et de faire bon marché de son honneur, puisqu'il préfère commettre l'injustice à la subir (474 b), cela n'empêche point qu'il ait gardé le respect de l'honneur ; ceci est peut-être une concession aux convenances ; il demeure du moins certain que la victime sacrifiée éveille en Polos une pitié sincère. Sur le plan sentimental, le plus authentique chez lui, la révolte s'impose devant la cruauté du monde où il vit.

Cette attitude irréfléchie, ni sage ni philosophique, est présentée par Platon comme la naïveté d'un être jeune. Elle ne mérite guère qu'on s'y arrête.

90. Voir chapitre I.

91. Voir p. 56 et 61, Socrate, enseignant la réciprocité des vertus, et récusant la distinction entre l'*oikeion* et l'*allotrion*, décrit le monde comme une harmonie où le « tragique » n'a pas place. Voir aussi, *infra*, p. 73, les leçons de l'*Apologie*.

Il en va tout autrement d'un essai de système, s'il est plus sérieux, mieux accordé aux réalités que celui d'un Gorgias. A Calliclès revient le mérite d'élaborer un tel système.

En reprenant les thèmes, devenus classiques, de la convention et de la nature, il se place résolument du côté de la seule nature (483 d), avec ses solides réalités : l'inégalité entre les hommes (483 e), l'utilité de la sagesse pratique (486 d), la valeur du plaisir physique (495 b). Ainsi Calliclès en vient-il à exalter les caractères exceptionnellement vigoureux, qui, grâce à leur expérience du monde, savent s'apprêter des jouissances illimitées. Ceci est assez bien concerté, sur le plan logique, et aboutit à une morale unifiée où la supériorité naturelle qui permet à certains d'amasser les avantages, est aussi, de soi, la seule chose digne d'admiration : accordés de la sorte, l'*agathon* et le *kalon* concourent à guider l'homme de valeur sur la même voie (483 a).

Mais le point faible du système nous est déjà apparu : l'exaltation individualiste de l'homme d'élite est incompatible avec la vie en société, et à plus forte raison avec la démocratie athénienne où Calliclès se propose précisément de faire carrière ! Socrate le laisse entendre dès le début, quand il plaisante Calliclès sur son amour soumis pour le peuple :

> « *Si tu énonces une opinion, et que le peuple d'Athènes soit d'un autre avis, tu tournes casaque, et tu dis comme lui* » (481 e) ;

et beaucoup plus tard, il y revient très sérieusement :

> « *Faut-il te rendre, autant que faire se peut, semblable au peuple athénien, pour devenir populaire auprès de lui, et acquérir un grand pouvoir dans la cité ?* » (513 a).

Ces antinomies que le bon sens décèle dans la situation de l'ambitieux, Socrate s'en sert adroitement pour réfuter Calliclès. Celui-ci prétend aspirer au succès, tout en méprisant la vie en tant que telle : aussi estime-t-il le courage militaire, malgré les dangers qu'il fait courir (497 e) ; aussi estime-t-il la gloire qui accompagne un acquittement judiciaire, et méprise-t-il par contre le sauvetage pur et simple qu'il devrait à l'adresse professionnelle d'un batelier (512 b) ; d'ailleurs, il méprise tous les métiers et ceux qui les exercent (512 c). Ces points de vue sont ceux d'un aristocrate ; peut-être concèdent-ils quelque chose aux conventions, car la nature aime toujours la vie, même si elle préfère une vie agréable. Mais on peut dire que les réflexes aristocratiques deviennent chez un noble une seconde nature, dans le sens le plus fort de cette expression un peu anachronique. En tout cas, le succès, raison de vivre de l'aristocrate, peut s'obtenir seulement avec l'accord d'autrui. S'il existe au monde plusieurs âmes d'élite conformes à l'idéal de Calliclès, les unes seront fatalement opprimées par les autres dans leur rivalité. La victime du tyran ne sera pas toujours le naïf idéaliste, mais pourra être aussi l'émule du tyran, l'homme de bien, suivant la définition de Calliclès. Aussi Calliclès lui-même, dans un éclair de lucidité, aura-t-il cet aveu « tragique » : « *N'est-ce pas révoltant ?* » (511 b)[92-93].

Ainsi, les trois personnages que Platon a confrontés à Socrate dans le *Gorgias* incarnent-ils les différentes options morales connues et critiquées par Socrate sur cette grave question du « tragique » : Polos admet simplement que le monde est mal organisé, qu'il est « tragique » ; mal présentée par lui, cette idée, ce sentiment plutôt, paraît bien faible, et Socrate n'a point de peine à l'ensevelir sous le ridicule. Gorgias nie le « tragique », car il prétend que le puissant (*agathos*) agit toujours bien (*kalos*) ; affirmation gratuite, qui résoud les difficultés avec élégance, mais sans aucun respect de la vérité. Calliclès, enfin, nie le « tragique » par définition, puisqu'il n'est d'autre *kalon*, à ses yeux, que l'*agathon*. Cette solution radicale est forte, mais, elle aussi, trop théorique. Un examen attentif en décèle les failles.

La seule solution incontestée reste celle de Socrate. Selon son idéal d'ordre et de réciprocité, faire le bien, et jouir du bien sont identiques, *oikeion* égale *allotrion*, *kalon* ne peut donc se définir autrement qu'*agathon*[94]. A celui qui respecte l'ordre et la raison, aucun mal ne saurait advenir, du moins en vérité, car le vulgaire ignorant s'y peut tromper, et prendre à tort pour des malheurs les aventures du sage.

⁂

Les Idées Populaires dans l'Apologie.

Cela nous est confirmé par l'*Apologie*. Dans cette œuvre, Socrate montre qu'il a toujours bien choisi : il a été utile à ses contemporains, utile à lui-même, et maintenant encore il ne se fait pas de tort[95]. Le premier de ces points choque par son insolence, de la part d'un accusé ; les deux suivants choquent plus gravement encore, à titre d'absurdité cette fois : Socrate n'est-il pas un homme pauvre ? Ne va-t-il pas être condamné à une peine sévère ? peut-être à la mort ?

Chose remarquable, le cas de Socrate pouvait s'exprimer de deux

92. Dans ce contexte, Socrate a parlé de la victime vertueuse, *kalos k'agathos*, selon sa propre définition. Mais la réponse amère de Calliclès laisse entendre qu'il ne songe pas à rétorquer en refusant cette définition, mais qu'il imagine soudain une victime selon son cœur, à lui.

93. Le tyran personnifie un principe général : le pouvoir sans entrave. Dans certains pays, ce peut être un individu, comme en Macédoine. A Athènes, ce peut être le peuple. Calliclès devra être semblable au peuple, donc en contradiction avec ses principes, ou persécuté par le peuple, donc encore en contradiction avec ses principes. Ceci éclaire d'un jour nouveau l'argument de 487 c-489 b : en un sens, le nombre fait bien la force ; la notion de force est difficile à définir. En tout cas, il est illusoire de considérer la force de caractère abstraitement, car elle peut s'exercer seulement dans le cadre des réalités de la vie, selon les conditions imposées par le milieu.

94. Mais un *agathon* moins conforme au sens banal du mot que pour Calliclès. Voir notamment p. 56.

95. Cf. p. 61 et 63.

manières dans une perspective métaphysique harmonieuse : ou bien Socrate est coupable, et il va en souffrir le châtiment ; ou bien Socrate est innocent, et aucun mal ne lui arrivera. Mais les juges populaires et incultes du tribunal se soucient bien de métaphysique ! Prêts à admettre la culpabilité du futur condamné, ils sont prêts aussi le cas échéant à reconnaître son innocence : après tout, les règles du jeu judiciaire n'exigent pas tant que l'on démontre la noirceur de l'accusé, mais surtout que l'accusé démontre son innocence (cf. 19 a). Ce faisant, Socrate s'attire bien quelques huées (20 e), mais c'est plutôt par manque d'humilité dans l'exposé, que pour avoir, comme tout le monde, bonne opinion de soi : n'ose-t-il pas se déclarer digne des plus hauts éloges d'un dieu ?

Ce qui est par contre inadmissible, c'est de prendre à la légère l'issue du procès, les peines en jeu : quand Socrate affirme qu'il ne les craint pas, il semble avoir du mal à se faire entendre, tant sont violentes les protestations du jury :

> « *Ne me chahutez pas, Athéniens ; continuez, comme je vous l'ai demandé, à ne pas faire de chahut contre mes paroles, et à écouter ... car je vais vous dire d'autres choses qui vont sans doute vous faire hurler ; mais n'en faites rien. Sachez-le bien : si vous me tuez ... vous ne me nuirez pas plus qu'à vous-mêmes* », dit-il en 30 c-d ;

et en 32 d il s'excuse encore :

> « *J'ai montré que je ne me soucie pas de la mort le moins du monde, soit dit sans vouloir vous choquer...* » [96]

Aux yeux du peuple, l'absurdité ne consiste pas à imaginer un juste souffrant ; l'expérience la plus banale familiarise avec cette idée. Mais d'imaginer un condamné heureux, voilà le suprême défi au bon sens. L'ordre du monde est ce qu'il est ; mais s'il n'est pas harmonieux, il faut le reconnaître. La grande loi de la pensée est de s'incliner devant les faits.

Contre une telle conception, Socrate s'inscrit en faux ; à la faible part des juges honnêtes, plus soucieux de justice que de convenances, et capables de le comprendre, il déclare fièrement :

> « *Le mal n'existe pas pour l'homme de bien, ni dans la vie, ni dans la mort : les dieux ne se désintéressent jamais de son sort.* » [97] (41 d).

96. Les jurés ne ressentent pas la contradiction entre l'innocence de l'accusé et sa condamnation éventuelle ; c'est pourquoi ils s'attendent fermement à écouter ses supplications : ces supplications ne sont autres que la reconnaissance du risque d'un malheur affreux et immérité à la fois (cf. 34 c-35 d). Socrate se refuse à supplier, comme il se refuse à admettre cette confusion.

97. Avec ce principe philosophique, aucune tragédie n'aurait été écrite. Les dieux ne se désintéressent pas entièrement du sort d'Antigone, et la justifient en châtiant son oppresseur, mais elle, personnellement, ils l'abandonnent au malheur.

⁂

Dans le tableau de la société athénienne selon Platon, trois attitudes se dessinent. Pour le peuple, le monde est chaotique, et l'homme n'a qu'à s'adapter à ce chaos, au prix d'un désordre inévitable dans sa vie et dans sa pensée. Pour Socrate, le monde est harmonieux, et l'homme doit comprendre cette harmonie pour régler sa vie et sa pensée [98]. Les autres faiseurs de doctrines perçoivent plus ou moins bien l'exigence d'ordre, mais n'arrivent jamais à l'accorder parfaitement avec la réalité.

98. On peut craindre de dénaturer la pensée de Platon en prêtant un esprit de système à son porte-parole Socrate ; il nous semble pourtant que Socrate tend à une pensée systématique, même s'il ne la formule jamais explicitement ; cf. la remarque de V. Goldschmidt (*Platonisme et pensée contemporaine*, p. 126) : « S'il est si difficile d'écrire un système de Platon, ce n'est pas parce que les éléments d'un tel système feraient défaut, ni davantage, parce qu'ils ne s'accorderaient pas entre eux... c'est, tout au contraire, parce que ces éléments, en nombre surabondant, s'harmonisent si intimement et si secrètement... qu'on ne saurait, sans arbitraire, ni les envisager, chacun, séparément, ni assigner à chacun une place fixe ».

CHAPITRE III

LES INTERLOCUTEURS INAPTES AU DIALOGUE

LE PETIT *HIPPIAS*

Le Texte.

Le *Petit Hippias* nous fait assister à une rencontre typique, celle de Socrate et d'un sophiste outrecuidant. Ce dialogue est des plus courts : les intermèdes y sont donc rares, et les caractères des personnages ne sont guère fouillés. Toutefois, la brièveté du texte est surtout due à l'extrême simplicité du raisonnement ; les indications révélant de quelle sorte est l'interlocuteur de Socrate sont assez nettes et concordantes pour permettre de cerner les grandes lignes de la personnalité d'Hippias.

Celui-ci paraît d'abord un composé d'orgueil et de générosité, bref de condescendance, caractère s'exprimant en un style ampoulé bien hors de saison [1]. D'une part, il est l'homme qui se produit dans les grandes occasions et tient le pari de parler de tout et de rien (363 c-d) ; d'autre part il fait à Socrate la faveur d'une leçon gratuite, non pour lui faire admirer son désintéressement — ce n'en est que plus élégant — mais plutôt pour indiquer la valeur de ses leçons, généralement chères et qui le méritent (364 d). Le lecteur n'est donc pas surpris, un peu amusé seulement parce qu'il connaît Platon, de voir Hippias prendre pour argent comptant les humbles prières du mauvais élève Socrate, et se proposer de le traiter avec... « *indulgence* » ! (364 d). Comment d'ailleurs ne se laisserait-il pas leurrer à l'humilité de Socrate, lui qui s'est toujours vu le plus fort (364 a) en tout, et qui, dans le domaine des sciences spécialisées, insiste naïvement sur son excellence parmi les meilleurs savants eux-mêmes (366 c).

1. En 363 c-d, une véritable période, à coups de redondances (*Olumpiadzé, hotan ta Olumpia ê... oikothèn ex Elidos...*) exagère la facilité d'Hippias à discourir de n'importe quoi. En 364 d, un parallélisme *allous mèn... autos dé...* ne correspond à aucune symétrie réelle, et suggère soit la maladresse rhétorique de l'orateur, soit, plutôt, sa tendance irrésistible à se mettre en relief.

Tombera-t-il de haut, ce présomptueux qu'en si peu de pages Socrate va convaincre tantôt d'erreur et tantôt d'absurdité ? Pas tellement. Sans doute, il sent qu'il n'obtient pas l'habituel succès ; cette déception qu'il goûte peu l'amène à des dérobades de plus en plus marquées devant les embûches de l'entretien : après avoir été une fois seulement réfuté, Hippias est déjà d'humeur maussade, aussi répond-il à Socrate qui l'invite à reprendre l'examen d'un autre point de vue : « *Si tu veux* » (367 d). C'est poli, mais ce n'est pas enthousiaste : Hippias n'a donc ni le désir de s'instruire, ni même l'espoir de gagner cette nouvelle joute. Ce n'est ni un disciple ni un adversaire, mais une baudruche vite dégonflée. Un peu plus tard, le second examen ayant abouti au même résultat que le précédent, Socrate lassé de monologuer veut arracher à son adversaire une réaction, mais cette réaction ne sera qu'un aveu d'impuissance, à peine déguisé pour sauver la face : « *Mais je ne peux pas, Socrate maintenant, comme ça* » (369 a) ; le bon sophiste ne devrait-il pas savoir improviser ?[2] ; mais il paraît ici surtout semblable à un homme étourdi par un mauvais coup et qui n'y voit plus clair ; aussi sa réplique suivante : « *Je ne conçois pas bien de quoi tu parles, Socrate* » ne mérite-t-elle pas vraiment les sarcasmes un peu lourds de Socrate, car Hippias a plutôt perdu ses esprits que perdu la mémoire, et l'allusion à la mnémotechnie n'est guère de mise, sauf pour réconforter Hippias s'il aime mieux être oublieux que sot. Enfin, en 373 a-c, Socrate, qui a dû monologuer de nouveau assez longtemps, devine que le silence d'Hippias est fait, non de patience, mais de mauvaise humeur, et du refus de continuer. Malgré l'intervention adroite d'Eudicos, Hippias reconnaît cette mauvaise humeur, et, à la manière d'un enfant contrarié, accuse son interlocuteur de semer le désordre, comme si les détours imprévus dans un dialogue étaient chose anormale ! Il ne consentira donc plus à jouer son rôle de répondeur que par politesse envers Eudicos, nullement pour donner satisfaction à Socrate, ni à sa propre curiosité, ni à la science. Chez ce piètre interlocuteur, sans résistance et sans ressort, la vanité psychologique n'est que l'aspect le plus apparent du vide intellectuel. Tout-à-fait incapable d'imaginer une réplique apte à assurer sa position, et, pis encore, incapable de choisir une citation illustrant sa propre thèse (cf. 370 a-b), il se contente de suivre pas à pas le cheminement de son questionneur, sans voir jamais plus loin que la question présente (cf. 371, par exemple)[3].

Le comble est bien son attitude butée au terme du dialogue : après la lente et tenace investigation qui fonde en vérité l'argumentation de Socrate, investigation et argumentation à laquelle il s'est en principe associé à titre de répondant aux questions, tout ce qu'il trouve à dire sur la conclusion élaborée en commun, c'est : « *Il m'est impossible d'en convenir avec toi* » (376 b). Il a admis chaque étape de l'argumentation,

2. A vrai dire, dès ses rodomontades initiales, Hippias proposait prudemment d'abord de disserter sur un sujet « *préparé* » (363 d), mais il ajoutait qu'il répondrait à tout ; il acceptait aussi que Socrate le complimentât d'être si sûr de son agilité intellectuelle (364 a).

3. Non par défaut de mémoire, mais par défaut d'esprit de synthèse.

et c'est comme s'il n'avait jamais dit « Oui » ; rien ne l'a ébranlé ! Que Socrate, soudain, s'accorde avec lui (376 b) pour satisfaire à l'intuition morale et pour rejeter la conclusion atteinte, n'estompe en rien le contraste entre eux deux : Socrate est désorienté par le désaccord entre son intuition et sa logique, mais il fait à Hippias beaucoup d'honneur de lui attribuer ce même trouble ; en fait Hippias n'a pas varié d'un pouce ; ses adhésions machinales aux analyses partielles de Socrate n'ont pas plus entamé son opinion que s'il les avait consenties en songe. Jamais peut-être une argumentation rigoureuse n'eut aussi peu d'effet sur un homme sensé !

Peut-être aussi Hippias n'était-il pas aussi sensé que sa réputation l'aurait voulu. Platon en fait l'un des plus obtus parmi les interlocuteurs de Socrate. Il n'ignore pas la célébrité du personnage, seulement les traits qu'il mentionne ne sont pas dignes d'un grand esprit : Hippias est un savant, mais riche de ces connaissances « techniques », artisanales ou plus abstraitement scientifiques, qui chargent la mémoire et font les pédants, et qui sont le plus souvent ignorées des hommes intelligents [4].

Seule digne d'intérêt est la remarque faite par Hippias à Socrate en 369 b-c :

> « *Toi, Socrate, toujours tu entortilles de pareils raisonnements : tu en prends le point le plus scabreux, tu t'y attaches avec minutie, et tu négliges de débattre de l'ensemble de la question.* »

Cette remarque est d'une portée assez ambiguë. Elle pourrait être la plus sérieuse des objections élevées contre la dialectique de Socrate : s'agissant d'un problème que le gros bon sens trancherait aisément (ici, la distinction entre la vérité et le mensonge), Socrate introduit un point de vue inattendu et contestable (ici, le lien entre la connaissance d'une part, et d'autre part la vérité et le mensonge), puis sur ce point de vue bizarre il édifie toute une série d'arguments qui mènent à une conclusion, inattendue et contestable comme ses prémisses. Autre possibilité : Hippias, que la tournure prise par le dialogue déroute, et qui craint de se couvrir de ridicule, reproche à Socrate d'argumenter sérieusement point par point au lieu de se laisser porter par les évidences grossières ; bien entendu, ce reproche abaisse qui le fait et non qui l'encourt ! Malheureusement pour Hippias, le ton hargneux, très plausible à ce moment où il reconnaît son premier échec, conviendrait à la dernière interprétation ; interprétation défavorable que la faiblesse dialectique du pauvre Hippias confirme avec éclat : bien loin d'objecter à Socrate que son raisonnement porte à faux, car la distinction entre vérité et mensonge ne passe pas par la connaissance mais par l'intention, il commet la double erreur de méconnaître le résultat de Socrate (supposé soutenir la supériorité d'Ulysse sur Achille, alors qu'il a conclu à leur identité), et

4. Cf. p. 29-32.

de transformer le caractère de la joute (qu'il aimerait placer sur le terrain sûr et stérile de l'érudition[5]) (369 c)[6].

Cette analyse, un peu longue pour ne dégager au bout du compte que la regrettable inintelligence du célèbre sophiste, amène à se demander pourquoi Platon a pris la peine de faire dialoguer Socrate, même brièvement, avec un aussi pauvre esprit qu'Hippias.

Nous avons déjà vu comment une objection à la dialectique de Socrate, qui eût pu être corrosive, est neutralisée par la sottise de l'interlocuteur qui est censé la faire. Mais Platon aurait pu se dispenser de soulever le problème, aussi bien que de le résoudre de cette manière détournée. La raison d'être de ce dialogue avec Hippias doit être cherchée ailleurs.

Le sujet de l'entretien peut nous éclairer ; Socrate et son interlocuteur enquêtent sur des questions primordiales : définition de l'homme de bien et du méchant (365 c et sq.), caractère volontaire de la malfaisance (365 e), hiérarchie des diverses formes de malfaisance (371 e - 372 a). À ces grandes questions, Socrate propose des conclusions qui heurtent également et le bon sens (le méchant à son escient est supérieur au méchant par inadvertance), et la doctrine généralement professée par Socrate lui-même (la méchanceté volontaire est la plus méchante possible). Quel que soit au juste le sens des paradoxes ici élaborés par Platon, il demeure que ce dernier a voulu opposer des constructions étranges et souvent très subtiles, prêtées à Socrate, à une autre opinion qui n'a rien de subtil, puisqu'Hippias son porte-parole est borné, et rien d'étrange, car Hippias va se montrer le représentant terne et servile d'une morale raisonnable. Quelles sont ses idées ? Des évidences apparentes : l'homme véridique et le menteur ne se confondent jamais (365 c), l'intelligence joue son rôle dans l'art de la fourberie (366 a). Jusque-là, nous trouvons l'expression de l'expérience quotidienne ; mais bientôt Hippias fait appel à la voix du consentement général et de l'autorité : le mal volontaire est plus gravement jugé, semble-t-il (*dokei*), et les lois en décident ainsi ! (372 a). Pour finir, Hippias réaffirme son attachement à cette morale banale, pas le moins du monde ébranlé par tout ce qui paraîtrait fonder en raison les paradoxes de Socrate. Il y a donc opposition parfaite, dans ce dialogue consacré aux sujets les plus graves, entre les bizarreries de Socrate et les banalités d'Hippias, comme entre l'esprit délié du premier et l'esprit obtus du second. Un tel excès de chaque côté, lorsqu'il s'agit des fondements de la morale, n'est sans doute pas fortuit, et fait de ces quelques pages une méditation sérieuse. Le « *Petit Hippias* » est plus court que le « *Grand Hippias* », mais ne doit en aucun cas être

5. Oubliant (encore une fois) que Socrate avait soigneusement pris ses distances vis-à-vis d'Homère, en 365 d.

6. Notons encore la recommandation étonnante faite à Socrate d'interroger « *brièvement* » (365 d). Hippias, qui, lui, parle d'abondance (363 a), a-t-il de sains principes de discussion ? Connaît-il et apprécie-t-il la manière de Socrate ? Ou plutôt craint-il d'être embarrassé par celui-ci, s'il lui lâche la bride ? Cf. René Schaerer, *La question platonicienne* (Neuchâtel 1969), p. 33 : en bonne méthode, la réponse doit être brève, non la question !

considéré comme une « petite » œuvre : ce serait une bien trop accommodante solution à l'irritant paradoxe soutenu par Socrate.

Socrate fait à Hippias le compliment de mériter qu'on parle avec lui. « *Mais,* poursuit-il,

> *quand celui qui parle me paraît insignifiant, je cesse de l'interroger et je me désintéresse de ses paroles.* » (369 d)

L'explication de ces mots, comme de tous les éloges adressés à Hippias, peut bien être l'ironie, sans risque d'erreur ; mais ce n'est sûrement pas une explication suffisante. Car, après tout, c'est vrai : pourquoi Socrate consacre-t-il tant de temps à harceler Hippias, lequel de son côté eût été enchanté de mettre fin à l'entretien ?

E. Chambry, dans sa préface à l'édition du *Petit Hippias* chez Garnier-Flammarion, p. 60-61, souligne qu'Hippias y est beaucoup moins ridiculisé que dans le *Grand Hippias,* et en conclut que l'inertie du personnage devant les « raisonnements captieux » et les « fausses analogies » de Socrate ne doit pas être considérée comme très importante puisque l'ironie n'est pas « le but de l'ouvrage ». Mais il semble que ladite inertie reflète au contraire un accord important entre la pensée grecque et les subtilités socratiques. A propos précisément de l' « analogie » entre science et vertu qui donne au *Petit Hippias* son aspect si étrange à nos yeux, Guthrie écrit :

> « La signification variée d'*arétê* dans l'usage ancien et dans l'usage courant... a dû rendre le « paradoxe » moins paradoxal. » [7]

Peut-être faut-il chercher comment la pensée grecque, incarnée sans complication en Hippias, peut aboutir, une fois alambiquée par Socrate, à des résultats si étranges qu'ils leur répugnent à tous les deux.

Nous avons déjà vu dans la première partie du dialogue Hippias contraint de reconnaître l'identité du menteur et du véridique, faute d'avoir songé à les distinguer sur le plan de la bonne ou mauvaise volonté. Dans un second temps, Socrate va faire entrer en jeu la volonté, mais en un sens tout différent : celui qui agit de manière déficiente, en cas de mensonge ou de toute autre malfaçon (373 c et sq.), parce qu'il l'a voulu, est supérieur à celui qui a échoué involontairement, c'est-à-dire par incapacité de mieux faire. Cette volonté-là est d'ordre psychologique et suppose une capacité (*dunamis*) de réaliser ses projets ; elle n'a rien à faire avec la bonne ou mauvaise volonté morale de nuire à son prochain ou de lui être utile [8]. La preuve en est d'ailleurs que, dans son argumentation sur ce point, Socrate insiste bizarrement sur l'excellence, non de l'agent volontairement fautif, mais de l'instrument grâce auquel

7. *Socrates* (London 1971), p. 130.

8. C'est la même distinction, entre connaissance du fait et connaissance du droit comme critère de la volonté, que font le père Jésuite et le narrateur de la IVe *Lettre à un Provincial.*

peut se réaliser la faute volontaire : cet instrument est successivement le corps (374 a-c), la voix et les organes sensoriels (374 d-e), un gouvernail, un arc (374 e), un cheval, c'est-à-dire une âme de cheval ! (375 a), une âme d'archer (375 a-b), l'art médical ou musical (375 b-c), l'âme de notre esclave (375 c) et enfin notre âme à nous ! (375 c - 376 a). Lorsque Socrate, en 376 b, identifie pour finir l'âme bonne à la personne bonne, il effectue un tour de passe-passe facilité par l'équivoque du mot « bon » dans la langue grecque [9]. Lorsque Socrate parle de l'excellence de l'instrument, cet instrument fût-il l'âme elle-même, il ne fait pas intervenir un instant la personne morale. Le propriétaire d'une bonne âme, soit d'une âme douée, n'est « bon » qu'en un sens intellectuel ou technique. C'est ce que le français classique appelait un « habile homme », et la supériorité que Socrate discerne en lui n'a rien de paradoxal ! Il va de soi qu'un malfaiteur qui calcule ses méfaits est plus intelligent ou plus capable que le malfaiteur occasionnel. Il n'y a paradoxe que si cette supériorité est placée sur le plan moral, et cette confusion s'introduit dans le texte de manière significative. La première fois, elle est le fait d'Hippias : en 371 e - 372 a, Socrate avait parlé de « *meilleur* » dans un contexte tout à fait amoral, et Hippias avait répliqué en évoquant « l'*indulgence* » et les « *lois* » punitives. C'est alors que pour la première fois Socrate, en réponse, relève l'aspect paradoxal pris par le dialogue (372 d-e). L'équivoque reparaît beaucoup plus loin seulement, et dans la bouche de Socrate, ce qui pourrait faire croire qu'il la prend à son compte ; mais en fait c'est Hippias d'abord qui glisse de la notion de « *mal faire* » encore équivoque, utilisée par Socrate, en 375 d, à la notion d' « *injustice commise* ».

C'est alors que Socrate enchaîne sur la « *justice* », comme s'il n'avait été question que d'elle, jusqu'à présent.

Est-ce une perche, ou un piège, que tend Socrate à Hippias en lui faisant mettre en rapport le paradoxe moral de la conclusion obtenue et les prémisses ?

> « *La justice n'est-elle pas un certain pouvoir, ou une connaissance, ou les deux ensemble ?* »

Et Hippias s'enferre avec son « *oui* » (375 d). Une fois ce point délicat admis comme une évidence, il n'y a plus qu'à reprendre cette conclusion étonnante, la supériorité (sur tous les plans ?) de l'injustice volontaire. Et Socrate alors, d'accord sur le plan moral avec Hippias, se contente, pour en finir, d'admettre l'aspect paradoxal de cette conclusion, mais renonce purement et simplement à éclairer Hippias, car Hippias n'est pas de ceux que l'on éclaire (376 b-c) [10].

9. Cf. chapitre I.

10. Cette explication des bizarreries de la conclusion du *Petit Hippias* nous paraît préférable à d'autres. Prendre au sérieux l'argumentation de Socrate, c'est faire défendre à Socrate l'opinion opposée à celle prêtée partout ailleurs à ce même Socrate. Mais ne retenir que le paradoxe, c'est priver l'œuvre de tout sens ; A. E. Taylor (*Platon*, p. 88) souligne le mot de Socrate « *S'il est vrai qu'il existe un tel homme, volontairement injuste* » (376 b) et commente : « L'homme qui connaît vraiment le bien et choisit autre chose a

Bref, ici, Hippias incarne l'opinion publique, et par la banalité des idées qu'il avance, et par sa référence aux lois, expression de l'opinion publique. En projetant son point de vue moral sur l'habileté dont il était seulement question, il a confondu tous les plans. Puisque Platon, sans nuancer la stupidité qu'il lui prête, nous dépeint un Hippias conforme à sa légende, c'est-à-dire incroyablement érudit, manuellement habile, riche de mémoire (du moins de mémoire machinale et formelle) et d'autre part lui fait professer les principes d'une morale très saine, nous comprenons qu'Hippias représente l'insuffisance d'un instinct moral droit, comme d'une « tête bien pleine », et même de ces deux qualités réunies : le problème moral, quel qu'il soit, est fondamentalement difficile et exige toujours un esprit délié.

Le *Petit Hippias* peut donc servir d'introduction ou de propédeutique [11] à tous les premiers dialogues : désormais, ayant montré la difficulté de son sujet, Platon examinera les questions morales en allant plus profondément ou avec plus de nuances ; il fera de préférence dialoguer Socrate avec des interlocuteurs plus capables, soit aptes à entrevoir la vertu, soit intelligemment révoltés contre elle. Encore faut-il qu'ils veuillent faire l'effort requis, et ceci ne sera pas toujours le cas.

***

Savoir et Vertu.

Nous voyons souvent Socrate et ses interlocuteurs s'accorder pour mépriser la science, technique ou théorique, dès qu'elle est spécialisée dans son objet, ou matériellement utile dans ses applications [12].

Et pourtant le plus envié des biens, la vertu, que les sophistes comme leur adversaire Socrate se targuent d'enseigner, ils conviennent tous qu'elle est une science. C'est le fameux « paradoxe de Socrate », paradoxe à nos yeux, mais non aux yeux de ses contemporains, si l'on en croit le consentement sur ce point d'un représentant de l'opinion générale comme Hippias (*Petit Hippias* 375 d), la docilité d'un riche étranger comme Ménon à accepter cette hypothèse (*Ménon* 89 a) et sa répugnance à y renoncer (*Ménon* 89 c-d), l'empressement d'un politique comme Anytos à indiquer des professeurs de vertu (*Ménon* 92 a), ou d'un sophiste

aussi peu de réalité qu'un cercle carré ; et c'est justement parce qu' « il n'est point de telles gens », que les pires paradoxes peuvent être soutenus à leur propos ». Très bien. Mais d'abord pourquoi noircir vingt pages de paradoxes à propos d'un homme qui n'existe pas, et ensuite pourquoi dans ce cas Socrate va-t-il rejeter cette conclusion, aussitôt après l'avoir ainsi rendue acceptable ?

De même, l'interprétation de René Schaerer (*La question platonicienne*, p. 109), que le « mal » commis par un homme de bien n'est plus un mal mais un bien (pieux mensonge, par exemple), est très satisfaisante, mais ne suffit pas à rendre compte du retournement final de Socrate ; pour ceci, à l'interprétation de R. Schaerer doit se juxtaposer la nôtre sur un plan moins philosophique.

11. Ceci ne présume en rien de sa date de composition. Il s'agit d'une priorité logique.
12. Cf. p. 29-32.

intelligent comme Protagoras à se poser lui-même en professeur de la « discipline » vertu. (*Protagoras* 319 a)[13].

Donc, à propos de la célèbre formule « la vertu est une science », le terme de paradoxe est équivoque, car il peut se référer à des perspectives très différentes. A nos yeux, il y a paradoxe parce que la science est objective, et la vertu affaire de tempérament, de bonne volonté, bref subjective. Aux yeux des Grecs, cette opposition n'apparaissait pas clairement, mais l'opposition entre vertu, le plus grand des biens, et science, la plus basse des activités de l'esprit[14] aurait dû apparaître, et il est paradoxal qu'elle ne soit pas apparue, en fait. Enfin, il est clair, et nous le déduisons surtout du *Petit Hippias*, que Socrate et ses interlocuteurs pouvaient, chacun de son côté, accepter la fameuse formule, mais absolument pas dans le même sens.

Selon Platon, Hippias identifie science et justice et il a tort, Socrate en fait autant, et il a raison ! Il faut donc nuancer en dénonçant la confusion d'esprit chez Hippias sur ce point.

O'Brien[15] avait ainsi schématisé le *Petit Hippias* :

> « Ce dialogue traite de deux croyances : (1) la vertu est une science et une compétence, et (2) certaines personnes désirent le mal et pèchent volontairement. La conclusion absurde qui clôt la discussion est destinée à discréditer la seconde de ces croyances seulement. »

A notre avis, la seconde prémisse n'est pas si négligeable[16]. C'est aussi la première qui est en question, mais pas simplement, comme s'il y fallait répondre une fois pour toutes : oui, la vertu est une science, ou non, la vertu n'est pas une science. Tous s'accordent à reconnaître que oui, elle en est une. Mais en quel sens ? Là commencent les difficultés, et c'est là contre que le *Petit Hippias* nous met en garde.

Socrate rapproche la vertu de la science quant à la méthode, et c'est pourquoi il brave les modes et les snobismes pour se référer si souvent aux techniques et aux artisanats. Mais quant à leur objet, il y a un gouffre entre la connaissance scientifique, d'une part, toujours spécialisée et utilisable sur le plan matériel, donc servile, et d'autre part la connaissance noble, qui vise chez Socrate lui-même à l'épanouissement indivi-

13. Cette entente, visible dans les textes, est historiquement compréhensible si l'on se souvient que le mot grec pour « vertu », *arétê*, exprime originellement une habileté à réussir dans tel ou tel domaine : « Tout le monde connaît le « paradoxe socratique », son affirmation que « la vertu est une science ». Mais peut-être commencerons-nous à trouver la formule un peu moins paradoxale en considérant le sens qu'elle offrait aux contemporains ; c'était plutôt simplement quelque chose de ce genre : « on ne peut obtenir un résultat sans prendre la peine d'apprendre son boulot », écrit W. K. C. Guthrie dans *The Greek Philosophers* (London 1967), p. 20. Toutefois, à l'époque de Socrate, *arétê* était déjà proche de notre notion de vertu, et la formule n'est plus aussi tautologique que dans l'interprétation de Guthrie.

14. Ceci, selon toute probabilité, dans le cadre d'un milieu restreint seulement.

15. *The Socratic Paradoxes and the Greek Mind*, p. 105.

16. Cf. p. 80, n. 10.

duel (cf. le premier *Alcibiade*), chez d'autres comme Protagoras au civisme, et qui s'enseigne sous le nom de vertu. Si nous en revenons au *Petit Hippias,* la controverse qui s'y développe nous montre que la vertu suppose deux sortes de connaissance : celle du fait, et celle du droit [17]. Celle du fait permet au même homme de mentir et de dire vrai, s'il la possède ; mais jamais elle ne lui donnera de motif ni pour mentir, ni pour dire vrai. Celle du fait, également, donne à l'âme qui la possède, âme de cheval ou âme d'esclave, ou encore notre âme à nous, les caractéristiques précieuses d'un bon instrument ; mais elle ne guidera en rien l'usage de ce bon instrument. C'est ce qu'Hippias a méconnu. La connaissance du droit indique pourquoi et quand agir. Elle seule est du domaine moral car elle seule fonde la responsabilité, c'est-à-dire le lien entre l'action et l'agent. C'est d'elle qu'il est question par exemple dans le *Gorgias* [18-19].

L'originalité de Socrate est donc double, et le distingue d'abord de ses contemporains. Vis-à-vis d'eux, elle ne consiste pas à identifier science et vertu, mais au contraire à délimiter cette ressemblance, et à la réduire à la méthode scientifique. La question à la mode au ve siècle : la vertu s'enseigne-t-elle ? peut être considérée à la lumière de ces controverses : pour les sophistes la vertu s'enseigne comme l'écriture ou la lecture, parce qu'elle est une science du même ordre ; pour Socrate, la vertu devrait s'enseigner puisqu'elle est une science, mais en fait elle ne s'enseigne pas, ou rarement, parce que ce n'est pas une science comme les autres [20].

Quant à Guthrie, dans *Socrates* [21], il place nettement Socrate, avec son fameux paradoxe « la vertu est une science » à mi-chemin entre la sophistique ambiante qui dit de même, mais le comprend de façon trop absolue et trop simple, et les penseurs plus tardifs, Platon et Aristote, qui introduisent dans la vertu des éléments nouveaux, subjectifs.

17. Les choses sont moins claires dans le texte, car, d'abord, Socrate ne souhaite pas éclairer Hippias. Puis, si ailleurs (pour Gorgias, pour Protagoras) il voulait le faire, il ne dispose pas de la terminologie commode forgée par les Jansénistes.

18. Voir 520 d-e (entre autres) où Socrate distingue les conseils dans le domaine des arts spéciaux, et les conseils moraux. Dans l'ensemble du dialogue, l'opposition est totale aux yeux de Socrate entre le succès, dû à l'habileté appelée flatterie ou empirisme, et la justice qui est respect d'une règle, fondée elle-même sur l'amour du bien (499 e-504 c-d, et *passim*). Recherche du bien, et connaissance du droit sont du même ordre. Voir le chapitre II.

19. Cf. ce qu'écrit A. E. Taylor (*op. cit.*, p. 99) : « Chaque « art » ... peut servir aussi bien à une mauvaise fin qu'à une bonne fin... Mais la « connaissance du bien » occupe une position exceptionnelle et se distingue de toutes les connaissances particulières... avec lesquelles les « sophistes » et leurs disciples la confondent constamment ».

Nous sommes en accord avec les analyses d'Yvon Brès (*op. cit.*, p. 52-57), par lesquelles il distingue l'*arétê* des diverses techniques ; mais nous contestons que l'*arétê* soit « au-delà du savoir » : elle est une autre sorte de savoir ; cf. note p. 56, n. 57.

20. Simone Pétrement insiste beaucoup là-dessus dans *Le dualisme chez Platon*, notamment p. 106 : « Il est clair que, pour Socrate, la science du bien et du juste, la science de l'ensemble, n'est point analogue aux autres sciences. Elle ne consiste sans doute qu'à prendre conscience, à examiner, à douter, dans chaque cas particulier ». Et p. 107 elle ajoute que la justice s'enseigne, non pas par préceptes mais par exercice et dialectique.

21. Chapitre III, p. 130 et sq.

De tout ceci, il résulte que, sur ce point — la nature de la vertu — comme sur bien d'autres, la grande différence entre ses interlocuteurs et Socrate ne tient pas aux principes fondamentaux, mais à la confusion d'esprit des premiers, et à la vue systématique du second. Socrate distingue très logiquement le droit et le fait [22] ; ses contemporains, sans être capables d'analyser cette différence fondamentale, en ont du moins une idée obscure, car s'ils confondent toutes sortes de connaissances, ils n'en distinguent pas moins sur le plan pratique, et sans en rendre compte logiquement, les résultats : le succès professionnel n'est qu'un gagne-pain, il est servile et méprisable. Le succès politique, celui où Calliclès place ses raisons de vivre, comme Ménon, comme les disciples de Protagoras, comme encore bien d'autres, est le succès d'un maître, donc hautement enviable pour soi et respectable chez autrui.

Malgré tout, si essentielle que soit cette différence entre Socrate et ses interlocuteurs grecs, leur pensée commune — la vertu est science, d'une manière ou d'une autre, et science seulement — nous reste étrangère, à nous modernes ; les amendements apportés par Socrate éclairent le paradoxe antique : difficile, subtile, et haussée à la dignité de norme, la connaissance objective demeure, pour lui comme pour les autres, suffisante : il suffit, pensent-ils tous, d'être éclairé pour agir conformément à ce qu'on a vu, et c'est ce qui nous choque [23].

Mais les objections classiquement faites à cette pensée portent à faux. On s'étonne, en effet, de la tendance de Platon, surtout dans les dialogues dits socratiques, à ignorer les impulsions passionnelles, et l'on en conclut qu'il méconnaît les réalités psychologiques de l'action. Un exemple pris au hasard :

> « Faute d'une analyse approfondie de la volonté, [Platon] se la représentait alors comme un acte simple, dépendant uniquement de l'intelligence. Il méconnaissait ainsi ce fait d'expérience courante que, bien souvent, l'homme cède à ses appétits ou à ses passions, tout en sachant qu'il se fait par là du mal à lui-même. » [24]

En réalité, le socratisme ne sous-estime pas les pouvoirs de la passion ; il intègre au contraire la passion à la science puisque pour lui, comme pour toute la pensée grecque, la vertu est l'intérêt de l'homme vertueux [25]. La science dira en quoi consiste cet intérêt, et la passion fera rechercher cet intérêt. La première passion connue par les Anciens comme par les modernes n'est-elle pas l'amour-propre ? Ce caractère à la fois raisonnable et passionnel de la morale antique a été parfaitement

22. Il ne lui manque que la terminologie janséniste, à laquelle il substitue les notions moins claires d'empirisme et de *tekhnê (Gorgias, passim)*, ou encore de « fin » et de « moyen ».

23. Voir les introductions de presque chaque édition des *Dialogues* où s'expriment la surprise et la désapprobation devant l'intellectualisme de Socrate.

24. Maurice Croiset, introduction à l'édition du *Petit Hippias* dans l'édition des Belles-Lettres. Paris 1946, p. 23.

25. Cf. chapitre I.

analysé par Epictète[26], disciple lointain mais fidèle de Socrate ; Epictète en effet accomplit la gageure de rattacher à la morale socratique le geste fou furieux de Médée qui, personnage de tragédie, agit et souffre de manière bien peu philosophique, mais néanmoins ne connaît que les normes communes à toute l'Antiquité, à savoir la primauté de l'intérêt personnel.

> « On ne peut pas ne pas choisir ce qui semble utile ? demande l'élève d'Epictète. — Non. — Alors comment Médée dit-elle : « Je sais quel mal je vais accomplir, mais ma passion l'emporte sur ma réflexion » ? — Parce que cela même, satisfaire sa passion et se venger de son mari, lui paraît plus avantageux que de sauver ses enfants. — Oui, mais elle s'est trompée ! — Montre-lui clairement qu'elle s'est trompée et elle ne le fera pas. »

Cette analyse semble inattaquable. La seule raison pour hésiter à y souscrire paraît bien être l'opposition entre les termes choisis par Euripide : *thumos*-passion, contre *bouleumata*-réflexions ; mais tout le contexte prouve qu'il s'agit d'une opposition non entre deux ordres de réalités, mais entre deux réalités passionnelles dont la première, le dépit amoureux, mérite le nom de *thumos* parce qu'elle est rare et violente, et la seconde, l'amour maternel, est appelée *bouleumata* parce qu'elle est banale, et modérée dans ses manifestations. Entre ces deux passions le critère de choix ne peut être qu'intéressé, et la passion la plus intense sera aussi celle dont la satisfaction apportera le plus de joie. Pour Euripide, d'ailleurs, Médée a très pertinemment choisi, car la dernière scène montre avec éclat la joie intense de Médée, après son forfait, grâce à son forfait. Si Epictète, lui, désapprouve Médée, c'est moins pour avoir décidé selon son impulsion que pour avoir ignoré les dommages graves causés par cette impulsion à sa propre santé morale. Socrate ne désapprouve pas Polos, Calliclès, ou Archélaos pour d'autres motifs.

Tout ceci nous paraît étranger, car nos critères sont autres. Sans doute nous blâmons Médée d'être une mauvaise mère, mais nous estimons surtout criminelle et injuste sa décision de punir son ennemi par le meurtre d'enfants innocents. Cette perspective faisant intervenir l'intérêt des objets de l'action avant celui de l'agent est inconnue d'Euripide ; les avocats des enfants, le chœur, Jason, ne cherchent à faire vibrer que la fibre maternelle ; comme si ce meurtre était seulement une affaire entre Médée et Jason.

C'est qu'en effet notre manière de comprendre la morale est radicalement autre que celle des Grecs[27], et c'est pourquoi la plus usuelle de leurs définitions — la vertu est une science — nous semble si paradoxale. Que la vertu soit une lutte contre la passion, et donc un phénomène

26. *Entretiens* I 28.

27. Elle est d'ailleurs d'origine fort antique, mais non grecque : c'est celle d'Abraham remontrant à Dieu même que les Justes de Sodome, s'il y en a, ne doivent pas être exterminés pour punir les criminels de leur propre ville.

lui-même subjectif[28], que la méchanceté et l'intelligence aient partie liée pour affranchir des scrupules et assurer le bonheur, voilà une idée propre à notre morale, où la passion seule représente l'intérêt, alors que la vertu est désintéressement.

Bien sûr, il faut le souligner, cette opposition entre une morale hellénique égocentrique et notre morale altruiste ne se manifeste pas au niveau de la vie courante, du sentiment instinctif : l'idée du « grand seigneur méchant homme » n'est pas récente : Hippias sait bien que les malfaiteurs sont intelligents (*Petit Hippias* 365 e) ; Alcibiade et Polos reconnaissent avec bon sens que porter secours à ses amis peut être dangereux, désavantageux, mais aussi beau, juste et admirable (*Alcibiade* I 115 b et le contexte), ou que subir l'injustice est plus beau que la commettre (*Gorgias* 474 c). Mais ces réactions sont des impressions superficielles, non fondées en raison : Alcibiade reconnaîtra volontiers que le courage est bon, c'est-à-dire avantageux, et qu'exposer sa vie pour sauver celle d'un ami est, d'un certain point de vue, avantageux[29]. Polos lui, ne sachant définir le beau que par l'utilité, ne sera pas long à admettre l'utilité de l'injustice subie, même si cela l'étonne. Quant à Hippias, il ne sait guère de quoi il parle, et son idée d'assimiler intelligence et méchanceté ne peut l'amener qu'à la conclusion intenable que méchanceté égale bonté ; il sombre dans le ridicule.

Comme le montrent le raisonnement exemplaire de l'*Apologie* (25 d-e) ou les analyses plus poussées du *Gorgias* (503 d - 504 d), au nom de l'ordre on pourra toujours prouver que le juste et le beau, comme le bien, sont avantageux. Là encore, nous sommes loin de l'alternative moderne devenue classique entre désordre et injustice.

Donc au niveau, non de l'instinct, mais des principes fondamentaux de la pensée, notre morale est autre que la leur. Et c'est pourquoi nous ne saurions admettre que la vertu soit une connaissance. Car nous pouvons connaître que le bien est ici ou là, mais ce bien ne coïncidant pas avec notre intérêt, il nous reste à lutter contre notre amour-propre.

Si diverses que puissent être par ailleurs les morales modernes, elles sont également irrationnelles. Contentons-nous de l'exemple de deux éthiques choisies parce qu'elles sont contradictoires, et qu'elles vont le plus loin possible chacune dans son sens. Pascal est un mystique, pour qui l'amour de soi est le mal absolu, et l'amour de Dieu le seul bien ; l'amour du prochain même n'est légitime qu'au nom de Dieu qui l'ordonne. Et c'est pourquoi l'exhortation à la vie morale[30] comporte la reconnaissance des limites de la raison, exige un pari, prise de position

28. Cf. l'argumentation par laquelle Montaigne (II 11, début) nie que Dieu puisse être dit « vertueux », puisqu'il n'y a pas en lui lutte contre des penchants.

29. A noter d'abord que Socrate et Alcibiade ne parlent que de sauver amis ou parents et n'envisagent pas de s'exposer pour des indifférents (cf. p. 194), ensuite, qu'Alcibiade prise le courage parce que la vie n'est pas pour lui une très haute valeur (cf. p. 54, 216 et 220) ; nous sommes loin de l'idée évangélique que le sacrifice de la vie est le plus grand don, et la plus grande preuve d'amour.

30. Il s'agit bien autant de morale que de théologie, car le « il faut parier », le « vous êtes embarqué », concernent la pratique et non la théorie.

sur l'inconnaissable. Au contraire, Camus refuse d'attribuer à Dieu un monde absurde. La morale, tout humaine, de ses personnages, est absurde comme les fléaux dont elle est issue ; le Docteur Rieux sacrifie son bonheur à la lutte vaine contre un microbe qui « ne meurt ni ne disparaît jamais » ; il comprend l'individualiste Rambert qu'il désapprouve ; il exerce une influence sur ce dernier, non par les mots, mais par l'exemple ; même l'intellectuel Tarou analyse explicitement la préoccupation irrationnelle qui oriente sa vie :

> « Mon affaire à moi, en tout cas, n'était pas les raisonnements ...
> Mon affaire c'est le trou dans la poitrine ; »

entre les « fléaux » et les « victimes », il a choisi les victimes, saisi par un « vertige ».

⁂

LE GRAND *HIPPIAS*

Apparences et essences

Le *Grand Hippias* est un dialogue déconcertant à plusieurs points de vue, mais toujours pour d'autres raisons que le *Petit Hippias.* Nous verrons bientôt qu'Hippias n'est pas vraiment traité de la même manière dans les deux textes, mais encore plus cruellement ici, peut-être, car Platon tourne en ridicule ce grandiloquent personnage moins pour sa stupidité maintenant que pour sa malhonnêteté intellectuelle.

Nous observons de prime abord que le texte est, cette fois-ci, très riche en remarques placées dans la bouche d'Hippias, et nous nous attendons donc à trouver là une importante documentation sur ce que représente le personnage, et sur sa pensée. Surtout nous voyons que la notion même en question ici est des plus obscures [31] ; le *kalon* dont on parle est défini successivement par la beauté physique (287 e), l'or (289 e), le bonheur [32] (291 d-e), l'utilité (295 c) et certains plaisirs (298 a ou 303 e). Il est clair, à tout le moins, que *kallos* n'est pas « beauté », puisqu'en 295 c Socrate, au nom de tous les hellénisants [33], déclare *kaloi* des yeux qui voient bien ! or nous savons qu'un aveugle peut avoir de « beaux »

31. Voir l'analyse du *kalon* au chapitre I. Dans le *Grand Hippias* le mot a presque partout un sens concret, mais sa signification, pour être plus restreinte, n'en est pas plus claire !

32. Quel autre dénominateur commun donner à la richesse-santé-longévité et réputation ? Quant à l'importance accordée ici aux funérailles, elle synthétise en un signe éclatant richesse, longévité, et harmonie familiale.

33. *Phamèn* dit-il ici.

yeux. La traduction anglaise de la collection Loeb[34] commet la même faute que la plupart des Français, en rendant *kalos* par « beautiful » ; A. E. Taylor est plus circonspect, et propose « fine » dans son *Plato* ; il reste que le mot n'a pas un sens très précis. C'est ce qui « va bien », mais sous quel rapport ? Par commodité, nous emploierons comme toujours, pour équivalent de *kalos*, le mot « admirable »[35]. Que la notion en question dans le dialogue soit aussi obscure, contribue naturellement à obscurcir par conséquent le sens des réactions de l'interlocuteur, et rend difficiles à interpréter caractères et opinions.

Toutefois, vu la loquacité d'Hippias, nous pouvons essayer d'analyser son personnage. Les commentateurs s'accordent généralement pour noter sa ressemblance avec l'autre portrait du même original dans le *Petit Hippias*[36], et c'est vrai pour les grandes lignes : ici et là, Hippias est un savant aux connaissances encyclopédiques (*P. H.* 368 b sq - *G. H.* 286 c sq) ; comme la plupart des sophistes peints par Platon, il est suffisant et pompeux (*P. H.* 364 a ; *G. H.* 281 a-b et *passim*). Ses principes moraux sont sains, pondérés : dans le *Petit Hippias* il manifestait son bon sens en affirmant la valeur de la responsabilité (272 a) et il fait preuve ici de dignité en distinguant — selon la suggestion de Socrate il est vrai — des utilités admirables, visant au bien, et d'autres déplaisantes, visant au mal (296 c-d), ou des plaisirs, les uns avantageux et admirables, les autres nuisibles et déplaisants (303 e). Autre trait commun, Hippias garantit ses idées morales par le consentement universel (*P. H.* 372 a ; *G. H. passim* et 288 a pour commencer). Tout ceci peut suffire à assurer la ressemblance entre les deux portraits, mais quelques détails encore viennent la parfaire : il s'agit d'abord de deux procédés chers à Hippias pour éviter le ridicule si l'entretien se déroule contrairement à ses prévisions ; le premier est de continuer à répondre par politesse et pour la forme, mais sans s'estimer engagé par le contenu de la réponse ; dans le *Petit Hippias*, Hippias, dégoûté, voudrait se taire, et s'il poursuit, c'est par égard pour Eudicos, sans plus s'intéresser à ses propres paroles (373 c) ; ici, pas de tiers réel pour intercéder, mais l'interlocuteur imaginaire de Socrate, le rustre qui veut aller toujours au fond des choses, lui donne l'occasion d'une semblable dérobade : lui dirai-je ceci ? demande Socrate ; « *Si tu veux* », répond Hippias, sans se compromettre (291 c). Se flatter de pouvoir résoudre le problème par une méditation solitaire qui ne sera pas accordée, constitue le second procédé (*P. H.* 369 a ; *G. H.* 295 a - 297 e).

Enfin la moins anecdotique et la plus significative des ressemblances entre les deux portraits est l'objection majeure proposée dans les deux textes par Hippias contre la dialectique abstraite de Socrate : dans le *Petit Hippias* (369 b-c), elle apparaît brièvement comme reproche d'isoler

34. Londres, 1963 — Tome II.

35. « Satisfaisant » aurait convenu à la plupart des définitions proposées, mais il y manque la chaude nuance laudative que, de son côté, « admirable » exagère un peu. « Beau » ne conviendrait pour définir ni l'utilité, ni le succès matériel, et ne s'accorderait pas non plus avec l'insistance sur l'argent au début du dialogue.

36. Par exemple Grote (*op. cit.*, tome II, p. 33) écrit : « Hippias se présente... à peu près de la même manière dans les deux dialogues ».

de la question les points les plus scabreux en perdant de vue l'ensemble. Ici, l'insistance se fait plus grande sur le même reproche :

> « *Vous n'examinez pas les questions dans leur ensemble, ni toi ni tes interlocuteurs habituels ; mais vous prenez à part l'admirable, ou tout autre aspect particulier de la réalité, et vous le coupez en morceaux, dans vos propos, pour les passer à la pierre de touche. Aussi vous échappent l'étendue et la continuité des choses réelles.* » (*G. H.* 301 b).

Nous avons vu comment, dans le *Petit Hippias,* Platon désamorce l'objection [37] ; ici il la prive aussi de sa vigueur de manière plus simple encore, en la plaçant dans la bouche d'Hippias juste au moment où celui-ci commet l'erreur énorme de critiquer une opinion que son adversaire ne lui a pas encore expliquée ! Cette astuce de l'auteur n'empêche pas toutefois les mots d'Hippias de signifier beaucoup, et Platon lui-même leur reconnaît une certaine portée puisqu'il fait exprimer une nouvelle fois la même idée à son personnage en 304 a, en conclusion de tout le dialogue, et s'appliquant cette fois aussi aux aspects les plus sérieux de la controverse. Grote [38] consacre un long développement à ce passage et montre combien sérieuse est l'opposition entre les deux méthodes, sur laquelle Hippias a mis le doigt à très juste titre :

> « Nous avons aussi une intéressante passe d'armes entre la Rhétorique et la Dialectique : deux activités contemporaines et rivales parmi les esprits remuants d'Athènes au temps de Platon et d'Isocrate. »

Il ne s'agit plus tant de condamner aucune de ces deux formes de pensée, que de faire d'Hippias le porte-parole de l'attitude intellectuelle opposée à celle de Socrate.

Ceci constitue une différence considérable entre les deux dialogues portant le nom du sophiste d'Elis : dans le *Petit,* Hippias représente le néant intellectuel, et son rôle est de démontrer que les problèmes moraux les plus élémentaires n'exigent ni érudition, ni bon sens, mais une fine intelligence. Tout reste là cependant sur un plan très général qui justifie la brièveté de l'œuvre. Ici, une notion morale (l'esthétique étant chez les Grecs un aspect de l'éthique) particulière est examinée, et Hippias représente un certain point de vue sur la question ; aussi son personnage est-il devenu beaucoup plus riche et ses capacités intellectuelles sont reconnues ... dans une certaine mesure.

Sans doute subsistent bien des aspects ridicules en Hippias [39] ; mais peut-être leur accorde-t-on un peu trop d'importance. Les interlocuteurs de Socrate lui sont toujours inférieurs, toujours sur le plan méthodologique

37. Cf. p. 77.
38. *Op. cit.*, t. II, p. 52.
39. Cf. Guthrie, *The Sophists*, p. 281.

— c'est le cas notamment de Criton, d'Alcibiade ou de Lysis — et souvent aussi sur le plan du caractère, c'est en général le cas des sophistes, tels qu'Hippias. Ici, un examen du texte montre assez facilement que les ridicules les plus marquants d'Hippias sont mis en scène avec adresse, mais ne correspondent pas à une attitude vraiment dérisoire.

Le trait le plus remarqué au désavantage d'Hippias est son inaptitude à saisir une idée générale abstraite.

> « Dans la recherche d'une définition, l'Hippias de Platon dépasse quelque peu la mesure de sottise qu'il est permis d'attribuer au véritable Hippias. Son incapacité de saisir ce qu'est une idée générale semble franchement caricaturale. »

écrit, entre bien d'autres, Alfred Croiset [40] ; Platon se montre surtout habile en éclairant la difficulté à surmonter : Socrate précise bien pour Hippias à deux ou trois reprises que la question est « *Qu'est l'admirable ?* », non « *qu'est-ce qui est admirable ?* » (287 d), après quoi, sans transition, Hippias avancera : « *Une jeune fille admirable est admirable* » (287 e), suivant juste le schéma grammatical qui lui est interdit ! Bien entendu, ceci nous montre une scène joliment croquée de dialogue décourageant entre maître méthodique et mauvais élève, et crée un contraste plaisant entre la célébrité du sophiste Hippias et le rôle peu brillant joué ici, mais cela tient surtout à la forme du texte. Au vrai, Hippias bénéficie de deux très sérieuses circonstances atténuantes. D'abord Socrate est l'inventeur des définitions générales [41] et ses interlocuteurs les plus distingués, aux prises pour la première fois avec cette exigence, sont bien excusables d'en être embarrassés. Le ridicule d'Hippias sur ce point est sans doute sensible à des lecteurs modernes, après tant de siècles de pensée abstraite, beaucoup plus qu'au public contemporain de Platon, et pour l'apprécier un certain effort de dépaysement est requis [42]. Ensuite, il ne faudrait pas perdre de vue, même si Socrate nous y invite avec l'autorité prise ultérieurement par le platonisme, que la notion en question est le *kalon,* matière à émotion eshétique ou morale plutôt qu'à ratiocination abstraite, et que des illustrations éclairent beaucoup plus que des définitions. Grote y insiste, montre que les définitions abstraites proposées par Socrate (293 e ; 295 c ; 298 a et 303 e) après récusation des trois exemples d'Hippias (287 e ; 289 e ; 291 d-e) ne résistent pas particulièrement bien à l'examen, et il conclut [43] contre le système de Platon :

> « C'était une faute logique tout aussi grave qu'aucune des fautes commises par Hippias ou un autre sophiste. »

Les particularités du *kalon* justifient de même un autre des traits prétendus ridicules d'Hippias ; celui-ci manifeste une grande répugnance

40. Introduction au *Grand Hippias,* édition des Belles Lettres, Paris 1936, p. 5.
41. Cf. Guthrie, *Socrates,* p. 105, avec citation d'Aristote (*Métaph.* 1078 b 27).
42. Cf. Grote *loc. cit.,* p. 47-48.
43. *Loc. cit.,* p. 49.

à parler seulement de « *marmite* », « *mot bas* » dans une discussion « *relevée* » (288 d) et, un peu plus tard, il réagit, à l'idée de reparler de cette « *marmite* », assortie cette fois d'une « *louche* », comme s'il souffrait d'un véritable malaise, celui d'un homme bien élevé obligé à prononcer des obscénités, aussi retarde-t-il sa réponse en essayant de se débarrasser, avec gêne, de la question et du questionneur (290 d-e). C'est une jolie scène : le précieux confronté aux réalités de la vie [44]. Au vrai, le plaisant de la scène est plutôt le fait de Socrate (loin d'être ridicule, il a les rieurs de son côté ; mais c'est lui la source du comique) : en accablant Hippias de questions prosaïques, à plusieurs reprises, il le persécute, et suscite chez le lecteur une sympathie amusée pour la victime, plutôt qu'un mépris sarcastique envers un vieux fou enfermé dans d'absurdes préjugés [45] : en effet, il convient de s'en souvenir, on illustre ici l' « *admirable* », et parler d' « *admirable marmite* » et d' « *admirable louche* » est une conséquence logique, mais inacceptable, du raisonnement ; Socrate lui-même a soin de souligner le paradoxe avec drôlerie, en disant que ces deux « *admirables* » ustensiles s'harmonisent pour confectionner une « *admirable bouillabaisse* » (290 d) ce qui est tout de même un peu forcé [46] ! Les répugnances d'Hippias sont trop naturelles. Apparemment les Grecs n'avaient pas l'idée que le « fonctionnel » fût artistique en tant que tel, et ce serait une innovation de Socrate, innovation que celui-ci d'ailleurs ne retient pas, et rejette même, comme intenable, sans prendre la peine de la réfuter, car en 291 c l'accord formel d'Hippias était acquis : « *Si tu veux, dis-lui que la louche de bois est la plus belle* » ; l'on aurait pu conclure, ou au moins faire une pause ; au contraire, les deux interlocuteurs entreprennent une nouvelle tentative de définition, aussitôt et sans transition, avec autant d'intérêt que si la précédente était déjà réfutée. Admirer un objet utilitaire était un trop évident paradoxe [47].

Nous avons déjà mentionné comment Hippias prétend sauver la face, après un échec dialectique, en se faisant fort de retrouver le fil de sa pensée dès qu'il aura pu jouir d'un moment de réflexion solitaire (295 a - 297 e). Dans la mesure où il sait bien que Socrate ne lui fera pas la grâce d'une minute de recueillement pour vérifier cette dernière assertion, celle-ci ressemble fort à une dérobade, et prête à sourire. Mais au fond la plainte d'Hippias n'est pas dépourvue de bon sens ; si Socrate lui accordait cette chance, ce serait honnête de sa part, et à ce prix seulement son triomphe éventuel pourrait être complet. En

44. « Du mécanique plaqué sur du vivant » selon l'analyse de Bergson !

45. Le snobisme prêté ici indûment à Hippias n'apparaît pas, notons-le, en d'autres circonstances : dans le *Petit Hippias*, le sophiste n'accepte que trop volontiers les comparaisons artisanales ; le contraire eût été étonnant de la part de l'artisan doué qu'il était lui-même.

46. Vraisemblablement, l'ensemble formé par un pot de terre, une cuiller de bois, et une purée de fèves, était du dernier vulgaire ! Aristophane présente le *etnos* comme le plat préféré du goinfre Héraclès (*Grenouilles*, v. 63) mais n'en parle pas dans ses descriptions de banquet (*Acharniens*).

47. Cf. la justification d'Hippias sur ce point dans le livre de Grote, *op. cit.*, p. 50, note 1 ; cf. aussi Taylor, *op. cit.*, p. 31.

effet le système dialectique des questions et des réponses, s'il aboutit à l'accord sincère d'interlocuteurs opposés dès le départ (c'est le cas du *Criton*) présente l'avantage énorme de garantir le sérieux de l'argumentation [48] ; si par contre, comme ici, l'interrogé répond plus vite qu'il ne réfléchit, entraîné par la forme des questions, rien n'est plus facile au meneur de jeu que d'orienter son questionnaire en vue d'une conclusion adroitement préparée et d'aveugler son partenaire, un peu comme une torche dans la nuit éclaire un objet, mais obscurcit le paysage et égare le voyageur [49]. Un moment de réflexion tranquille peut être indispensable pour replacer dans l'ensemble chacune des déductions d'un raisonnement où les étapes se révèlent surprenantes, si on les a atteintes sans se référer au point de départ.

Ceci nous amène à l'une des conclusions du dialogue. Le projet initial de définir l' « *admirable* », a connu un échec ; mais du moins une vérité importante a été mise en lumière, à savoir que la méthode analytique du dialecticien Socrate s'oppose en tout à la méthode synthétique du rhétoricien Hippias ; Platon insiste sur cette opposition ; il l'utilise pour conclure le dialogue (301 b, 304 a-b) et la place dans la bouche de l'adversaire en une coléreuse, mais juste, mise au point. En effet, si Socrate égare Hippias, c'est parce qu'il éclaire successivement des détails séparés ; et si Hippias réclame le droit de réfléchir, c'est pour repenser librement l'ensemble ; si Socrate contraint Hippias à trouver « *admirables* » un pot de terre et une louche de bois, c'est en conséquence d'une analyse développée pour elle-même, et si Hippias y répugne, c'est par respect pour la notion originelle ; si Socrate exige de l' « *admirable* » une définition générale abstraite, c'est par un acte de foi en une logique applicable *a priori* à toute notion, et si Hippias n'envisage même pas une telle définition, c'est par conformité avec la nature de l' « *admirable* » dont ici il s'agit. Toujours et partout, Socrate est le champion de l'abstrait, Hippias du concret.

A la lumière de cette opposition des deux interlocuteurs sur deux plans distincts, nous pourrons comprendre ce que représentent les idées d'Hippias.

En suivant l'ordre du texte, on est frappé par l'étrangeté du plan : l'effort de définir l' « *admirable* » est manifestement la raison d'être du dialogue, et l'échec de cet effort forme conclusion ; mais au lieu d'introduire la question de l' « *admirable* » dès le début, ou après un bref préambule (ce qui ne posait aucun problème technique, le texte pouvant

48. Cf. François Châtelet, *op. cit.*, p. 88-90 et 101-104.

49. Joseph Moreau (*Le platonisme de l'Hippias Majeur*, Revue des Études Grecques, LIV, 1941, p. 42) pense que ce dialogue est l'œuvre d'un disciple de Platon : « Le Socrate de l'*Hippias Majeur* n'est plus comme celui des dialogues authentiquement platoniciens un guide dans la recherche, mais un interrogateur aux questions, voire aux suggestions insidieuses, et dont la succession incohérente pour Hippias ne révèle son ordonnance qu'aux initiés du platonisme. » Mais la doctrine implicite de Socrate pourrait être ici l' « anticipation » de développements ultérieurs, et non des « rappels » : cette objection est prévue et écartée par l'auteur de l'article —. Notre objection est que Socrate ne nous paraît pas ici poser des énigmes, mais plutôt préconiser une méthode originale ; en quête de sa doctrine implicite, Socrate ne saurait encore en faire la clef d'un jeu artificiel de devinettes.

très bien débuter en 286 a, avec l'allusion au « *Discours Troyen* ») Platon commence par un hors-d'œuvre considérable, près d'un quart du texte, et double de surcroît : d'abord une conversation anecdotique toute bourdonnante d' « *argent* », de ces sommes colossales gagnées par l'habileté professionnelle du sophiste, puis un entretien dialectique consacré à la légitimité des lois. A quoi bon cette curieuse approche du sujet ? L'argent impressionne le lecteur, même inattentif, tant la répétition de ce mot finit par être incantatoire, de 281 b à 283 b. C'est à vrai dire Socrate qui le prononce en premier, mais Hippias le reprend avec tant d'enthousiasme qu'une lecture superficielle pourrait donner à croire qu'il est le plus intéressé des hommes [50]. Ce n'est pourtant pas vrai : Hippias est désintéressé en réalité : l'argent qu'il gagne, dit-il en passant, il le donne tout bonnement à son père (282 c) — ce qui est d'ailleurs la marque d'un excellent fils ; il y a plus probant encore : la ville où Hippias n'a jamais gagné le moindre petit sou, Lacédémone, c'est aussi la ville où il s'est rendu le plus souvent (283 b-c) : aucun professionnel intéressé n'agirait ainsi. Alors, que représente cette fascination de l'argent ? Sans doute ce que Socrate dégage avec perspicacité : « *Le signe distinctif du sage est d'être celui qui gagne le plus d'argent* » (283 b). Socrate plaisante ; il ironise, non sur le profit que la sagesse doit rapporter au sage, mais sur la nature de ce profit, et l'on sait qu'il est devenu lui-même très pauvre pour avoir vécu en sage, selon l'indication du Dieu (*Apologie* 23 c). Mais pour Hippias il en est bien ainsi ; son idéal dans la vie, c'est le succès [51], et l'argent, plutôt qu'un pouvoir de jouissance, est un étalon particulièrement commode pour évaluer la réussite, comme en témoigne la stupeur admirative des compatriotes d'Hippias quand il a donné ses gains à son père (282 c) ; mais à l'occasion, Hippias se contente volontiers aussi des compliments et de la gloire que Lacédémone lui prodigue (285 b ; 286 a) [52], car son succès en est suffisamment éclatant.

Voilà en Hippias un premier trait dénotant son intérêt pour les choses de ce monde : le succès, la gloire, bref la suprématie reconnue par autrui [53].

La discussion amenée par le rappel des activités d'Hippias à Lacédémone est une première tentative pour intéresser Hippias à une réflexion abstraite ; celui-ci se prête au jeu d'autant meilleure grâce que les conclusions obtenues par la méthode dialectique lui sont ici personnellement favorables (285 b) ; il révèle ainsi, naïvement, qu'il s'intéresse, une fois de plus, à son propre succès, pas à la pensée pour elle-même. Réfléchir c'est pour lui se prêter à un jeu, et vraiment ici la discussion n'est

50. Ainsi, Joseph Moreau (*loc. cit.* p. 20) se scandalise de la cupidité d'Hippias.

51. Voir p. 95, 97.

52. J. Moreau *(loc. cit.)* parle de l'insuccès d'Hippias à Sparte. Il semble pourtant que le refus d'y offrir une rétribution au sophiste y soit tout formaliste, car Hippias a dû avoir quelque motif de se rendre souvent là-bas.

53. Et nous voilà tout près de la notion de *kalon* ! Pour J. Moreau (p. 21-22 *loc. cit.*) l'introduction montre l'ignorance d'Hippias à propos de *kalon* ; à notre avis, cette introduction montre plutôt en Hippias une manière d'aspirer au *kalon*, manière fautive, il est vrai.

pas très sérieuse[54], basée sur une confusion entre l'autorité de la loi établie, et l'excellence de la loi idéale ![55] La raison d'être de ce passage réside surtout dans l'argument-clé du raisonnement, où Hippias devra dire, en contradiction avec toute sa manière d'être, que la vérité est l'apanage d'une élite, et l'erreur l'élément naturel de la foule (284 e). Comme Hippias ne va plus parler qu'au nom de la foule, il est désormais déconsidéré pour le lecteur avisé : dans l'affrontement entre les abstractions socratiques et le bon sens concret d'Hippias, l'erreur est ici, la vérité là. En réalité, Hippias ne s'est pas gravement contredit, de son propre point de vue : il a joué conformément aux règles d'un jeu dont Socrate lui avait laissé prévoir qu'il défendrait ses intérêts (283 c), et il est resté fidèle, pour l'essentiel, aux manières de la foule, faisant preuve d'un opportunisme que chaque élément de la foule aurait manifesté de même.

Une fois amené à définir l' « *admirable* », Hippias avance successivement trois exemples. Que ce soit méthodologiquement incorrect, mais conforme au personnage, et justifiable en soi, nous l'avons vu. En outre, chacun de ces exemples est intéressant par lui-même. La première illustration de l' « *admirable* » est la beauté du corps féminin (287 e) ; c'est sans doute l'exemple le plus naturel du point de vue esthétique et sentimental à la fois, abstraction faite du comique créé par le contraste entre la question abstraite et la réponse concrète[56].

Peut-être y a-t-il lieu de noter le goût d'Hippias pour la femme, car, ailleurs dans les *Dialogues*, c'est constamment la beauté masculine qui est admirée ; et si Socrate se moque de l'exemple d'Hippias en brodant sur des déesses, des ... marmites et des lyres, et — le plus inattendu — des juments, toutes créatures du genre féminin, peut-être tente-t-il de souligner discrètement que ce choix est significatif et dégradant, Hippias étant plus sensuel dans ses goûts que ne serait un admirateur de jeunes gens comme Socrate, car l'amour pédéraste est souvent éducatif[57].

Le deuxième exemple d'Hippias est difficile à comprendre : l' « *admirable* » par excellence ne serait « *rien d'autre que l'or* » (289 e). En quel sens ? Que l'or embellisse les plus laides choses (*ibid.*), n'est pas très éclairant, car peuvent entrer en jeu, ou bien la valeur marchande du métal précieux, ou bien sa couleur chaude et son rayonnement[58]. De toute

54. Si elle l'était, il faudrait considérer toute l'argumentation du *Criton*, et la mort de Socrate, comme un défi à la justice et à la sagesse !

55. Mieux que tout autre, Hippias, s'il avait été conforme à son modèle historique, aurait pu remarquer la confusion, lui dont la doctrine distinguait la nature juste et la loi imparfaite ; cf. le témoignage de Platon (*Protagoras* 337 d), de Xénophon (*Mémorables* IV 4), de Plutarque (cf. *Die Fragmente der Vorsokratiker*, T. II, p. 332 — B 17). Ici même, en 284 d, Hippias commence raisonnablement : « La loi est instituée pour être utile, je pense, mais parfois elle est nuisible quand l'institution en a été mauvaise. »

56. Aussi est-il artistiquement habile de la part de l'auteur d'avoir situé la réponse la plus banale au moment où l'erreur de méthode la mettrait en relief.

57. La femme, comme être moral, est ignorée des dialogues de jeunesse, et un passage aussi discret que celui-ci paraît suggérer une infériorité féminine.

58. Cf. J. Duchemin (*Platon et l'héritage de la poésie*, R. E. G., LXVIII, 1955, p. 29) qui cite maint texte poétique où le *kalon* exprime la luminosité, spécialement l'éclat de l'or.

manière Hippias paraît avoir assez mauvais goût car il est attiré surtout par ce qui est « tape à l'œil » ; aussi l'exemple se prêtera-t-il à la plus facile des réfutations, le goût d'Hippias n'étant pas absolument perverti, et capable encore de reconnaître l'aspect admirable d'autres matériaux plus discrets (290 c).

Le troisième et dernier exemple montre bien qu'Hippias ne distingue pas entre esthétique et morale : le bonheur d'une vie réussie est proposé ici (291 d-e), bien que rien n'ait exigé l'abandon du plan esthétique précédemment illustré. L'idée avancée ici par Hippias aurait pu être plus abstraite que les beautés visuelles citées auparavant ; mais cette éventualité est infirmée par l'abondance des circonstances concrètes qu'Hippias énumère [59]. Pour le lecteur, toutefois, il est facile de dégager de ce fatras le principe directeur : c'est la notion de succès sur le plan privé (longévité, santé) et sur le plan social (richesse, gloire).

Et ainsi nous retrouvons le personnage dépeint depuis le préambule : Hippias, le champion du concret, s'intéresse non aux idées, mais à la vie : ambitieux, sensuel, amoureux des ornements voyants, c'est un arriviste et un opportuniste, et il veut tirer de ce monde toutes les jouissances offertes.

A partir de là, le dialogue est conduit par Socrate, proposant et critiquant tour à tour ses propres définitions. Mais Hippias ne laisse pas d'y jouer son rôle, un peu trop complaisant nous le verrons plus loin, toujours conforme à son personnage. A un moment (294 a sq), Socrate pose un problème subtil : l' « *admirable* » a-t-il une réalité intrinsèque, ou n'est-il qu'une apparence ? telle serait notre manière de poser la question ; mais pour Socrate la première possibilité est obligatoire par définition (294 b) et la question se pose ainsi pour lui : la réalité intrinsèque de l' « *admirable* » est-elle toujours apparente ou souvent cachée ? Cette manière d'interroger oriente forcément l'enquête, et Hippias s'y laissera prendre. Mais la pensée personnelle de ce dernier est tout à fait autre que celle de Socrate : en effet la réalité et l'apparence coïncident, dit-il, dans le domaine de l' « *admirable* » (294 c). C'est une manière maladroite, faute d'un vocabulaire logique approprié [60], de proclamer la nature toute relative de l' « *admirable* », dont l'apparence, donc l'opinion ou le sentiment des témoins, est le fondement. Mais Socrate aura beau jeu de faire se contredire Hippias (en 294 d, déjà) en posant la réalité de la notion comme accompagnée ou non d'apparence, et point comme identifiée ou non à l'apparence ; Hippias ne voit pas que la prémisse est hasardeuse. Socrate, l'intellectuel, affirme le caractère absolu d'une notion qui s'y prête mal pourtant ; Hippias, l'opportuniste, entrevoit le caractère relatif de la même notion. Le parallélisme entre eux se poursuit donc.

Enfin vient le moment où Socrate examine la plus intéressante de

59. Et qui seront la pierre d'achoppement de cette nouvelle tentative.

60. Et c'est normal, si l'enseignement de Socrate marque historiquement les débuts de la réflexion logique, cf. Guthrie *Socrates*, p. 105 et N. Gulley, *The Philosophy of Socrates* (London 1968) p. 3 et sq. (notamment 17).

ses définitions : l' « *admirable* est l'utile (296 e), ou, plus précisément, le plaisir utile (303 e) ; la réfutation est la même dans les deux cas : l'utile produit un avantage (*t'agathon*), or la cause et l'effet étant distincts, l'utile n'est pas avantageux, et, d'après la définition à critiquer, l' « *admirable* » n'est pas avantageux. Socrate et Hippias s'accordent à reconnaître qu'une telle conclusion est aberrante et ruine les prémisses (297 c-d). Étrange est ce raisonnement ; en effet, si la distinction de *kalon* et d'*agathon* — d'admirable et d'avantageux — est absurde, alors il est nécessaire d'identifier au contraire ces deux notions [61]. Par leur critère, Socrate et Hippias, tous deux, reconnaissent implicitement l'identité du *kalon* et de l'*agathon*. Or, et c'est là l'étonnant, parmi le grand nombre de définitions proposées pour le *kalon*, celle-ci précisément : *kalon* égale *agathon*, n'est jamais envisagée ! Peut-être serait-ce là la solution de l'enquête consacrée au *kalon* [62] ; mais cette solution se déduirait alors si aisément du paragraphe 297 c-d qu'elle ne suffirait pas à justifier la longueur du *Grand Hippias*. Le sujet du dialogue n'est pas tellement la découverte de la nature de l' « *admirable* », mais plutôt l'attitude de deux hommes très différents à propos de l' « *admirable* ». Ces deux hommes s'entendent pour admirer l'avantageux, mais évidemment pas dans le même sens. Socrate a exprimé assez souvent ailleurs sa conviction que le *kalon*, comme l'*agathon*, consistent pour chacun en l'amélioration de sa personne morale (cf. *Alcibiade* I 116 c - *Gorgias* 447 c - *Apologie* 29 b, par exemple). Parmi ses adversaires, par contre, une certaine hésitation [63] règne, et leur diversité est particulièrement mise en relief dans le *Gorgias* [64] : là Polos (comme, ailleurs, Alcibiade) distingue l'*agathon*, matériellement avantageux, du *kalon*, généreux et désintéressé (474 c-d) ; en effet, on « admire » volontiers la difficulté d'un tel oubli de soi. Et, par contre, Calliclès affirme véhémentement l'identité du *kalon* et de *l'agathon* (et de leurs contraires) (483 a) sur le plan du succès matériel ; en effet l'on « admire » volontiers aussi la difficulté d'accéder aux plus hautes réalisations.

Et ainsi Calliclès, le plus vigoureux des adversaires de Socrate, est doctrinalement tout proche d'Hippias, parenté soulignée par la grande ressemblance entre certains morceaux d'éloquence du *Gorgias* et du *Grand Hippias* : Calliclès dans l'un (486 a-d), Hippias plus sèchement dans l'autre (304 a-b), menacent plus ou moins clairement le philosophe abstrait Socrate d'être accablé par l'épreuve des faits, à savoir un procès où le ratiocineur

61. Et de les identifier complètement, car autrement la défense de la définition envisagée aurait été facile : cause et effet sont distincts, mais proches et reliés ; *kalon* et *agathon* sont distincts, d'où la différence de dénomination, mais apparentés. D'ailleurs Socrate est en général moins subtil, et appelle « *agatha* » : les avantages, et ce qui les produit.

62. Nous savons que Socrate identifie toujours ailleurs le *kalon* à l'*agathon*. Il est bien logique de le faire, si l'on pense que le *kalon* a une réalité propre et indépendante des jugements d'autrui, ces caractéristiques étant par définition celles de l'*agathon* ; or telle est bien ici la position socratique (249 b). Mais, là, nous sortons du cadre d'une étude des interlocuteurs de Socrate.

63. Quant au *kalon* ; car, pour l'*agathon*, ils s'accordent à le placer dans les avantages matériels, physiques ou sociaux ; cf. chapitre I.

64. Cf. chapitre II.

éprouverait un échec, cruel pour lui-même et les siens, et ridicule aux yeux des siens[65].

Ainsi l'accord formel sur l'identité du *kalon* et de l'*agathon* masque un antagonisme fondamental. Avec Polos ou Alcibiade, Socrate trouve rapidement un terrain d'entente, à partir de leur accord sur la valeur spirituelle du *kalon.* Entre Calliclès ou Hippias, et Socrate, l'abîme reste infranchissable. Et pourtant, pour Calliclès on pouvait croire un instant qu'un pont serait jeté sur cet abîme : en 513 c, Calliclès a murmuré :

> « *Je ne sais comment cela se fait, Socrate : il me semble que tu as raison...* »,

et Socrate éprouvait bien quelque espoir de ce genre, car, au lieu de répondre aux menaces, comme avec Hippias, par un « Brisons-là » ironique, il entraîne Calliclès dans une interminable et orageuse discussion. C'est que, d'accord dans leurs idées, Hippias et Calliclès diffèrent par leur tempérament. Le dernier est un passionné qui ne prend pas les choses à la légère : il s'inquiète du sérieux de Socrate (481 b), craignant de devoir se conformer à ce qui paraît une absurdité (481 c) ; surtout il participe au dialogue, avec fougue d'abord, puis avec dégoût, jamais avec indifférence : bien après qu'il a prétendu se retirer de la discussion (506 c), il avoue être touché (513 a) ! Aussi dans une certaine mesure, Socrate a prise sur lui. Hippias est au contraire inerte. N'aspirant même pas à une pensée qui lui soit propre, il se réfugie à tout instant derrière l'autorité de l'opinion générale (288 a, 290 a, et *passim*)[66]. Le pis est qu'il ne prend aucun intérêt à la discussion en tant que telle. Dès le préambule, il avait approuvé Socrate, dont les conclusions lui étaient favorables (285 b) : singulier argument ! Examinant la notion d' « *admirable* », il procède de même : « *réponds comme tu veux* », conseille-t-il à Socrate (291 c) ; pire, en 298 b, il s'estime satisfait d'une hypothèse dont le défaut lui a été montré, parce que vraisemblablement le public s'en satisfera aussi ! Remarquable encore est la complaisance avec laquelle il suit Socrate le long des méandres les plus imprévus de sa pensée : « *Je le crois aussi, Socrate, puisque tu le penses toi-même* » dit-il en 292 b, en contradiction avec une opinion de 291 e, ou encore en 298 c, même jeu : « *Il me le semble à moi aussi, puisque tu le dis...* ». Sauf à la dernière page du dialogue, où apparemment la coupe déborde, c'est trop de bonne grâce, et la raison en est qu'Hippias n'a aucun souci de la vérité, laquelle n'est d'ailleurs pas souvent l'amie du succès ; or Hippias cherche le succès.

Bref, sur tous les plans, doctrine, caractère, carrière, Hippias est l'antithèse de Socrate. Ce qui explique la malveillance déployée par Platon dans la peinture du personnage[67].

65. Autrement dit : *kakon* et *aiskhron* !

66. Polos commettait la même erreur : il est significatif que Socrate ait pris la peine de lui donner une leçon de méthode (*Gorgias* 471 e, 472 a). Ici, il écarte cette autorité d'une plaisanterie, sans y accorder d'importance.

67. Malgré l'indifférence polie prêtée à celui-ci dans le déroulement de l'entretien, Platon lui a peut-être attribué aussi une hargne symétrique à l'égard de Socrate : l'homme

Inepte, ou de mauvaise foi, tel est l'Hippias des deux dialogues de Platon. Ceci a-t-il quelque conformité avec le caractère du véritable Hippias ? On en pourrait douter, vu la différence entre les deux peintures. Platon a certes mentionné bien des traits confirmés par ailleurs : à en croire les fragments réunis par Diels et Kranz, Hippias a été vraiment un esprit superficiel, incapable de critique historique[68], un compilateur sans originalité[69], un passionné de menus détails philologiques[70] ; superficiel, érudit, et artisan, en voilà sans doute assez pour être profondément étranger, déplaisant, dans le cercle socratique[71]. Ceci expliquerait-il quelques infidélités du portrait au modèle ? Platon s'est moqué d'Hippias quand il lui fait reconnaître à la loi une autorité trop grande (*Petit Hippias* 372 a) ou, au contraire, quand il lui fait dédaigner la loi qui lèserait ses intérêts (*Grand Hippias* 285 b). En fait, Hippias, à en croire divers documents[72] aurait eu assez piètre opinion de la loi, relative et imparfaite, et cela, à la suite de réflexions qui n'ont rien d'intéressé. Mais, semble-t-il, Platon n'aurait guère eu scrupule à faire jouer un vilain rôle à un personnage aussi éloigné de ses propres conceptions. Du moins a-t-il avili le caractère d'Hippias, mais non ses principes moraux[73] (cf. *Petit Hippias* 272 a, et *Grand Hippias* 296 c-d) ; 303 e). Il reste cette leçon : le bon sens moral ne suffit pas à comprendre les problèmes moraux.

LE *CHARMIDE*

Le texte.

Tout, dans le *Charmide,* baigne en une atmosphère typiquement grecque, depuis la description fort « couleur locale » de la palestre où s'empressent les jeunes gens et leurs amoureux, jusqu'à la notion même à examiner, cette *sôphrosunê* dont il est difficile de trouver un équivalent satisfaisant en aucune langue. Platon lui-même, malgré le peu de recul qu'il pouvait avoir vis-à-vis des réalités grecques, a souligné le fait : Socrate invite Charmide à définir la *sôphrosunê, « puisqu'il sait le grec »*

grotesque amélioré par un manteau et des chaussures convenables, en 294 a, ne serait-il pas Socrate, s'il consentait à s'attifer correctement ?

Socrate n'a aucune influence sur un interlocuteur aussi imperméable ; il n'a pas « prise » sur lui, au sens où Péguy parlera de la « prise », de la « mouillature », de la Grâce sur l'âme. *(Note conjointe sur M. Descartes).*

68. *Op. cit.,* tome II, p. 330 - B 3.
69. *Op. cit.,* p. 331 - B 6.
70. *Ibid.* B 9.
71. Cf. chapitre I, p. 29-32.
72. Dans D. K. *op. cit.* (tome II, p. 332), Hippias reproche à la loi d'ignorer les méfaits de la calomnie. Dans les *Mémorables* (IV - IV) de Xénophon est souligné par Hippias le caractère relatif des lois. Platon lui-même, dans le *Protagoras* (337 c sq.), fait dire à Hippias combien la nature est plus juste et plus humaine que la loi.
73. Cf. Guthrie, *The Sophists* p. 284, citant Grote (*History,* 1888, VII 63).

(159 a). Vu le très jeune âge [74] de l'interlocuteur, les réponses seront forcément conformes à l'usage courant dans son milieu ; Charmide ne donne en effet aucun signe d'originalité ; ses définitions ne lui tiennent guère à cœur car il ne fait nul effort pour les défendre contre les réfutations pourtant faibles de Socrate [75]. Visiblement, le début du dialogue, mené sans profondeur avec un enfant, a pour rôle de proposer et repousser dès l'abord les aspects trop superficiels d'une notion importante ; les définitions de Charmide, conformes à l'usage de la langue, étaient plus

74. Il ne faut pas se représenter Charmide comme un adolescent ainsi qu'on le dit trop vite. (Édition Garnier-Flammarion, Paris 1967, « *Premiers dialogues* » ; introduction d'Emile Chambry p. 267 : « [Charmide] est dépeint au moment plein de promesses où il arrive à l'adolescence ». Collection des Universités de France, Paris 1936, tome II, p. 47 ; introduction d'Alfred Croiset : « [Charmide] est un tout jeune homme ». Voir aussi les traductions). Il faut se le représenter comme un enfant. Le grec le désigne comme *meirakion* (154 b), comme *néaniskos* (154 d), ou même *néanias* (155 a) sans suffixe diminutif, comme un de ceux *en tê hêlikia* (154 b) ; mais pour traduire correctement ces expressions traditionnellement rendues par « jeune » ou « jeunesse », il faut regarder leur contexte : Platon ne l'appelle-t-il pas aussi *anêr* (154 d), à ne pas traduire par « homme » ? Or nous allons voir Charmide proposer des définitions de la « sagesse », correctes sans doute du point de vue de l'usage grec du mot (cf. Collection des Universités de France, A. Croiset, *ibid.*, p. 48), mais terriblement partielles et superficielles : le calme, la pudeur. Contrairement à Alcibiade qui aborde la vie politique et doit avoir de dix-huit à vingt ans, il se retire de la discussion dès qu'elle s'élève à un minimum de subtilité. D'ailleurs le texte est clair : non seulement Socrate lui oppose des arguments extrêmement simples, mais il s'attache à se mettre à sa portée par les exemples qu'il choisit et qui sont souvent empruntés à l'expérience scolaire de Charmide : « *Quand il s'agit de comprendre ce qu'on dit, chez le maître d'écriture, ou chez celui de cithare, ou partout ailleurs, le mieux est d'être le plus rapide et non le plus lent ?* (160 a) ; et c'est une expérience non récente, mais actuelle, comme le montre le passage suivant : « *Il semble que le maître d'écriture vous instruit, vous les enfants* (humas tous paidas) » (161 d). Si long que soit le temps pris dans l'Antiquité pour apprendre à lire et à écrire (cf. H. I. Marrou, *Histoire de l'Éducation dans l'Antiquité*, Paris 1965, p. 229-242) il est difficile d'imaginer ces fortes études occupant les élèves jusqu'à l'adolescence ! Par contre, si l'on estime le petit Charmide âgé de dix à treize ans, tous les éléments s'ordonnent fort bien. Socrate, qui l'a connu trois ans plus tôt avant le siège de Potidée, « *tout à fait estimable même alors* » (154 b), évoque un bambin de sept à dix ans doté d'assez de personnalité pour promettre beaucoup, mais encore trop petit pour être pleinement un être humain. Entré dans l' « âge » — *en hélikia* — il commence tout juste à être quelqu'un avec qui l'on peut parler. Remarquons encore que la description de sa beauté est bien abstraite, sans allusion à l'apparition de la première barbe, précoce pourtant, qui donne tant de grâce au jeune Alcibiade (*Protagoras* 309 a). Si Charmide a de dix à treize ans en 429 après Potidée, il devrait mourir, en 404 ou 403, entre 35 et 39 ans, ayant eu le temps d'accomplir sa carrière politique.

75. La première définition de Charmide identifie la *sôphrosunê* au calme ; la lenteur, rétorque Socrate, est souvent due à l'impuissance et présente des défauts inconciliables avec l'excellence de la *sôphrosunê* (160 d). Mais la lenteur embarrassée doit-elle se confondre avec le calme ?

A sa seconde tentative, Charmide assimile la *sôphrosunê* cette fois au sentiment de la honte. Socrate le réfute par un vers d'Homère qui critique ledit sentiment, alors que la *sôphrosunê* n'est point critiquable (161 a). Ce n'est pas l'utilisation d'Homère comme « un oracle infaillible » qui demanderait à être elle-même réfutée (ainsi le voudrait E. Chambry — introduction chez Garnier-Flammarion, p. 267) car il suffit que soit blâmé le sentiment indiqué par Charmide pour que devienne impossible son assimilation avec la *sôphrosunê*. Mais il reste que le vers cité ici substitue, étant donné son contexte, le sens restreint de timidité, ou respect des convenances, à la notion de dignité morale envisagée par Charmide. En restreignant le sens du mot, Socrate commet un faux sens qui serait aisé à rectifier.

défendables que Platon n'en donne l'impression, mais elles sont négligées, sans doute parce qu'elles s'appliquent à l'attitude digne du *sôphrôn,* plutôt qu'à l'essence propre de sa vertu. Avec Critias, le fond du problème va être abordé. Néanmoins, avec Charmide déjà, la gravité de la question est notée, comme en passant : l'un et l'autre interlocuteur accordent en effet comme préalable à tout examen, sans hésitation, que la *sôphrosunê* est *kalê* (159 c) et *agathê* (160 e). La méthode est contestable en saine logique, car peut-on poser en prémisse l'excellence d'une réalité encore non définie ? on s'attendrait plutôt à voir le jugement de valeur suivre la définition ! Il ne s'agit donc pas d'une recherche scientifique, mais d'un effort de précision pour éclairer un élément connu du vocabulaire ; et ceci nous ramène au sentiment du grec, indispensable pour cerner la notion de *sôphrosunê*[76]. La nécessité de cette compréhension linguistique est rendue évidente dans le dialogue plus sérieux entre Socrate et Critias : la lecture de ce dialogue traduit en français laisse un malaise extrême, car les interlocuteurs y semblent sauter du coq à l'âne, proposant et accordant des définitions tout à fait étrangères les unes aux autres, là où il faudrait de simples modifications pour préciser et éviter des équivoques. A en croire Léon Robin par exemple, dans la traduction de la Pléiade, Critias suggère successivement, pour définir la *sôphrosunê* :

> « *Agir dans les choses qui sont les nôtres* » (162 d) ;
> « *l'activité qui s'applique à des choses bonnes* » (163 e) ;
> « *se connaître soi-même* » (165 b),

enfin, la *sôphrosunê* serait

> « *un savoir, aussi bien d'elle-même que des autres savoirs* » (166 e).

Quelle incohérence, et comme il serait facile de penser que Critias justifie ceux qui le classent parmi les sophistes[77] (car il dit n'importe quoi plutôt que de rester court) et qu'en le laissant faire Socrate marque la frivolité de la discussion ! Mais s'il n'y a là qu'une parade destinée à laisser Critias sauver la face, quel en est l'intérêt ?

Cependant nous avons supposé qu'*agathon* qualifie toute réalité avantageuse pour le sujet. Alors la première définition de Critias, « *Agir dans les choses qui sont les nôtres* », légèrement ambiguë (car « *agir* » et « *choses* » peuvent évoquer la vie concrète, la fabrication et la propriété comme en 162 e et sq.), demeure inchangée mais précisée, quand elle devient « *l'activité qui s'applique à des* agatha » c'est-à-dire à des choses avantageuses ; nous ne sommes pas loin du point de départ, et Socrate ne souligne pas un ridicule, en disant

76. Dans un cas analogue, celui du courage selon le *Lachès*, V. Goldschmidt (*Les Dialogues de Platon*, p. 48-49) justifie le préjugé admiratif, et l'appelle « exigence essentielle ». Il faut souligner que cette exigence est « essentielle » pour des Grecs, pas forcément pour d'autres ; cf. p. 288, n. 1.

77. Ainsi Diels-Kranz dans leur recueil de textes sophistiques, et Guthrie dans *The Sophists*.

> « *Les choses qui nous sont propres, les choses qui sont nôtres, ce sont, dans ta terminologie, celles qui sont bonnes* (agatha) » (163 d)[78] ;

simplement Critias et Socrate conviennent d'une « *terminologie* » où « *nôtre* » et « *propre* » désignent l'intérêt final et non la propriété actuelle.

Le passage à la définition suivante, « *Se connaître soi-même* », est tout naturel[79], l'avantageux nécessitant, pour être réalisé, la connaissance des besoins de l'intéressé ! Seule ajoute quelque chose aux notions déjà débattues, l'exigence de connaissance, la réalisation de l'avantageux étant apparemment sans valeur si elle n'est pas consciente et volontaire[80]. Cette fois-ci cependant la définition de la *sôphrosunê* a été modifiée, Critias en convient :

> « *Je rougirais moins d'avouer que je n'ai pas bien parlé tout à l'heure, plutôt que d'accorder* [*tel point*] » (164 d),

mais il ne s'agit pas de remplacer la notion précédente par une tout autre, il s'agit de déplacer la *sôphrosunê* du plan de l'action à celui de la connaissance, en restant toujours dans le domaine du « *nôtre* » et de l'avantageux. Aussi bien Critias ne renie-t-il pas entièrement sa définition précédente :

> « *Peut-être avais-tu raison sur certains points, peut-être était-ce moi, en tout cas rien n'était tout à fait clair dans nos propos.* » (165 a-b) ;

on est donc toujours à la recherche d'une précision plus grande.

L'équivalence d'*agathon* et d' « avantageux » supprime l'aspect incohérent, et même extravagant que prend le dialogue traduit. Mais même ainsi, il reste que le *Charmide* est bien déconcertant ; le problème le plus irritant est sans doute d'y voir Socrate tourner en ridicule cette hypothèse : le sage doit reconnaître ses propres ignorances (169 e sq.)[81], comme si le Socrate du *Charmide* devait tourner en ridicule le Socrate de l'*Apologie*. Grote[82] essaie d'aplanir la difficulté en rappelant que chaque

78. Cette traduction, de Léon Robin, évoque presque la « Grâce suffisante qui ne suffit pas » de la *Deuxième Provinciale*. L'analogie avec Pascal est rendue plus frappante encore par la suite du paragraphe de Platon, où Socrate, comme Pascal, affirme la liberté des définitions, mais le danger des équivoques. Mais là où, à juste titre, Pascal voyait un scandale logique et moral, Socrate passe benoîtement, sans doute parce que l'équivoque de Critias n'est pas grave, et le changement de terme représente seulement un léger resserrement de sens.

79. V. Goldschmidt (*Les Dialogues de Platon*, Paris 1947, p. 36) nous semble accorder un peu trop d'importance à cette « première aporie ».

80. Ceci se justifie facilement par une argumentation tacite du genre de celle du *Petit Hippias* 367 a : les succès involontaires, si bons soient-ils, sont rares ; on ne peut compter les réobtenir au besoin. Voir aussi *Ménon* 98 a.

81. Et d'ailleurs il joue ici même son rôle habituel de sage ignorant, qui examine le savoir d'autrui, en 165 b.

82. *Op. cit.*, tome II, p. 168.

dialogue forme un tout, que leurs divergences ne sont pas des contradictions logiques, mais les aspects différents d'une vérité à examiner sous toutes ses facettes avant de la connaître. Toutefois il est difficile d'admettre que Socrate, dans le *Charmide,* puisse sérieusement nier la valeur d'une vertu par laquelle il justifie le dieu de Delphes dans l'*Apologie*[83], et à laquelle il sacrifie sa vie ; il y a là plus grave que le heurt de deux hypothèses complémentaires et provisoires. De façon générale, dans le *Charmide,* on saisit mal où est le cœur du problème : une définition sans cesse remaniée, mais jamais réfutée dans son fond, est examinée sous toutes ses faces, sans qu'aucun conflit sérieux éclate entre les partenaires sur des questions fondamentales. Critias présente toujours la *sôphrosunê* comme la recherche de son propre avantage, et Socrate n'y voit sûrement rien à redire ; le désaccord n'éclate jamais que pour des questions de méthode. Si la science de l'*agathon* et du *kakon* (174 b) est nécessaire au bonheur, comme il le semble à la fin de l'enquête, pourquoi ne pas envisager qu'elle soit un autre nom de la *sôphrosunê* ? Enfin pourquoi ces digressions oiseuses, comme celle de Critias sur l'inscription de Delphes (164 d - 165 a), avec ses distinctions surprenantes entre « *sois* sôphron » (en d'autres termes « *connais ton propre avantage* ») et « *sois heureux* » ! ou entre salut en forme d'impératif, et conseil ? Pourquoi encore les trop fines démarcations, établies par Socrate, de la médecine comme médecine à la médecine comme science (170 e) ? On a l'impression que Platon a accumulé dans certaines pages du *Charmide* plus de paroles que de pensée. Ceci rejoint un problème plus historique, celui de la personnalité de Critias, ce futur tyran abominable, mais parent de l'auteur, dont on[84] s'étonne que, grâce à ce cousinage peut-être, Platon l'ait si bien traité ; à souligner de plus, que Critias, bien que non professionnel, a été rangé parmi les sophistes (ces adversaires traditionnels du socratisme, d'après Platon). De fait Critias a été traité ici en sophiste et cela rend compte de bien des choses.

La caractéristique constante du personnage, au cours du dialogue, est son obstination à sauver la face par tous les moyens, sans jamais pénétrer au cœur du problème. Son désir de toujours dire ce qui le fera le mieux juger, pour sa noblesse de vue, ou pour son habileté dialectique, l'entraîne régulièrement à prononcer des paroles étrangères à sa vraie pensée (s'il en a une) et à se contredire à bref délai. Superficiel et incohérent, Critias est un interlocuteur peu apte à une enquête approfondie.

Le prologue déjà, comme en passant, nous révèle l'opportunisme des réactions de Critias à propos d'une question importante et banale à la fois, celle de la primauté de l'âme ou du corps : en 154 d, il fait l'éloge de la grande beauté physique de Charmide ; plein de son sujet, il est pris de court par la remarque de Socrate : « *Charmide est sans*

83. Si Socrate ne connaissait pas ses ignorances, Apollon aurait menti dans son oracle (*Apologie* 21 b et sq.).

84. Par exemple Emile Chambry, dans son introduction à *Charmide,* p. 270, Garnier-Flammarion, Paris 1967.

pareil, si un petit quelque chose s'y ajoute encore », et son « *quoi* » ? laisse entrevoir un instant de désarroi, l'idée de la beauté mentale ou morale ne l'effleurant pas. Mais l'explication de Socrate porte ses fruits, et il saisit en 157 c l'occasion de se faire valoir :

> « *Son mal de tête aura été une aubaine pour ce garçon, s'il doit guérir sa pensée avec sa tête.* »

Si la douleur physique est avantageusement compensée par les progrès de l'esprit, c'est que l'esprit vaut plus que le corps, idée noble probablement aux yeux de Critias, mais qui ne correspond sans doute pas à sa conviction intime. Cette présentation de Critias nous prépare à retrouver chez lui dans la discussion une tendance au cabotinage, tendance soulignée à plusieurs endroits du texte, et parfois explicitée par le narrateur Socrate. En 161 c, Critias a le front de renier la paternité d'une définition suggérée par Charmide et qui, la suite le prouve, vient bien de lui [85]. Pourquoi cette feinte ? Peut-être est-ce une manière de plaisanterie, peut-être la crainte de se voir trahi par les forces de l'apprenti dialecticien, plus probablement c'est le désir de laisser Charmide s'embrouiller sans intervenir afin de briller lui-même par contraste quand il entrera en lice ; cette entrée en lice est significativement dépeinte par Socrate comme celle d'un homme plein d'agitation et brûlant du désir de se faire applaudir (162 b). Et le voilà qui entreprend de défendre la doctrine examinée comme un « *acteur* » (ce que Charmide n'avait pas su faire, en 162 d) c'est-à-dire avec moins de curiosité honnête que de désir de jeter de la poudre aux yeux [86]. Et en effet, en 164 d, nous le voyons avec adresse retourner à son avantage une situation délicate : « *J'aurais moins honte d'avouer mon erreur, que de convenir de ceci* » dit-il, refusant le rôle ridicule de l'obstiné, et masquant l'échec de sa position précédente sous les traits flatteurs de l'honnêteté intellectuelle. Ce jeu est rendu plus habile encore par le flot de paroles bien peu substantielles [87] à propos de l'oracle de Delphes et destiné sans doute à faire oublier ce qui reste fâcheux dans la modification de sa définition. En 169 c, derechef, Critias couvre son embarras par un bavardage dont Socrate ne juge même pas utile de nous révéler la teneur, mais qu'il explique par le besoin de « *soutenir sa réputation* ».

Rien d'étonnant dans ces conditions que la part prise par Critias à la recherche philosophique ne soit pas constructive ! Ce n'est pas que l'esprit lui manque, et plus d'une fois ses remarques auraient pu être pertinentes. Par exemple en 165 e, il estime incorrecte une question de Socrate, et il lui objecte que les sciences et les artisanats n'ont pas à être considérés de la même manière, mais il n'en tire pas les conséquences qui le sauveraient ; il ne songe pas à contester les arguments de Socrate, pour qui le pair et l'impair sont dans le même rapport avec

85. A tout le moins, elle est approuvée par lui (162 e).
86. Ce n'est pas par hasard que le dialogue a lieu parmi la foule d'une palestre.
87. Cf. p. 102.

la mathématique que la toile avec le tissage ! et il se réfugie dans une objection plus générale encore, en 166 b, et très défendable : le raisonnement par analogie n'est pas concluant, et les différences, même — le cas échéant — entre une réalité isolée et tout le reste du monde, doivent être admises. A cela Socrate répond lui aussi de façon plutôt captieuse : il se défend sur ses intentions, non sur sa méthode (166 c-d-e), et sans désemparer — sauf à occuper quelques minutes pour détourner l'attention en reformulant la théorie de Critias (167 a-b) — il réutilise cette méthode analogique (167 c sq.) :

> « *Je crois que, si tu examines notre idée dans d'autres domaines, tu la trouveras impossible* »,

et Critias ne proteste déjà plus ! Enfin, en 169 a, Socrate conclut qu'une induction rigoureuse par revue complète est pratiquement impossible, et réserve prudemment son jugement, mais il penche tout de même pour croire à la justesse de l'analogie. Quant à Critias, tout désorienté, il en oublie de justifier positivement sa déclaration qu'il existe une science pas comme les autres (169 c). Il y a mieux, quand sa propre cause peut s'en prévaloir, il n'hésite pas l'étayer des analogies les plus imprévues : en 169 e, il induit :

> « *Avec la rapidité on est rapide, beau avec la beauté, savant avec la science, avec la science d'elle-même on est savant de soi-même !* »

Il est normal que cette manière incohérente de raisonnement se fonde aussi sur des arguments de bas étage, du genre : « *Et toi, mon ami, ce n'est pas ton avis* ? » (163 e) ce qui nous apprend entre autres choses que Critias ne se pique pas trop d'originalité, et par suite ne songe guère à affûter des arguments décisifs.

Critias n'apporte aucun élément constructif dans une discussion aussi mal conduite ; peu original, il se fonde sur des idées très répandues dans son milieu : le caractère honteux du travail salarié, artisanat ou commerce (163 b) [88], l'identité du bien (en tant que critère d'excellence) et de l'avantageux (*passim*) [89], la nécessité d'une réflexion rationnelle dans la vie morale (164 d et sq.) [90], telles sont, en général, les prémisses des *Dialogues* platoniciens et vraisemblablement les prémisses de toutes les discussions autour de Socrate ; et Socrate s'en fait souvent lui-même le porte-parole.

Il n'est donc pas étonnant de voir Critias soutenir des opinions attribuées ailleurs plus spécialement à Socrate, mais qui n'étaient peut-être pas non plus d'une extrême originalité : qu'il est nécessaire de connaître la limite de son savoir et de ses ignorances (167 a), que la science est la condition nécessaire et suffisante du bonheur (173 d)...

88. Cf. chapitre I, p. 29-32.
89. Cf. chapitre I, p. 21-23.
90. Cf. chapitre I, p. 27-28.

Quant à la suprématie sur toutes les sciences de la science du Bien et du Mal, Platon semble en avoir refusé l'invention à Critias dans la bouche de qui il la place pourtant (174 b) ! C'est que Critias, s'il avait eu cette idée comme une intuition de génie, aurait pu s'en aviser plus tôt : dès 164 c, la notion s'en imposait, pour définir le travailleur *sôphrôn* qui, non seulement sait ce qu'il fait, mais encore quand et pourquoi il faut le faire ; en 164 b-c encore, Critias aurait été fondé à résoudre le problème de la connaissance consciente de l'avantageux (cf. 163 c-d) en introduisant cette science toute spéciale [91] et tout avantageuse [92] ; c'eût été une solution autrement naturelle que l'étrange « *science des sciences* » imaginée par lui ! En 173 d, à nouveau, cette solution s'impose presque, pour éclairer le lien entre science et bonheur. Et si, en 174 b, Critias y vient enfin, il faut moins lui en savoir gré, que s'étonner des longs détours du questionnaire de Socrate avant que Critias ait pris conscience de ce qu'il avait à dire. Visiblement Critias n'y est venu que parce que Socrate l'y a mené. Mais d'autre part, pour utiliser une image différente, platonique cette fois, si Socrate a fait « accoucher » Critias de la formule voulue, c'est que l'idée existait en Critias, vague et inconsciente. Le mérite de Socrate n'est pas d'avoir inventé la notion de « *science du bien et du mal* », mais d'en avoir fait un usage réfléchi et systématique.

Néanmoins, si près d'avoir touché au but en formulant la grande idée du dialogue, Critias n'en prend pas conscience, et ne songe pas à rectifier en conséquence sa définition préalable de la *sôphrosunê*, aussi la discussion s'arrête-t-elle là dans une impasse (174 e - 175 a). De fait, tout le *Charmide* semble avoir tourné à vide : à aucun moment une opposition nette ne se dessine entre les interlocuteurs, et pourtant aucun accord ferme ne permet de fonder une conclusion. Le débat semble porter sur les mots, avec une mauvaise foi égale de part et d'autre [93]. Pour finir, Socrate dévoile son jeu en récapitulant tous les moments où le dialogue a été conduit contrairement aux règles (175 b-d).

C'est que, s'il est une sorte de double de Socrate sur le plan des habitudes de pensée, Critias est l'opposé de Socrate sur le plan du caractère : insoucieux de la vérité, incapable de dialoguer, modifiant sans cesse ses propos pour les besoins, non de la cause, mais de sa réputation, cet interlocuteur élusif n'offre aucune prise à la dialectique et voue

91. Cf. analyse du *Petit Hippias.*

92. Cf. 174 a-b où la science du bien et du mal est introduite comme science du bonheur.

93. Pour Critias, cf. 164 d-165 a ; 169 c ; 169 e... ; pour Socrate cf. 166 c-d. C'est ainsi, pensons-nous, que Socrate en arrive à attaquer l'image qu'il trace de lui-même dans l'*Apologie* (167 a et sq).

Selon Léon Robin (*Platon,* p. 50-52), la réfutation de Critias par Socrate est à prendre ici avec le plus grand sérieux : elle reflète le heurt entre la conception sophistique, commune d'ailleurs à Critias et à Protagoras, d'un savoir *formel,* et la conception platonicienne d'un savoir objectif. Mais Léon Robin ne relève pas la contradiction entre le *Charmide* et l'*Apologie.* Plus satisfaisante par rapport au contexte est l'interprétation de O'Brien (*op. cit.,* p. 123-124) : Platon met en scène ici le contraste entre la *sôphrosunê* réellement vécue par Socrate, dans le *Charmide* comme dans l'*Apologie* et comme ailleurs, et la *sôphrosunê* sottement conceptualisée par l'intellectuel prétentieux qu'est Critias.

à l'échec un dialogue dont Socrate préfère saborder les trouvailles les meilleures. Comme Hippias dans le *Grand Hippias,* Critias nous offre l'image du sophiste superficiel, préoccupé des apparences ; mais il y a une différence : le technicien, le salarié Hippias, ressort à un autre monde que celui où Socrate évolue, et le dialogue entre eux se transforme en querelle [94] ; avec Critias, aristocrate athénien, les heurts n'ont pas l'occasion de naître, l'entretien garde un ton feutré [95]. Dans les deux cas, cependant, les vrais problèmes ne peuvent être approfondis.

Au contraire, avec les esprits sérieux, dociles ou rebelles, la dialectique est possible : Lysis, Alcibiade, Criton, jeunes ou vieux, font figure de disciples, et apprennent quelque chose, ne seraient-ce que des doutes bien placés et de nouveaux problèmes à envisager ; Protagoras, Calliclès ou Thrasymaque sont des adversaires, courtois ou emportés, mais toujours sincères, touchés par ce dont ils parlent ; avec eux le dialogue peut cerner les vraies questions, et s'il éclate une querelle, c'est elle qui débouchera sur des considérations enrichissantes [96].

***

Aspects de l'intellectualisme moral.

Le *Charmide* nous offre plusieurs exemples, explicites et implicites, de l'intellectualisme propre à la morale grecque. Dans le prologue déjà, avant tout examen méthodique, le jeune Charmide est invité à donner son avis sur la *sôphrosunê,* parce qu'il est supposé être *sôphrôn* lui-même ; autrement dit, la supposition initiale de la recherche est qu'un trait de caractère est toujours accompagné de la connaissance de ce trait de caractère chez son possesseur. Là-dessus tout le monde s'accorde comme sur une évidence. A. E. Taylor [97] tente de minimiser ce principe psychologique en ces termes :

> « Cela ne veut pas dire, bien sûr, que l'homme doué d'un certain caractère doive en avoir une « idée claire et distincte », mais seulement qu'il doit le connaître d'une manière ou d'une autre : ce qu'on en dit aura un sens pour lui ; exactement comme toute personne capable de voir et d'entendre comprendra quelque chose à des propos sur la vue ou l'ouïe, propos qui seraient dénués de sens pour des êtres nés aveugles ou sourds. »

94. Si querelle il y a, notons qu'elle est toujours unilatéralement le fait de l'interlocuteur de Socrate.

95. D'où l'accusation faite à Platon d'avoir donné à son cousin un trop beau rôle.

96. C'est manifeste dans le *Gorgias,* où les sarcasmes de Calliclès, de 484 c à 486 d, précèdent la discussion, la plus approfondie dans les dialogues de jeunesse, au sujet des questions les plus graves — la hiérarchie des valeurs, le sens de la vie — et aboutissent à la seule profession de foi de Socrate, en 523 a - 527 e.

Au contraire, l'algarade d'Hippias (*Grand Hippias* 304 a-b) clôt le dialogue, quoiqu'elle dise à peu près la même chose que celle de Calliclès.

97. *Op. cit.,* p. 50.

Mais l'explication est peu convaincante, car on ne demande pas à Charmide de suivre et de comprendre un exposé fait par autrui, comme un voyant peut comprendre l'explication de la vue donnée par un physiologiste ou par un psychologue, mais on lui demande de proposer lui-même ses opinions sur son caractère, ce qui demande bel et bien une « idée claire et distincte ».

Si Charmide se révèle en fait dépourvu d'idée précise sur la *sôphrosunê,* et si la fin du dialogue laisse d'autre part planer un doute sur la présence de cette vertu en Charmide [98] (176 a), ces deux traits s'accordent bien.

Entré en lice, Critias dit à son tour que la vertu, plus spécialement la *sôphrosunê,* est toujours consciente (164 d). Ce n'est plus dit en passant, comme tout à l'heure (158 e), c'est ici affirmé avec force ; mais, comme tout à l'heure, il s'agit d'une évidence qui n'a pas à être prouvée, et servira au contraire de prémisse ; d'ailleurs, Critias étant un beau-parleur dépourvu d'originalité [99], son hypothèse doit être considérée comme l'expression de l'opinion générale. Enfin Critias, en 173 d, s'élève du plan de la description psychologique à celui de l'exhortation morale, et il soutient que la connaissance est la condition nécessaire et suffisante [1] pour vivre heureux. Or nous avons vu [2] que le bonheur est malgré les divergences quant à sa nature, considéré par tous, chez Platon, comme le plus haut accomplissement de la vertu. La vie morale grecque est donc essentiellement faite de connaissance lucide ; cet « intellectualisme », communément traité de « paradoxe socratique », dépeint en fait tout un milieu [3].

Les conséquences particulières, la définition de chaque vertu, sont importantes, et c'est dans le *Charmide* encore que nous en voyons l'illustration la plus curieuse. La vertu considérée dans ce dialogue, la *sôphrosunê,* correspond à la sagesse par sa place dans l'échelle des valeurs : en effet la *sôphrosunê* est toujours bonne (161 a ; 169 b), à la différence de la science [4], de la justice [5], de la tempérance [6], etc. Et, en français, le mot « sagesse » a ce caractère toujours laudatif. Mais quant au contenu, le mot grec est plus précis, et correspond à une réserve, une retenue, qui, selon les cas, sera rendue par « pondération » (cf.

98. Et l'Histoire, qui nous révèle les vices de Charmide, ne résout-elle pas ce doute par la négative ?

Platon n'a peut-être pas eu la faiblesse de donner pour type de *sôphrôn* son oncle si peu recommandable !

99. Cf. p. 102 sq.

1. *Télos.*

2. Cf. fin du chapitre II.

3. Ne déborde-t-il pas le milieu proprement socratique ? Dans *Oedipe-Roi,* Sophocle semble établir le même rapport que les intellectualistes entre la faute tragique, génératrice de souffrance, et l'erreur aggravée par la précipitation.

4. Cf. *Alcibiade II* 143 c.

5. Cf. *République I* 343 d. Cf. aussi l'adage goethéen : « Une injustice vaut mieux qu'un désordre ».

6. Cf. *Gorgias* 491 e-492 b ; Calliclès y utilise le mot *sôphrosunê,* mais dans le sens très restreint d'antonyme d'*akolasia.*

la première définition de Charmide), « pudeur » (cf. la seconde définition de Charmide) ; même la troisième définition de Charmide, celle attribuée à Critias, avant les précisions qui mettront l'accent sur le « bien », implique que le *sôphrôn* a le sens de ses limites, car « *faire ses propres affaires* », c'est aussi savoir où commencent celles d'autrui. De plus, nous savons, par l'opposition tragique entre l'*hubris*, ou orgueil aveugle, et la *sôphrosunê*, que cette dernière désigne la vertu d'humilité [7]. Il semble donc que la *sôphrosunê* est bien proche parente de notre vertu moderne, la modestie. Et ainsi l'a compris un commentateur comme A. Croiset [8] qui admire dans Charmide, supposé *sôphrôn*, une « modestie charmante ».

Mais la modestie est une valeur qui n'a pas cours dans les dialogues platoniciens [9]. Charmide n'est pas du tout modeste.

Le texte suggère surtout de la modestie quand, à la question hardie posée par Socrate :

> « *Dis-moi toi-même si tu es d'accord, et si tu te crois assez pourvu de sagesse, ou si tu en manques.* » (158 c),

Charmide se met à rougir, ce que Socrate trouve parfait pour son âge ! Mais pour ses paroles, elles sont bien plus diplomatiques que modestes : Charmide refuse de répondre pour ne pas dire de mal de soi, ni réfuter ses admirateurs, en niant, et pour ne pas choquer en se louant soi-même, s'il acquiesce (158 c-d). Adroite manière de s'en remettre au jugement d'autrui, qu'il sait favorable ! Se louer soi-même serait d'ailleurs choquant [10], mais non mensonger.

Comment, d'ailleurs, serait modeste un enfant adoré pour sa beauté par les jeunes gens, les petits enfants, et les hommes faits ? (154 c). Socrate, lui, trouve naturel, et pédagogique, de chanter aux oreilles de l'intéressé la gloire de ses ancêtres qui justifie l'évidente supériorité de Charmide (157 d - 158 b). Nous autres, modernes, serions plus circonspects, à moins d'être de vils flatteurs. Donc, si A. Croiset nous parle ici de « modestie charmante » [11], retenons-en le charme, et non la modestie ! Il est sûr que Charmide est un charmant coquin, fort conscient des admirations qu'il suscite et derrière lesquelles il trouve adroit de se retrancher, fort habile aussi à trahir un mauvais maître en le regardant sans le nommer (162 b).

Tout de même, Socrate prétend que la modestie (*sôphrosunê*) convient à l'enfance (et aux autres âges ?) et Charmide donne de la sagesse des

7. Cf. le dictionnaire Bailly. Helen North distingue, dans *Sophrosyne* (New York 1966, p. 150 à 158) deux sens à ce mot : connaissance de soi, et modération des passions ; mais ces deux sens peuvent aisément être rapprochés : se connaître, c'est reconnaître ses limites.

8. Belles-Lettres, p. 49, introduction.

9. Cf. p. 109.

Bien entendu la sotte vanité est traitée par Socrate avec une sévérité extrême ; mais c'est moins l'orgueil que le mensonge ou l'ignorance qui fait de la vanité un vice.

10. Le Grec est aisément jaloux. Cf. Gouldner, *op. cit.*, p. 56 notamment.

11. Édition des Belles-Lettres, p. 49.

définitions qui impliquent cette notion (160 e). Qu'en conclure ? Que les Grecs n'entendaient pas par *sôphrosunê* notre « modestie », mais un certain raffinement dans l'art de se mettre en valeur, à égale distance de la grossièreté et de la modestie.

L'étude des idées explicites de Critias rejoint l'enseignement implicite dans le portrait de Charmide : la *sôphrosunê* se connaît elle-même, et le *sôphron* se connaît lui-même, telle est l'hypothèse à laquelle Critias tient le plus, sans doute à cause de son évidence.

Ceci nous interdit de traduire *sôphrôn* par « modeste », car le modeste qui se reconnaîtrait comme tel cesserait aussitôt de l'être [12]. La différence entre la vertu grecque et la vertu moderne qui lui ressemble le plus consiste dans la lucidité, nécessaire aux Anciens mais redoutée, parfois et en un certain sens, chez les Modernes. Car la modestie est une vertu bien paradoxale : elle consiste à se sous-estimer, sans le savoir ; tracer ses limites volontairement en deçà de ses possibilités passe pour hypocrisie, « fausse modestie » ; et reconnaître sa médiocrité, si l'on est un médiocre, ne comporte aucun mérite ; l'homme médiocre et humble est préférable au vaniteux, mais n'a pas de valeur propre. Seuls les êtres qui méritent l'admiration pour une raison ou une autre peuvent être modestes, s'ils méconnaissent leur grandeur.

Là où le Grec, avec logique et bon sens, réclame la juste appréciation des limites de chacun pour empêcher qu'un homme ne se surestime ou ne se sous-estime à tort, là où il se félicite, chaque fois que la connaissance de soi-même et de ses limites permet une attitude conforme à la réalité, exempte de faux pas [13], l'Occidental moderne recherche ignorance et obscurité, et y attribue une valeur extrême, car si les médiocres sont tolérés, seuls les modestes sont appréciés. Quant aux orgueilleux, ils font horreur ; l'orgueil est pourtant lucide, mais on pardonnerait plutôt à un vaniteux amusant qu'à un orgueilleux [14].

L'amour des modernes pour la modestie transparaît justement dans leur tendance à imposer cette vertu dans les textes anciens, ceux de Platon par exemple. Nous avons vu comment Charmide en est défiguré. Si Socrate est souvent sarcastique envers les prétentions de certains sophistes [15], c'est que l'aveuglement de ceux-ci le scandalise ; il n'y a pas d'orgueil lucide à relever dans ces personnages ridicules. Socrate lui-même, quand il renonce un moment à son ironie pédagogique et dit les choses directement, ne se marchande pas les éloges (*Apologie* 30 c sq,

12. Le Professeur E. Levinas a l'habitude de dire que la locution « être modeste » ne se conjugue pas à la première personne.

13. Cf. Aristote, *Ethique à Nicomaque* IX 8 1169 a.

14. L'origine de ce paradoxe doit-elle être cherchée dans la mystique religieuse judéochrétienne ? l'humilité, sentiment justifié de la petitesse de l'homme devant Dieu, n'est pas très différente par nature de la *sôphrosunê* ; mais le gouffre entre le Créateur et la créature qui inspire le vertige de l' « humilité chrétienne » a de bien autres proportions que le fossé vu par la *sôphrosunê* entre la faiblesse des mortels et la force divine. La lucidité de l'homme grec devant les dieux s'accompagne de lucidité devant les hommes. Le vertige du chrétien devant le surnaturel tue l'estime de soi-même, et conduit à une attitude irrationnelle même devant les hommes.

15. Dont Hippias est le représentant le plus remarquable.

36 d, 41 d), et Xénophon aussi exprime la bonne opinion que Socrate a de lui-même, avec une lourdeur qui ne fait pas honneur à la finesse [16] du personnage, mais qui ne diminue en rien sa valeur morale.

⁂

Ainsi l'échec de divers *Dialogues*, qui n'aboutissent à rien, précise les conditions nécessaires à l'étude morale : le *Petit Hippias* a prouvé que la finesse d'esprit y était indispensable ; le *Grand Hippias* et le *Charmide* ont à leur tour exigé l'honnêteté intellectuelle. De plus, le *Grand Hippias* a montré que cette honnêteté peut s'appliquer seulement à des essences, l'apparence (fût-il même question de beauté ou d'admiration !) n'ayant que faire dans la recherche philosophique. Puis le *Charmide* nous a appris que la vie morale doit être totalement consciente, éclairée du regard de l'intelligence, ceci de l'aveu général dans le milieu de Socrate [17].

Nous observons une tendance générale à l'abstraction. Pour confirmer cette tendance, un point délicat restait à assurer : ce sera fait dans les premières pages de la *République*, où les tentations de la psychologie [18] concrète sont déjouées ; la morale ignorera la psychologie.

16. Les Athéniens, condamnant Socrate, n'auraient pas été disposés à estimer ces éloges lucides et fondés.

17. D'ailleurs, la tendance à placer toute la vie morale sous la lumière de la conscience intelligente est largement représentée chez les Grecs. Un exemple des plus frappants est offert dans *Les Bacchantes* d'Euripide (v. 1262) ; là, c'est le bonheur, qui, basé sur une erreur, n'existe pas, à proprement parler ; seule subsiste une illusion de bonheur qu'il sera plus charitable de dissiper que de préserver. Jeanne Roux (*Les Bacchantes*, Commentaire, Paris 1972, p. 109) écrit à ce propos : « Il est typique de l'attitude grecque devant la vie que le vieux roi préfère la solution de la clairvoyance dans la douleur ». Il serait plus exact de dire que, pour le vieux roi, Agavé n'est pas heureuse, tant qu'elle croit l'être ; retrouver la clairvoyance ne lui coûtera donc pas son bonheur, puisqu'elle n'a jamais eu de vrai bonheur. (De même, suivant Socrate, le méchant ne « sait » pas qu'il est malheureux ! Point de vue qu'un Polos admet, somme toute, assez facilement).

Naturellement, cet intellectualisme appliqué à des réalités telles que le bonheur, la modestie, ou la beauté, recèle bien des contradictions et pose bien des problèmes. La vie réelle s'inscrit en faux contre cette attitude. La jalousie réprouve la juste appréciation de soi-même ; le bon sens ne croit pas toujours qu'il faille être savant pour diagnostiquer le bonheur ou la beauté...

18. Nous n'utilisons pas ce mot avec son sens scientifique moderne, mais avec sa valeur littéraire traditionnelle : l'étude des sentiments et des caractères suivant les situations.

LA *RÉPUBLIQUE* I *(début)*

Contre la Psychologie

Le prologue de la *République*[19] est particulièrement riche en notations dramatiques : le cadre spatial et temporel y est indiqué avec tout un luxe de détails ; nous sommes un jour de fête, marqué par des cérémonies curieuses (328 a), et ce doit être important, car cette fête est mentionnée de nouveau à la fin du livre (354 a), sans nécessité apparente ; nous sommes dans la maison d'un ami âgé de Socrate, un métèque résidant, non à Athènes, mais au Pirée, en présence d'une assistance assez nombreuse (328 b). Le maître de maison, Céphale, ouvre le dialogue, avec un entretien sans portée philosophique, et disparaît de la scène à la première question méthodique soulevée (331 c-d), quand Socrate réfute la définition implicite qu'il a donnée de la justice, et réclame une définition dans les règles[20]. Tous ces détails concrets sont liés : Céphale,

19. La date de rédaction du premier livre de la *République* est fort controversée. Pour Léon Robin, ce livre appartiendrait à la jeunesse de l'auteur, contrairement aux neuf suivants qui seraient l'œuvre de la maturité (Pléiade — Paris 1950, p. XIV). Pour A. E. Taylor, le livre I n'a de sens, que s'il est l'introduction du tout, et conçu comme tel (*Plato, the man and his work* p. 264).

Auguste Dies pense aussi que le livre I a dû être conçu pour servir d'introduction aux livres II à X, mais, pour des raisons stylistiques, il suggère que la rédaction effective en ait été beaucoup plus précoce, le plan de la suite étant déjà très net dans l'esprit de l'auteur (Belles Lettres, p. XX-XXI). Cette solution rejoint celle de L. Robin, car il est peu vraisemblable qu'un auteur rédige une œuvre vaste, imaginée depuis longtemps, en une exacte conformité avec l'idée primitive qu'il s'en était faite.

Quoi qu'il en soit de la période réelle où il a été rédigé, le livre I présente, comme les autres *Dialogues* attribués à la jeunesse de Platon, des interlocuteurs de Socrate qui s'expriment spontanément, en fonction de leur riche personnalité. À ce titre, il entre dans le cadre de notre étude.

La construction du livre I de la *République*, avec ses trois interlocuteurs, Céphale, Polémarque et Thrasymaque, rappelle celle du *Gorgias* : Gorgias et Céphale sont âgés et dignes, Polos et Polémarque doivent être jeunes, Calliclès et Thrasymaque peuvent être des immoralistes dans la force de l'âge. La ressemblance s'arrête là. Si la succession de Gorgias, Polos et Calliclès semblait réglée par un art très concerté en vue d'une étude toujours plus approfondie d'un problème donné, ici les trois interlocuteurs semblent disperser la recherche dans des directions divergentes. C'est pourquoi nous avons commenté séparément les trois entretiens.

Si le livre I de la *République* est le prologue d'une œuvre plus étendue, on comprend qu'au lieu d'épuiser un problème en l'approfondissant constamment, Platon récuse toutes sortes d'attitudes et d'opinions, et prépare ainsi le terrain pour une recherche philosophique qu'aucune erreur n'entache, dans les livres suivants.

20. R. Baccou (G. F. (1966) n. 11, p. 388) cite à ce propos Cicéron (*Ep. ad Att.* IV 16.3,), pour qui Platon a trouvé « inconvenant de retenir plus longtemps un vieillard dans un entretien si long », et approuve : « On saisit là une des délicatesses de l'art de Platon ». Mais de telles considérations n'ont pas empêché Platon de « retenir » le vieux Parménide dans un entretien des plus longs et des plus compliqués ! Si Céphale se retire très tôt, la raison doit en être cherchée ailleurs.

le personnage protatique, est décrit de prime abord comme très âgé, et en costume rituel, car il vient d'offrir un sacrifice (328 c). Le rapprochement de ces notations est significatif, et s'éclaire si l'on considère que la remarque de Céphale la plus caractéristique de son âge évoque la rétribution dans l'autre monde (330 d). Ainsi, ce dialogue assez terre à terre dans son argumentation, où l'on[21] a souligné l'absence insolite d'échappée sur l'au-delà, baigne au contraire dans une atmosphère sacrée ; et la justice, traitée dans un cadre joyeux et solennel à la fois, en acquiert implicitement comme une grandeur et une beauté surhumaines.

Néanmoins, Céphale parle quelque temps avant d'aborder les problèmes de l'autre vie, et ceux de la justice. Sa contribution porte donc encore sur un autre plan. Les commentateurs font de lui le premier porte-parole des idées à la mode sur la justice[22]. Mais cet aspect aussi concerne seulement les tout derniers propos de Céphale. Il semble que la raison d'être de cet entretien soit d'illustrer d'abord une méthode, non une doctrine, qui va être rejetée. En effet la conversation entre Socrate et le vieil homme, présente un caractère tout à fait original parmi les conversations platoniciennes : il s'y trouve une série d'observations psychologiques ; selon Céphale, la vieillesse diminue les satisfactions corporelles, et développe les goûts intellectuels (328 d) ; c'est le caractère, et non les circonstances extérieures, qui rend les situations faciles ou difficiles à supporter (329 d) ; Socrate, entraîné à son tour par le ton de cette conversation en vient à analyser l'attitude des hommes envers l'argent, selon qu'ils l'ont, ou non, gagné eux-mêmes, et l'explique par l'amour paternel du travailleur pour son œuvre (330 c) ; enfin Céphale reprend la parole pour décrire la crainte de la mort chez les vieillards (330 d-e). Or les considérations sur le bon et le mauvais caractère (329 d), les différences (328 d, 330 d) et les ressemblances (329 d) entre les âges, la contribution respective des biens de fortune et de la vertu pour donner le bonheur (330 a), les sentiments développés par le travail (330 c) ... toutes ces considérations sont hautement concrètes : malgré la formulation assez générale de chaque remarque, elles pourraient, réunies, servir à la description de personnalités diverses, de tel âge, dans telle position sociale, de tel caractère, éprouvant tels sentiments, et non tels autres. C'est tout à fait exceptionnel dans l'œuvre de Platon, où l'obligation mainte fois soulignée de « *se connaître soi-même* » débouche sur la recherche d'une essence toujours plus abstraite et insaisissable[23]. Que vaut ce goût pour la psychologie ? A première vue, il pourrait sembler fort acceptable puisque Socrate entre dans le jeu (330 c) et puisque le psychologue, Céphale, est un homme amical (328 d), pieux (328 c), honnête (331 b), une personnalité d'élite ; à deux reprises, Socrate puis lui-même le distinguent de la masse : la plupart des gens ne l'en croiront pas, s'il dit que la

21. Ferdinand Dümmler, cité par Auguste Dies, *op. cit.*, p. XVIII.

22. Introduction de R. Baccou *(op. cit.)*, p. 9. Introduction d'Auguste Dies *(op. cit.)*, p. CXLVII. A. E. Taylor *(op. cit.)*, p. 266.

23. Le *Charmide* et l'*Alcibiade* I sont les meilleurs exemples de cette recherche de l'abstraction.

vieillesse n'est pas pénible en soi (329 e), l'avantage moral de la richesse, dont il est convaincu, n'apparaîtra pas à grand monde (330 d). Il procède selon une méthode logique rigoureuse qui eût pu lui ouvrir les portes de la dialectique : il distingue, en effet, les causes apparentes et les causes réelles en rapprochant des cas divers, et en en dégageant les constantes (329 b). Enfin Socrate a soin de souligner le plaisir qu'il a pris à converser avec Céphale (329 d - 331 c).

Mais si Céphale est porté vers la vertu [24] par un instinct très sûr qui le distingue de la foule, son goût de l'analyse, parce qu'il s'égare dans le monde concret, ne lui permet pas d'être à même de soutenir un entretien philosophique : preuve en est la conclusion aberrante à laquelle il arrive : la richesse est la condition de la justice (331 b). Cette proposition inquiétante n'est relevée dans son étrangeté par personne ; Socrate détourne la conversation et part à la recherche d'une définition rigoureuse ; mais elle est suffisamment réfutée par la suite, où aucune des opinions ne fera de la justice l'apanage des gens riches.

Pour finir, l'abandon inopiné de Céphale dès que l'entretien prend un tour rigoureux, et son départ pour sacrifier (331 d), montrent bien que cet homme distingué est plus apte à pratiquer la vertu qu'à l'examiner à la lumière de la vraie philosophie.

24. Les exemples cités plus haut (329 e et 330 d) concernaient des attitudes morales.

CHAPITRE IV

LES INTERLOCUTEURS SÉRIEUX

LE *MÉNON*

Le personnage de Ménon.

Le personnage de Ménon prête à controverse : pour Alfred Croiset, dans l'introduction de son édition du *Ménon* aux Belles-Lettres [1],

> « Il est déférent, et Socrate à son tour le traite en ami, non en adversaire. Il a cette qualité qui est, aux yeux de Socrate, la qualité philosophique primordiale, l'inquiétude de savoir : à la fin du dialogue, il est tout près d'être un disciple, et il n'a jamais été un adversaire. »

Émile Chambry, dans son introduction à l'édition Garnier-Flammarion, écrit : [2]

> « Somme toute, il nous apparaît donc dans ce dialogue sous des traits sympathiques »,

et s'étonne que Platon ait peint de la sorte un personnage connu par ailleurs [3] sous les traits les plus noirs ; à ce problème, E. Chambry trouve plusieurs solutions plausibles. Mais par contre, Alexandre Koyré [4] est sévère :

> « Ménon ne sait pas penser... il n'est pas philosophe, il n'est que rhéteur. La vérité ne lui importe guère. Ce n'est pas elle qu'il cherche, mais le succès... Penser est une affaire sérieuse, or

1. Tome III, 2e partie, p. 228.
2. P. 318 sq.
3. Cf. Xénophon, *Anabase* II VI 21 sq.
4. *Introduction à la lecture de Platon* (Paris 1962), p. 32-33.

Ménon n'est rien moins que sérieux... l'essence de la vertu ne l'intéresse aucunement. Ménon et la vertu : ce rapprochement seul est comique. »

L'examen honnête du texte semble justifier le mépris d'A. Koyré. Non seulement, comme il le souligne, Ménon y fait figure de paresseux[5] et de jouisseur[6], mais il se signale surtout par sa sottise ! Entré en matière abruptement, il profite de la première esquive de Socrate pour répondre, goguenard :

> « *Vraiment Socrate, tu ignores ce qu'est la vertu, et voilà ce que je vais raconter sur toi dans mon pays ?* » (71 c) ;

il n'est certes pas très fin de sa part de tomber dans le piège de la prétendue ignorance socratique, mais peut-être a-t-il l'excuse, puisqu'il est étranger, de mal connaître Socrate ; du moins sa précipitation à répandre des bruits désobligeants part-elle à coup sûr de vilains sentiments, et témoigne-t-elle d'une légèreté regrettable. Socrate s'empresse de se réhabiliter et de piquer la curiosité de son naïf questionneur, en associant à son ignorance le monde entier. La discussion s'engage alors. Premier embarras : invité à définir la vertu, Ménon a cru bien faire d'en énumérer un « *essaim* », et Socrate a beau jeu de lui répliquer que, si les abeilles d'un essaim diffèrent entre elles, toutefois la définition d' « abeille » exige la description des traits communs à toutes ; à cette remarque si claire, Ménon trouve à répondre :

> « *Je crois comprendre, mais je ne saisis pas encore aussi bien que je voudrais ce que tu me demandes* » (72 d) ;

les précautions oratoires soulignent piteusement la lourdeur d'esprit qu'elles devaient masquer. Désormais Socrate, assez malignement, va s'appliquer à monter en épingle la sottise de son interlocuteur qui, pour comble, ne s'avisera même pas de ce persiflage. En 80 b, par exemple, Socrate s'écrie :

> « *Tu es un malin, Ménon ; d'un peu plus tu me roulais ! — Comment cela, Socrate ?* »

répond le jeune homme, tout ébahi de s'entendre prêter des intentions subtiles : loin de « pêcher des compliments », et de comparer Socrate à une torpille pour être lui-même comparé, Ménon ne pensait qu'à excuser gauchement son embarras. Même jeu en 81 e - 82 a :

5. Cf. 80 d qui peut être une excuse pour renoncer à la discussion, ou 86 c où nous le voyons sauter aux conclusions en négligeant les étapes de la recherche.

6. Cf. *infra*, p. 121.

« *Je t'ai traité de malin, tout à l'heure, Ménon ; maintenant tu me demandes de t'instruire, moi qui prétends qu'il n'y a pas d'enseignement mais des réminiscences, afin de me mettre tout de suite en contradiction évidente avec moi-même. — Mais pas du tout...* »

s'écrie Ménon, confus comme un enfant : au lieu de réclamer une leçon avec des arrière-pensées aussi raffinées, il voulait seulement se faire éclairer mieux encore un point qu'il n'arrivait pas à comprendre.

D'ailleurs, mieux qu'en ces menues escarmouches, à deux reprises se marque à l'égard de Ménon l'attitude très méprisante de Socrate. La première fois est en 76 d-e : Ménon a demandé une définition de la couleur, question considérée par le maître comme étrangère au sujet de l'entretien. Il cède, pourtant, avec pour seule excuse qu'il aime à céder aux beaux garçons (76 b) — mais pas totalement : au lieu de répondre sérieusement à la question, il s'en débarrasse avec la réponse que l'autre désire entendre, de style théâtral à souhait, à la manière de Gorgias, et que lui, Socrate, déclare expressément n'être pas des meilleures (76 e). Que les deux interlocuteurs s'en contentent, diminue fort la portée de ce passage[7]. Plus tard, au moment où la recherche devrait vraiment progresser, la méthode étant enfin définie, voilà que Ménon, avec la « suite dans les idées » qui lui est propre, prétend revenir à la question initiale des caractères de la vertu, sans s'arrêter à découvrir la nature de cette même vertu. Socrate cède, de guerre lasse :

« *Si j'avais du pouvoir sur toi, Ménon, et non seulement sur moi-même, nous n'examinerions pas d'abord si la vertu peut s'enseigner ou non, avant d'avoir recherché ce qu'elle est ; mais puisque, afin d'être libre je suppose, tu ne fais nul effort de te dominer toi-même, mais que tu t'efforces de me dominer et que tu y arrives, je céderai* » (86 d).

Autrement dit, la dernière partie du dialogue sera un jeu assez vain, accepté pour complaire à un jeune fat, occasion peut-être de quelques remarques intéressantes, non pas recherche sérieuse. Et d'ailleurs Socrate y vise moins à instruire Ménon qu'à endormir ses dernières étincelles de perspicacité[8] : quand Ménon, à juste titre, objecte à l' « *opinion correcte* » qu'elle est bien peu sûre, Socrate offre une réponse qui ne résout rien :

« *Celui qui a toujours une opinion correcte ne réussira-t-il pas toujours, tant que son opinion sera correcte ?* » ;

7. E. Grimal (*A propos d'un passage du Ménon : une définition tragique de la couleur.* Revue des Études Grecques, LV, 1942) montre que le défaut de la définition tient à celui du défini, « lié au sensible déchu », et conclut que les sophistes et Ménon « ne savent pas distinguer le vrai du faux, ni du vraisemblable... ; chez Platon... il y aura toujours une séparation très nette entre le mythe et la vérité. » (p. 12).

8. Il « se moque de lui » écrit A. Koyré, *op. cit.*, p. 31.

ce « *tant que* » est problématique, mais Ménon s'en contente, au point de dire cette absurdité :

> « *Forcément ! Je m'étonne, aussi, qu'on estime le savoir beaucoup plus que l'opinion correcte !* » (97 c-d)

Pourquoi Platon a-t-il donné un rôle à un si pauvre esprit ?

Peut-être a-t-il voulu nous représenter les difficultés de Socrate dans l'exercice de son apostolat : ne serait-ce que pour se faire entendre, il est obligé de ménager des mauvais coucheurs : Ménon, s'il reste insensible aux sarcasmes, faute de les percevoir, a très bien remarqué, tout de même, qu'il demeure coi, lui, sur un sujet dont il promettait de parler d'abondance ; sa réaction n'est point gracieuse : il prête à Socrate les pouvoirs exceptionnels d'un poisson-torpille et conclut :

> « *A mon sens, tu es bien avisé de ne partir en voyage hors d'ici, ni par mer, ni sur terre, car si, étranger dans une autre ville, tu agissais de la sorte, tu serais bien vite arrêté pour sorcellerie* » (80 b) :

Ménon étant lui-même étranger, sa plaisanterie grinçante paraît lourde de menaces. Toutefois de telles mises en garde ne sont pas rares, chez Platon, de la part de personnalités plus marquantes, Anytos dans ce même dialogue, ailleurs Hippias, Calliclès ; et cela aurait pu suffire à indiquer les inimitiés rencontrées par Socrate. Peut-être également, si le sombre portrait de Ménon tracé par Xénophon est exact, Platon s'est-il plu à illustrer la doctrine socratique que la méchanceté est toujours sotte ; ce Ménon qui, paraît-il[9], « rangeait parmi les grossiers ignorants quiconque n'était pas un coquin », Platon en fait la preuve vivante que le méchant aussi peut prêter à rire au sage. Quant à la bassesse de caractère, les mauvais penchants du personnage ne font point de doute dans le dialogue de Platon[10]. Ménon s'intéresse à la « vertu » parce qu'elle est à ses yeux la condition du succès[11] ; peu soucieux de chercher des définitions qui le méneraient ailleurs, il brûle par contre de savoir comment la vertu, c'est-à-dire simplement le pouvoir de commander et d'obtenir du bien, s'acquiert, car il en a besoin ; et il s'intéresse fort à Socrate, car celui-ci est le maître à penser qu'on lui a indiqué : ainsi le donne à croire la question posée au début du texte, délibérément, comme d'élève à maître. D'ailleurs, dans tout le dialogue Socrate s'amuse à jouer le rôle des sophistes, dont il se fait devant Anytos l'avocat sympathisant (91 d sq). De là cette « déférence » pour lui de Ménon, « déférence » dont A. Croiset fait état, mais qui n'a aucune portée morale.

Avec ce partenaire docile comme un élève appliqué, Socrate va conduire un dialogue instructif en apparence[12], au déroulement régulier,

9. *Anabase* II VI 26.
10. Peut-être sont-ils moins extrêmes que chez Xénophon, car Ménon est plus jeune.
11. Voir les définitions en 73 c-77 b.
12. La notion d' « *opinion correcte* » sur laquelle il débouche a été diversement commentée : Alfred Croiset, *op. cit.*, p. 299-230 en fait très sérieusement une doctrine pythagoricienne ou platonicienne. A. E. Taylor, *op. cit.*, p. 144, n. 1, y voit une plaisanterie peu flatteuse ; A. Koyré, *op. cit.*, p. 31, un attrape-nigauds.

où les opinions proposées à Socrate sont critiquées et font place à une saine incertitude. En effet, cette conversation avec un homme inintelligent n'est pas menée comme avec Hippias : dans le *Petit Hippias,* Platon utilisait la stupidité prêtée au sophiste pour en faire une leçon de méthode dialectique [13]. Ici, l'enseignement du texte est plus direct : Socrate ne joue pas sur des paradoxes, et n'exploite pas la passivité intellectuelle de Ménon pour lui faire dire n'importe quoi ; il lui offre plutôt l'occasion d'exprimer des points de vue qui ne seront ni originaux ni subtils, mais représentatifs d'un milieu, et inquiétants par leur immoralité tranquille.

Ménon est en effet riche, connu [14], lié à l'influent Anytos par des liens d'hospitalité [15], et bien trop naïf d'autre part pour avoir une doctrine originale en profondeur. Bien entendu, certains traits de son caractère arrogant et jouisseur apparaissent dans ses déclarations, et leur donnent une touche personnelle, mais puisque Ménon se contente de donner des définitions, où il n'engage ni ses convictions, ni son amour-propre, contrairement à un Calliclès ou un Thrasymaque, ces définitions doivent être le reflet des conceptions courantes. Ses premiers mots le confirment : la question de savoir comment s'acquiert la vertu est des plus classiques dans la pensée sophistique [16] ; et l'énumération des trois possibilités : la vertu s'enseigne, ou s'obtient par l'exercice, ou encore est un don de nature, correspond si exactement à l'analyse de la « philosophie » selon le *Contre les Sophistes* qu'elle doit représenter une spéculation déjà connue, même si Isocrate a rédigé son manifeste une dizaine d'années après la mort de Ménon.

***

Ses Idées.

Ce qui saute aux yeux dès l'abord, c'est que la « doctrine » adoptée par Ménon est d'une éclatante incohérence ; elle est d'ailleurs très superficielle. Ce n'est pas un hasard, si, invité à définir la vertu [17], Ménon répond par une énumération d'espèces de vertus. Sans doute, comme pour l'Hippias du *Grand Hippias,* l'abstraction n'est pas son fort, et la notion du dénominateur commun à tous les cas concrets, que Platon transmuera en théorie des Formes, paraît toujours stupéfiante aux interlocuteurs de Socrate [18]. Il n'en reste pas moins que, dans notre texte, Ménon juge tout naturel de commenter sa fâcheuse énumération :

13. Cf. chapitre III, p. 78-81.
14. Cf. Xénophon *loc. cit.*
15. 90 b.
16. Guthrie a consacré un chapitre à la question dans *The Sophists,* p. 250-260.
17. Pour la traduction du mot *arétê,* voir la p. 148 dans le chapitre sur le *Protagoras.*
18. Ménon aurait pu défendre sa méthode de définition par énumération, quand il s'agit de la « vertu », car si le mot grec exprime, non l'excellence morale, mais la qualité de la chose bien faite (cf. Guthrie, *The Greek Philosophers,* London 1967, p. 8) et s'explique par son étymologie, la racine *ar-* représentant l'adaptation, alors le contenu de l'*arétê* varie dans chaque cas. Ménon en a l'intuition quand il distingue entre la santé, notion universelle, et l'*arétê,* valeur relative (73 a), mais il est incapable d'expliciter cette impression vague.

« *Il y a toutes sortes d'autres vertus, si bien qu'il n'y a nulle difficulté à dire de la vertu ce qu'elle est.* » (72 a)

En d'autres termes, l'avantage qui intéresse Ménon, c'est de pouvoir parler abondamment. Ce n'est pas sérieux ! Et c'est juste ce que l'on peut attendre du disciple de ce Gorgias (71 d) qui n'enseigne qu'à bien parler (95 c). D'ailleurs, l'énumération de Ménon s'accompagne, à titre d'exemples, de quelques définitions partielles dont la particularité est de se contredire : voici la vertu de l'homme, administrer les affaires politiques de telle ou telle manière [19], et voilà celle de la femme, administrer les affaires domestiques et obéir à son mari (71 c). Socrate aura beau jeu de déduire le caractère commun de ces deux définitions, administrer (73 a), mais il n'empêche que l'obéissance de la femme « vertueuse » est assez gênante en ce contexte. Ménon en est tout à fait inconscient, car, prié d'être plus général, il déclare sans détour que la vertu est la « *capacité de gouverner les hommes* » (73 c). Ce serait une définition très passable, si Ménon voulait bien soutenir que la vertu est le fait seulement de certaines gens, hommes, chefs, aristocrates, caractères énergiques [20]. Mais pas du tout : par pudeur, ou par conformité aux usages, Ménon reconnaît l'existence d'une vertu propre à chaque catégorie d'êtres humains, selon l'âge, le sexe, et le statut social. Pour la femme déjà, un peu à la légère, il avait parlé d'obéissance ; s'il avait voulu expliciter la vertu de l'esclave (qu'il mentionne en 71 e), qu'aurait-il pu dire sinon l'obéissance encore ? Un esclave révolté peut être vertueux à la rigueur, en tant qu'individu, mais sûrement pas en tant qu'esclave, or c'est de cela que parlait Ménon.

Socrate paraît beaucoup plus désireux de faire renverser par Ménon ses propres propositions que de lui faire trouver une solution cohérente à ses contradictions. Ici, il aurait pu lui faire avouer que la vertu ne concerne ni les esclaves ni aucune catégorie de subalternes, femmes ou enfants ; ou bien lui faire chercher tout de suite une définition générale englobant le gouvernement et la soumission. Mais Socrate garde pour le moment l'idée que la vertu consiste à « *commander* » (73 c) et invite Ménon à préciser « *avec justice* », ce que l'autre fait bien volontiers ; pourtant cela ne modifie pas peu la maxime de Ménon [21], et cette réserve, s'il l'accepte, ne s'était pas présentée spontanément à son esprit. Là encore, le respect humain a dû jouer pour modifier une théorie de Ménon.

Plus loin, en 77 b et la suite, Ménon propose une définition intéressante, qu'il va laisser tourner en ridicule par Socrate sans protester : la vertu, dit-il, consiste à « *désirer les belles choses* ». Socrate s'empresse de substituer l'expression « *bonnes choses* » à « *belles choses* » (77 b)

19. En particulier en faisant du bien à ses amis et en nuisant à ses ennemis, conformément à l'idée grecque la plus banale de la justice.

20. Ce serait assez l'opinion d'un Calliclès.

21. Sans doute, les précisions de tout à l'heure — aider ses amis, nuire à ses ennemis (71 e) — sont-elles conformes à l'idée grecque de justice. Se protéger soi-même de tout mal *(ibid.)* est déjà une formule plus cynique. Il est surtout significatif que Ménon n'envisage spontanément nulle limitation à son idéal d'autorité.

et l'acquiescement de Ménon peut être lourd de sous-entendus. Les « *belles* » choses dont il parlait, vu l'interprétation autoritaire qu'il donne partout ailleurs au concept de vertu, représentent à coup sûr, pour lui, les moyens du succès personnel ; ce sont donc bien des choses utiles, « *bonnes* », avec de plus une nuance de prestige, car elles suscitent l'admiration d'autrui, elles auréolent. Là où Alcibiade [22] et Polos [23] distinguaient le « *beau* », au service d'autrui, et le « *bon* » égoïste, et soulevaient un très profond problème moral, Ménon place toutes les valeurs du même côté, du côté de la recherche du succès ; s'il cultive ses intérêts, c'est en toute simplicité, sans honte ni scrupule [24]. Socrate n'a plus qu'à faire jouer son raisonnement favori pour prouver que nul ne désire que ce qu'il croit bon, chacun cherchant à s'avantager soi-même (78 a). Ménon en convient bien volontiers, car cela ne contrarie en rien sa manière de voir. Mais il est étrange qu'il se laisse convaincre de bon gré (78 b) de rejeter sa définition pour cela : après tout il ne caractérisait pas les « vertueux » par leur désir de ce qu'ils croient être beau (ou bon), mais par leur désir de ce qui est réellement beau ; cette distinction d'avec les non-vertueux aurait été très acceptable [25]. Ménon cependant ne paraît pas y avoir seulement songé ! Puis, par le même tour de passe-passe que précédemment, Socrate dénature la suite de la définition : vertu égale pouvoir de se procurer les belles choses ; en effet, il modifie ce pouvoir d'acquérir par les conditions « *justement* » et « *avec respect pour la religion* ». Apparemment Ménon, s'il accepte par décence cette nouvelle suggestion de Socrate, n'y aurait point songé tout seul, malgré l'enseignement déjà reçu en 73 d à propos du commandement. Sa morale profonde est en effet beaucoup plus matérialiste ; ses seules paroles spontanées sont pour définir le « *bien* » à acquérir : à la suggestion de Socrate, « *santé* » et « *richesse* », il ajoute d'enthousiasme :

> « *et l'or, et l'argent, et les honneurs et les commandements dans la cité* » (78 c) ;

c'est visiblement un cri du cœur ; il n'a pas réfléchi que l'or et l'argent à quoi il tient si fort n'ajoutent pas grand chose à la mention déjà faite de la richesse ! Ces possessions matérielles ou honorifiques (mais pas forcément honorables) n'ont guère de rapport avec la manière juste ou pieuse dont elles ont été acquises. Dans la suite du dialogue, Socrate prive de son caractère bon ou mauvais la chose à acquérir pour attribuer ce même caractère au mode d'acquisition (78 d-e) ; Ménon donne là moins l'impression d'être réfuté et instruit, que d'être manœuvré et

22. *Alcibiade* 115 a.
23. *Gorgias* 474 d.
24. Cette morale optimiste et simpliste n'est pas sans rappeler celle de son maître Gorgias, cf. chap. II.
25. Et très analogue à la définition du courage — partie de la vertu — comme connaissance de ce qui est réellement à craindre ou à espérer (*Lachès* 195 a, et surtout *Protagoras* 360 d).

joué, le respect humain l'empêchant de protester contre la volonté de défigurer radicalement sa définition.

Bref, il serait possible de tirer des paroles de Ménon une doctrine, discutable peut-être, mais non pas négligeable : la vertu est le pouvoir de commander, de désirer des choses réellement belles, telles que le pouvoir précisément, économique ou politique, et de les obtenir. Rien de plus cohérent, et si Thrasymaque ou Calliclès exposent ce genre de doctrine, il faut compter avec elle ; mais ce sophiste et cet élève de sophiste [26] sont des personnalités originales. Chez le tout-venant, représenté pauvrement par Ménon, assez instruit pour avoir eu vent de cette doctrine, assez ambitieux pour la goûter, mais non pas assez cynique pour la soutenir, rien de tout cela ne tient bon : vertu égale pouvoir de commander, mais il existe une vertu pour tous, y compris les femmes et les esclaves. Vertu égale désir des belles choses, mais si l'on admet que le beau est bon, et le bon avantageux, tout le monde désire le beau ; vertu égale pouvoir d'acquérir, mais... à condition d'acquérir d'une certaine manière. Dans chacun de ces cas, c'est le respect humain qui joue, empêchant l'épanouissement d'une morale de forts. Il y a donc, dans l'aristocratie traditionaliste, profonde incohérence entre des instincts corrosifs admis et avoués, et un respect tenace pour des principes moraux plus universalistes [27]. Un homme aussi peu intelligent que Ménon vit cette contradiction sans presque s'en apercevoir. Socrate n'estime pas assez cet interlocuteur pour lui opposer, en le réfutant, une doctrine cohérente [28]. Il se contente de tourner en ridicule toutes les propositions de Ménon, les déformant en tous sens, avant de les rejeter. Ménon n'est pas assez fin pour protester contre cette méthode particulière de réfutation, mais le « lecteur-auditeur », comme dirait Alexandre Koyré, peut en déduire le profond mépris professé par Socrate, ou Platon, à l'égard de l'incohérence morale des classes supposées éclairées [29].

26. Calliclès se veut élève de rhéteur, mais Socrate a ses raisons de lui faire remarquer que cela revient au même (*Gorgias* 520 a).

27. V. Goldschmidt (*Les dialogues de Platon*, p. 50) décrit ainsi cette double tendance : « La vertu, selon Ménon, consiste à se procurer des biens. L'exigence essentielle demande qu'on *ajoute* : *justement* ou *saintement* ». L'emploi du vocabulaire moderne fait paraître assez plate cette « exigence essentielle » ; il masque le caractère foncièrement égoïste, autoritaire, de l'*arétê*, et la violence de l'opposition entre les deux tendances.

28. Comme il fera avec Calliclès (*Gorgias* 512 c et sq. par exemple).

29. A ce mépris répond la haine moins discrète de ces classes à l'encontre de Socrate ; nous avons vu Ménon menacer Socrate à mots couverts (80 b), parce que ses propres prétentions intellectuelles couraient grand risque d'être ridiculisées. Le dialogue, dans l'ensemble, peint sombrement la position de Socrate : si la susceptibilité des intellectuels plus ou moins intelligents donne à craindre, que dire de la haine inconditionnelle des Anytos (91 c-92 c) pour tout ce qui est intellectuel ? Leur susceptibilité s'offense déjà pour l'honneur d'autrui (94 e) ; ils menacent sans savoir de quoi l'on parle, et leurs menaces ne sont pas de vains mots !

LE PREMIER *ALCIBIADE*

Le personnage d'Alcibiade.

Jeune homme de près de vingt ans (123 d), Alcibiade est beaucoup plus mûr que Charmide, mais sa personnalité n'est pas encore formée. Sa beauté disparaît déjà, et ses amoureux se dispersent (131 e) tandis que son âme commence seulement à fleurir. Là se situe la véritable entrée dans l'âge d'homme, quand la maturité intellectuelle et morale prend la relève du charme physique. Le dialogue avec Socrate, d'homme à homme, ou plus précisément d'âme à âme (130 e), sera tout à fait sérieux, Alcibiade suivant avec agilité et profit le raisonnement subtil de Socrate. Dans sa notice pour l'édition des Belles Lettres [30] Maurice Croiset reproche à l'inexpérience de l'auteur cette même docilité d'Alcibiade :

> « L'interlocuteur de Socrate, le jeune Alcibiade, n'est pas un caractère. Sa présomption juvénile est toute en surface... Un tel personnage n'a pas la résistance nécessaire pour que le lecteur ait l'impression d'assister à une lutte. Alcibiade se défend à peine... »

En fait, il ne s'agit pas d'une lutte manquée, et Alcibiade ne se défend pas du tout, mais cherche à s'instruire [31]. Tout ce qu'il va nous dire spontanément, ce ne seront point des convictions passionnées à défendre envers et contre tous — à la manière d'un Calliclès — mais les suppositions naïves, et provisoires, d'une personne intelligente à qui il reste beaucoup à apprendre. Il faudra les considérer comme des notions évidentes à première vue pour tout jeune aristocrate athénien de la deuxième moitié du ve siècle, et non comme la doctrine personnelle d'un homme célèbre.

Au reste, Alcibiade est très capable de « se défendre » lorsqu'il le veut, c'est-à-dire non sur le plan des idées, mais sur celui du caractère. Or c'est justement le portrait moral d'Alcibiade qui fait, d'après Maurice Croiset [32], la valeur littéraire du dialogue : le disciple ne nous est pas « indifférent. La naïveté de ses désirs, sa sincérité, son ambition, le ren-

30. Tome I, p. 50.

31. Si Platon, comme on pense, a voulu par ce dialogue justifier les relations de Socrate avec Alcibiade, il avait intérêt à présenter ce dernier docile et ouvert à l'enseignement du maître : il montrait ainsi la bonté naturelle d'Alcibiade et par là expliquait la sollicitude de Socrate. Mais une bonne nature a ses dangers, et justement Platon va prédire l'échec de Socrate par le caractère influençable du disciple (135 e).

32. Éd. Belles Lettres I. p. 50.

dent intéressant ». Oui, mais ces désirs, cette ambition, il n'y a que Socrate pour en parler ; il prétend avoir deviné les pensées secrètes du jeune homme, et les dévoile : orgueil démesuré de ses avantages personnels (104 a-c), ambition tout aussi démesurée de domination universelle sur le monde connu, les étapes de cette domination se développant plaisamment comme des rêves de notre Perrette (105 a-c). « *Je le sais bien, je ne le suppose pas* » (105 c) prétend Socrate, mais voici tout ce qu'Alcibiade y répond :

> « *Que ce soient là mes pensées, ou non, tu en as décidé, il me semble, et si je le nie, cela ne m'avancera à rien pour te persuader* » (106 a).

Ceci indique, au moins, qu'Alcibiade garde ses distances vis-à-vis d'une ambition dont il n'entend pas se vanter. Alcibiade va être encore plus réservé quelques minutes plus tard :

> « *N'est-ce pas,* insiste Socrate, *je t'interroge en admettant que tu penses ce que je prétends que tu penses ?* »

et Alcibiade ne s'engage pas :

> « *Soit, si tu veux, pour que je sache ce que tu vas dire* » (106 c).

Si Alcibiade ne nous était pas connu par ailleurs, par son histoire et sa légende[33], nous pourrions vraiment nous demander si son ambition n'est pas en effet une hypothèse faite à point pour justifier un débat sur l'ambition, débat difficile à réaliser avec un interlocuteur docile et de bon naturel. Quoi qu'il en soit, jamais ici Alcibiade ne se trahira ; toujours il parlera de l'ambition comme d'un intéressant sujet d'examen, sans la prendre à son compte, mais bien entendu sans la rejeter non plus. Sans doute il envisage de haranguer le peuple sur des questions qu'il croit connaître (106 c-d), mais il y a loin d'un projet aussi normal pour son rang aux énormes prétentions déployées selon Socrate ! A Socrate qui s'inquiète :

> « *Si réellement tu envisages de produire aux yeux une œuvre digne de toi et de la cité* »,

Alcibiade confirme : « *C'est bien ce que j'envisage* » (119 e) ; mais là encore, s'il s'agit d'ambition — et pourquoi un Alcibiade ne serait-il pas ambitieux ? — elle s'exprime en termes modérés et suppose, plutôt qu'un immense orgueil, un sens exigeant de l'honneur. Interprétation confirmée par le contexte, car ici Socrate cherche à stimuler un Alcibiade trop facilement content de son petit univers local ; qu'ensuite Alcibiade s'intéresse à son éventuelle rivalité avec les rois de Sparte et de Perse

33. *Dramatis persona,* il a pu être créé selon la légende plutôt que selon l'histoire.

sur l'initiative de Socrate, est indispensable à la progression du dialogue et peut n'être qu'un jeu[34].

Évidente est, par contre, la bonne grâce avec laquelle Alcibiade reconnaît ses insuffisances, ses faiblesses. Quelques pages après le début de la discussion, il est déjà acculé à une impasse : il ne sait en quoi consisteront les conseils qu'il s'apprête à donner sur la guerre et la paix : « *Mais c'est honteux* » ! s'écrie Socrate, qui brosse un tableau très humiliant de la situation, pour en revenir à : « *Ne vois-tu pas que c'est honteux ?* » « *Tout à fait* » (209 a) répond Alcibiade, sans chercher à sauver la face, et c'est ainsi qu'il acceptera toutes ses défaites successives. Mieux encore, il s'accusera lui-même à l'occasion : pourquoi le sage Périclès, si la sagesse s'enseigne, a-t-il laissé dans une ignorance aussi regrettable son pupille Alcibiade ? celui-ci propose une explication honnête :

> « *C'est, je crois, ma faute, parce que je ne fais pas attention* » (118 e).

Il avoue sa paresse, car il est prêt à ne pas étudier si ce n'est pas indispensable, mais il admet aussitôt après qu'il a intérêt à faire des efforts (119 b et 120 d).

Somme toute, Alcibiade nous est peint comme un adolescent saisi au moment où sa personnalité virile se forme, intelligent déjà, et vraisemblablement plein de projets imposants, assez fin pour n'être pas imbu de lui-même[35], avant tout honnête et ouvert, ouvert, hélas, au point d'en être influençable. Il sera donc raisonnable de considérer ses idées comme l'expression de ce qui se pense dans la haute société athénienne du temps, ou, plus précisément, de ce que pouvait en accepter une âme aussi noble que celle d'Alcibiade.

***

Nature et Vertu.

Le personnage d'Alcibiade n'est pas le résultat composite d'une volonté apologétique en l'auteur : sa noblesse d'âme et sa faiblesse de caractère se combinent pour former une figure juvénile, vraisemblable. S'il est

34. Ce clair-obscur où se dissimule l'ambition d'Alcibiade pourrait être un argument en faveur de l'authenticité souvent contestée du dialogue ; car si l'ensemble du texte accuse une lourdeur didactique inhabituelle à Platon, du moins la peinture du caractère est ici très fine.

Il est amusant de voir qu'Edmond Lévy, qui lit notre dialogue de la manière traditionnelle (*op. cit.*, p. 126, n. 1), commente ainsi le texte de Thucydide sur lequel repose la légende de l'ambition effrénée d'Alcibiade : « Une telle analyse, sans doute fausse en ce qui concernait le cas personnel d'Alcibiade, se fondait sur l'idée que l'ambition ne saurait souffrir de limitation. » (*ibid.* p. 141).

35. Il nous a paru (p. 108) que Charmide était orgueilleux, à l'inverse de l'interprétation habituelle. Mais Alcibiade, lui, se défend d'être orgueilleux. S'il l'était, nul n'y trouverait à redire. Sa modestie se justifie, non parce que la modestie est toujours louable, mais, dans le cas particulier d'Alcibiade, par son honnêteté intellectuelle d'ignorant qui avoue ses ignorances. Ce qui est toujours louable est la lucidité.

étourdi, et prête une oreille distraite aux conseils de Périclès (118 e), s'il est paresseux, léger, et désire devenir illustre sans beaucoup se fatiguer (119 b-c), si Socrate lui attribue avec vraisemblance une capacité inquiétante de céder aux tentations (135 e), ses réflexions révèlent pourtant un instinct généreux.

Alcibiade, est-il dit, a toujours eu, ou cru avoir, le sens de la justice. D'après Socrate, le sentiment naturel inné d'une notion prouve l'ignorance de cette même notion, paradoxe assez surprenant sur le plan logique ! (106 d à 112 d) ; quelle que soit la valeur probante du raisonnement, son énoncé à propos de la justice pourrait s'appliquer à tous les enfants, le sentiment de la justice étant, croit-on, l'un des plus répandus et des plus précoces qui soient. Cependant, Socrate a remarqué en l'enfant Alcibiade une sensibilité extrême au juste et à l'injuste (110 b-c), et semble admettre l'existence d'une relation spéciale entre la personnalité d'Alcibiade et le sens de la justice.

Adolescent, ayant à peine réfléchi à la question, Alcibiade définit la justice de manière désintéressée : il distingue spontanément le juste de l'avantageux (113 d). Il reconnaît l'évidence de l'immoralité et de l'égoïsme politiques des Athéniens ou des Grecs en général (113 d) ; et s'il envisage en opportuniste d'y jouer son rôle (113 e), il ne tarde pas à proclamer son admiration pour la moralité désintéressée : comme exemple d'action juste et désavantageuse, il accepte un courageux sauvetage (115 b) ; or il prétend chérir le courage, vertu de sacrifice, à l'égal des plus grands biens, tels que la vie (115 d)[36]. Sa morale instinctive est donc altruiste et juste ; ses tentations de se salir les mains, à l'instar de tous les grands orateurs, sont le fruit de l'influence du milieu.

Le caractère instinctif des beaux côtés d'Alcibiade est d'ailleurs souligné par une grande insistance de l'auteur sur les mérites de la noblesse du sang. La haute naissance, l'hérédité aristocratique, seraient les atouts essentiels pour constituer une belle personnalité (104 a, 120 e, 121 a-b-c)[37].

Une réponse implicite à la question à la mode, celle que formule Ménon : d'où vient la vertu ? pourrait sans peine être dégagée de ces passages : la vertu ne saurait se communiquer à n'importe qui, comme un savoir-faire s'enseigne ; mais elle est constituée immédiatement par les qualités naturelles, héréditaires, physiques presque, d'un être bien né.

Aussi les mots généreux d'Alcibiade ne sont-ils jamais l'expression d'une idée (s'il réfléchit, il a au contraire tendance à parler en profiteur assez vulgaire, cf. 113 d), mais sont des « cris du cœur » : Plutôt mourir que d'être lâche ! (115 d), pour sûr que j'envisage d'être un grand homme ! (119 e).

A cette incarnation d'une vertu instinctive et charnelle, s'oppose fortement Socrate, l'intellectuel féru d'abstractions qui, ici plus que jamais, fait fi de l'expérience concrète et du bon sens. Nous avons fait allusion

36. Cf. l'analyse de ce passage au chapitre V, p. 209.

37. Cette insistance, évoquant presque le ton de la propagande partisane, est exceptionnelle dans les dialogues socratiques de Platon. Toutefois, la mention de la brillante famille de Charmide (*Charmide* 158 a) y fait écho, plus discrètement.

tout à l'heure à l'argumentation par laquelle Socrate établit qu'on ne peut savoir ce qu'on a « toujours su » (conclusion en 112 d) ; avec un raisonnement de ce genre, on prouverait de même que nul ne sait s'alimenter ! (les nourrissons savent s'y prendre — ou croient-ils le savoir ? — avant d'être en état de mener une enquête ou de recevoir une instruction)[38]. Aussi bien, Alcibiade ne prend-il pas tout cela au sérieux ; réfuté formellement, il reconnaît son échec pour la forme :

« *En te fondant sur ce que tu dis, la chose n'est pas probable* » (112 d).

Mais dès qu'il aborde la prochaine question, il montre combien peu il a été convaincu : en effet, s'il a admis, sur la base du raisonnement susdit, l'improbabilité de sa compétence en matière de justice, il revendique maintenant une compétence en matière de profit ; et quand Socrate s'en étonne, il réplique :

« *Qu'est-ce qui l'empêche ? à moins que tu ne me demandes, pour ne pas changer, chez qui je l'ai appris, ou comment je l'ai trouvé moi-même...* » (113 e)

On voit bien qu'à ses yeux la réfutation précédente n'a été qu'une plaisanterie ingénieuse, mais oiseuse.

Dans un autre passage de notre dialogue, Socrate pratique une curieuse analyse du langage : celui-ci est légitimement[39] enseigné par « tout le monde », d'après Alcibiade (111 a sq.) ; mais d'après Socrate, il convient de distinguer : d'un côté, il existe une sorte de langage comparable à un code, grâce auquel des désignations communes à tout un peuple servent à représenter quelques réalités simples ; les exemples qu'il donne, « *pierre* », « *bois* » (111 b), sont bien des termes commodes permettant l'économie d'une description. Mais les notions controversées du « *sain* » et du « *malade* », du « *juste* » et de l' « *injuste* » (111 e) appartiennent à un autre domaine. Socrate oublie-t-il que ces notions s'expriment dans le langage, par des mots grecs que l'hellénisant non-médecin ou non-moraliste ne saura peut-être pas exactement à qui appliquer, mais dont il comprendra très bien le sens et la portée ? Attribuer au premier venu la capacité d'enseigner ce qu'est une « *pierre* », et réserver au seul médecin celle d'enseigner qui est « *sain* », n'est-ce pas escamoter le problème des notions subjectives ? N'importe qui ne peut savoir si tel homme est en bonne santé, mais sait parfaitement ce que signifie que tel homme soit en bonne santé. Que peut être la connaissance intuitive, évidente, d'une « santé » dont les conditions objectives restent

38. Ceci nous apprend que la vertu, pour Socrate, n'est pas une « connaissance » comme les autres. D'autres textes nous l'apprennent aussi. Mais ici ce point de vue n'est pas explicite, et Socrate raisonne sur le « savoir » dans les termes les plus généraux.

39. Contrairement à la morale, affaire de connaisseurs, dit Socrate ; comme la morale dit Alcibiade. De même Protagoras assimile l'enseignement de la morale et celui de la langue par le milieu, sans convaincre Socrate (*Protagoras* 327 e-328 a).

inconnues ? Voilà qui n'est pas clair, et Socrate refuse de l'envisager. Mais nous sentons bien, avec Alcibiade, que « *tout le monde* » est apte à communiquer cette connaissance.

Autre occasion pour Socrate de marquer son mépris des réalités psychologiques vécues : si Alcibiade, dit-il, se prétend apte à parler brillamment devant une foule, qu'il en fasse autant, sur le même sujet, devant un auditeur unique ! une foule n'est-elle pas une collection d'individus ? (114 b-d). Pour expliquer l'embarras du jeune homme ainsi mis au défi, point n'est besoin de recourir aux artifices de la rhétorique, dont les mirages se dissiperaient à la lumière de la raison individuelle. Il faut simplement se souvenir que, si le « trac » frappe souvent l'orateur affrontant un vaste public, il peut inversement paralyser un homme guetté par un critique malveillant [40] et que mettrait à l'aise un public qui s'attend à l'entendre dire à peu près ce qu'il s'apprête à dire.

Peut-être le contraste entre la spontanéité chaleureuse d'Alcibiade, et la froideur rationaliste de son vieil amoureux, est-il concerté de manière à suggérer la pensée de l'auteur. Alcibiade est vertueux d'instinct, par nature. Son enthousiasme pour tout ce qui mérite l'admiration (*kalon*) est sincère, et, semble-t-il, conforme au bon sens intuitif. Socrate l'orientera facilement vers une morale où le *kalon* sert de critère, de référence, à un *agathon* envisagé en un sens spirituel (116 a).

Mais ces qualités naturelles sont sujettes à caution ; la vertu d'Alcibiade est labile. Déjà se sent en lui le goût du pouvoir, des succès vulgaires, de l'*agathon* au sens le plus bas.

Pour Socrate, tout s'enseigne, du langage à la justice, chez des maîtres compétents. La grandeur d'âme serait-elle héréditaire ? la vertu ne s'enseignerait-elle pas ? Mais si ! Alcibiade, le brillant et naïf adolescent n'est encore qu'un embryon d'homme vertueux en puissance, tant que la science morale de l'éclaire pas. Par son regrettable destin d'homme mûr, Alcibiade est la preuve vivante que Socrate a raison de considérer la vertu comme une science. Mais cette doctrine socratique l'amuse et l'étonne, car elle est paradoxale. Sans avoir conscience de la fonder en vérité par son propre exemple, il en souligne complaisamment le caractère original, et neuf, aux yeux du simple bon sens.

LA *RÉPUBLIQUE* I (*suite*)

Sentiments populaires et Principes philosophiques.

Dans le précédent chapitre, nous avons vu tourner court le premier entretien rapporté au livre I de la *République,* celui de Socrate avec Céphale : cet interlocuteur était inapte à la recherche philosophique.

40. Comme Socrate est évidemment malveillant, non pour la personne d'Alcibiade, mais pour chacune des idées qu'il énoncerait.

Mais ses deux successeurs, à des degrés divers, malgré une incapacité commune de concevoir des idées d'ensemble, et d'accéder à la vraie philosophie, permettent au dialogue de progresser.

Le fils de Céphale, Polémarque, a d'abord « hérité » de la discussion, et plus précisément d'un point de vue déjà réfuté en partie ; Céphale, ayant proposé de définir la justice[41] comme suit : dire la vérité, et rendre ce qu'on a reçu (331 c), Polémarque prend la défense de cette formule (331 d). Mais il doit déjà tenir compte de l'objection opposée à Céphale, à propos de l'arme, qu'il n'est pas « juste » de rendre à son propriétaire devenu fou ; aussi la différence entre Polémarque et son père se marque-t-elle tout de suite : là où Céphale se contentait de situations concrètes, insoucieux d'atteindre à l'essence des problèmes, Polémarque sait abstraire et généraliser ; de la formule « *rendre ce qu'on a reçu* », il dégagera la valeur permanente : « *rendre ce qu'on doit à chacun* » (331 e), « *rendre ce qui convient* » (332 b), c'est-à-dire « *faire du bien à ses amis et du mal à ses ennemis* (332 a-b) ou, en d'autres termes, « rendre le bien pour le bien et le mal pour le mal ».

Cette aisance à énoncer les vrais problèmes fait de Polémarque un interlocuteur intéressant ; ailleurs[42] Platon mentionne le goût prononcé de Polémarque pour la philosophie et ceci confirme cela. Mais si l'aptitude à abstraire est condition nécessaire au dialogue philosophique, elle ne suffit pas à lui conférer la profondeur souhaitable, et c'est pourquoi le dialogue entre Socrate et Polémarque se révèle si décevant : Robert Baccou parle d'un « tour sophistique »[43], et juge « facile »[44] la victoire de Socrate. Auguste Diès est plus sévère encore, et accuse Socrate d'utiliser une analogie « moins probante qu'il ne pense »[45], de verser dans le « badinage »[46], d' « abuser étrangement »[47], et déclare pour finir :

> « La conclusion est belle, mais elle repose, comme la discussion avec Polémarque, sur un raisonnement sophistique »[48].

Comme souvent, la faiblesse de l'entretien s'explique ici aisément par la faiblesse de l'interlocuteur : Polémarque, à mi-chemin de Céphale et du vrai philosophe, est ce que Pascal appellera un « demi-habile » ; il importe donc de le réfuter, mais la réfutation ne fera que frôler l'essentiel, et c'est pourquoi l'intervention d'un troisième champion est inévitable.

41. A cette définition un peu étroite, le terme d' « honnêteté » correspondrait plus exactement que celui de « justice ». Malgré tout et faute de mieux, nous avons adopté le mot « juste » pour traduire *dikaios,* non seulement parce que *dikaios* qualifie le verdict « juste » dans le domaine judiciaire, mais aussi parce que chez Platon le mot implique le souci d'autrui, et des relations équilibrées entre les personnes.

42. *Phèdre* 257 b.

43. Éd. Garnier-Flammarion, p. 388, n. 13.

44. *Ibid.*, p. 19.

45. Éd. des Belles Lettres, p. 12, n. 1 (à 332 e).

46. *Ibid.*, p. 13, n. 1 (à 333 c).

47. *Ibid.*, p. 14, n. 1 (à 334 b).

48. *Ibid.*, p. 17, n. 1 (à 335 e).

L'opinion soutenue par Polémarque[49] est ingénieusement formulée, de façon à souligner son caractère abstrait et général, mais elle ne brille pas par l'originalité: Ménon, chez Platon, la partage (*Ménon* 71 c), sans envisager même qu'elle soit discutable ; parmi les témoignages d'autres auteurs, nous nous contenterons de mentionner le mot de Créon chez Sophocle : tout homme désire des fils, dit-il,

> « pour qu'ils payent son ennemi en mauvais traitements et honorent son ami » (*Antigone* 643-4)[50].

Polémarque se place ainsi dans le courant de la moralité banale de son milieu ; il est plein d'ardeur à soutenir une thèse dont les défauts ne lui apparaissent pas, et à laquelle il n'a pas prévu d'objection.

La réfutation[51] de cette thèse sera donc aisée. Elle se fait en trois temps.

Pour commencer, Socrate s'attache à vider de son sens la notion traditionnelle de « justice » ; pour ce faire, il s'arrête à l'expression trop vague : « faire du bien » ou « faire du mal », et la réduit à être l'expression d'une compétence technique ou scientifique : nous avons affaire ici à un raisonnement très semblable à celui du *Petit Hippias,* et qui aboutit à une conclusion aussi bizarre : la justice ne sert pas à grand-chose, et, plus surprenant encore, le « *juste apparaît comme une sorte de voleur* » (334 a) ! Une fois de plus, Socrate montre qu'en définissant la justice, ou n'importe quelle vertu, comme une science ou une habileté parmi d'autres, on aboutit aux plus intenables paradoxes ; et une fois de plus, nous voyons son interlocuteur sidéré par la conclusion obtenue (334 b), mais acceptant sans l'ombre d'une réticence la prémisse, absurde à nos yeux, que Socrate lui propose. En réservant ici au médecin le domaine de la maladie et de la santé (332 d), et au pilote celui de la navigation (332 e), Socrate amène Polémarque à faire de la justice l'art des alliances militaires (332 e). Quant au temps de paix, si l'agriculture veille alors aux récoltes (333 a), et la cordonnerie aux chaussures (333 a), il ne reste d'utilité à la justice que pour former des associations (333 a) ; mais pas toutes ! Le joueur de trictrac sera le meilleur associé pour ce jeu (333 b), le maçon pour construire (*ibid.*) et le cithariste pour jouer de la cithare (*ibid.*) ; reste à la justice de s'occuper d'argent ; mais pas toujours (333 b) ! car pour acheter et vendre divers objets, le connaisseur de chacun des objets sera le meilleur associé dans le cas envisagé (333 c). Bref, la justice n'est bonne qu'à garder en dépôt de l'argent, ou des objets, à condition qu'on ne se serve pas de cet argent, ni de ces objets ! (333 c-e). En suivant les méandres de cette étrange argumentation, on en voit bien le vice : si la justice était un métier parmi d'autres, on pourrait, certes, le définir comme le métier d'administrateur d'un

49. On peut la lui attribuer, malgré A. Dies (*op. cit.*, p. CXLVII) qui en fait l' « opinion des poètes » ; car le texte de Simonide où elle serait exprimée n'est même pas cité. Polémarque reprend cette opinion à son compte.

50. Cf. également le *Palamède* de Gorgias, paragraphe 18.

51. Nécessaire pour éclairer l'originalité de Socrate, et son antagonisme avec Thrasymaque.

Mont-de-Piété par exemple ; mais la justice n'est pas cela, et il ne faut pas être fort subtil pour comprendre que la justice doit accompagner chacune des activités dont Polémarque a accepté de faire un domaine séparé : le meilleur associé au jeu de trictrac est le joueur adroit, mais qui surtout ne triche pas ; le meilleur bienfaiteur du point de vue de la santé, c'est le médecin non seulement compétent, mais aussi respectueux du serment d'Hippocrate... A cela Polémarque ne songe pas : il a le sentiment de l'utilité universelle de la justice, puisqu'il la revendique pour la paix comme à la guerre (332 e), mais il n'imagine pas de protester chaque foi que Socrate rogne sur le domaine de la justice afin d'enrichir une technique spécialisée ; il ne voit pas que là gît le point à récuser.

Fort de son accord, Socrate poursuit dans le même sens sa démonstration par l'absurde : si la justice est habileté, ou connaissance de quelque chose, elle l'est forcément du contraire aussi : comme le plus habile médecin est *ipso facto* le plus habile à rendre malade, le juste, excellent dépositaire, serait *ipso facto* le meilleur des voleurs (334 a) ! Là encore, Socrate montre assez clairement quelle erreur ce serait d'assimiler la justice à une compétence professionnelle : si la justice consiste à administrer un Mont-de-Piété, l'administrateur malhonnête et compétent sera sans doute très à même de dérober sur une grande échelle ! Mais si la justice, loin d'être un métier, est une manière d'exercer toutes les activités techniques, il n'y a plus de paradoxe. Là encore, Polémarque n'imagine pas la parade à opposer aux déductions stupéfiantes de Socrate.

Faute d'examiner sa prémisse — vertu égale connaissance ou habileté — il s'enlise dans des paradoxes, mais il est doté d'assez de bon sens pour refuser ceux-ci. Désorienté, il abandonne, purement et simplement, l'examen des circonstances dans lesquelles on doit faire le bien, ou le mal, et passe avec Socrate à l'examen des bénéficiaires, ou des victimes (334 b).

C'est alors la notion d'ami ou d'ennemi qui vient sur la sellette, dans le second temps de la réfutation par Socrate. Celui-ci va montrer, sans peine, que ces termes prononcés par Polémarque (334 b), sont trop subjectifs, propices à l'erreur, et doivent être remplacés respectivement par les notions absolues de « bon », et de « mauvais »[52].

Dans le troisième temps, Socrate rend caduc le progrès réalisé, car il examine, non plus les circonstances où la justice a lieu d'agir, non plus les bénéficiaires ou les victimes de son action, mais le principe même d'une justice dont on peut être victime ; il va prouver que le juste ne doit nuire à personne, pas plus au « *méchant* » qu'à l' « *ennemi* ».

52. Il faut s'arrêter un instant au vocabulaire utilisé ici. Nous avons parlé des termes *agathos* et *kakos* (cf. chapitre I) et, à propos du *Lysis,* nous analyserons le sens de *philos* (cf. chapitre V). Du *Lysis* se dégage l'idée que la *philia* traduite trop souvent par « amitié », représente le sentiment de dépendance de l'être (ou de la chose) qui a besoin d'un autre. Le « bon », utile à soi-même, n'a besoin de personne (*Lysis* 215 a) ; les autres ont besoin de lui, non qu'il soit serviable, mais parce que le point d'excellence auquel il est parvenu lui confère un rayonnement dont ses inférieurs peuvent tirer parti en apprenant à l'imiter. Lui-même, étant parfait, ignore la jalousie, et autorise cette imitation (cf. p. 23-24).

Au départ, cette réfutation rencontre une résistance chez Polémarque :

« *Est-ce le fait d'un juste, de nuire à un homme quel qu'il soit ?* »

demandait Socrate ; « *Mais absolument ! répondit-il* » (335 b). Toutefois la réfutation sera prompte ; Polémarque n'y mettra pas d'obstacle.

En fait, l'argumentation de Socrate n'est qu'un jeu sur le sens de *blaptein* : en prononçant ce mot, Polémarque entend, évidemment, « maltraiter », c'est-à-dire faire subir un traitement désagréable ; et en ce sens, il serait tellement difficile à réfuter qu'il rejoint là la doctrine de Socrate dans le *Gorgias*[53] ; mais Socrate, lui, veut entendre par *blaptein* : « nuire », c'est-à-dire faire subir un dommage réel, objectif ; preuve en est son exemple des chevaux qui deviennent pires si on leur nuit : il va de soi qu'ils deviennent pires à titre de chevaux (335 b), c'est-à-dire sans doute de coureurs, si on les rend malades, si on leur casse une jambe ; de les maltraiter par contre, de les cravacher, comme font les jockeys, leur est désagréable sans doute, mais améliore leur qualité hippique. Si donc, selon Socrate, faire du mal à un homme, c'est le rendre injuste (335 c), ce n'est pas que Socrate soit devenu un psychologue moderne analysant l'origine traumatique de l'aigreur de caractère ! au contraire, nous retrouvons ici la plus classique doctrine socratique[54] : la justice est l'excellence propre à l'homme (*anthrôpeia arétê*), et le seul tort réel que l'on puisse faire à un homme est de le rendre injuste. Remarquable est ici la facilité avec laquelle Polémarque admet l'argumentation de Socrate : il ne relève pas le glissement de sens du mot *blaptein* (335 b) ; il juge « *inévitable* » (335 c) d'identifier la justice avec l'excellence de l'homme, et quant à la conclusion, si elle le surprend, il n'en dit rien. Alors qu'il rejetait avec stupeur le paradoxe de 334 b, il s'écrie de bon cœur ici : « *Je pense que tu dis absolument la vérité, Socrate* » (335 d).

Polémarque cède donc avec une complaisance un peu exagérée à des arguments très faibles. C'est qu'il a « peu de défense » écrit Auguste Diès. Mais n'est-ce pas plutôt que la doctrine de Socrate éveille sa sympathie ? Dès le départ, sa propre opinion n'était ni originale, ni subversive ; il n'était donc pas préparé à la défendre énergiquement. Il se soucie peu des détours de l'analyse, et s'il rejette les paradoxes, il accepte le reste. Faut-il en déduire que la conclusion de Socrate — le juste ne nuit à personne — pour être neuve, n'en était pas pour autant révolutionnaire ? Peut-être...

Il est curieux de souligner que Socrate, tel qu'il s'exprime dans le *Gorgias*, et l'opinion courante représentée par Polémarque dans la *République*, s'accordent parfaitement sur le plan concret, quant au traitement à appliquer au méchant. Pour eux tous, le pardon est une notion inconnue[55]. Si un homme a prouvé sa méchanceté ou son inimitié à leur égard,

55. Cf. p. 49.

54. Notamment celle de *Gorgias* 478 c et de l'*Apologie* 29 b.

55. Ceci ne doit pas nous surprendre ; nous avons vu que la morale grecque répugne à l'irrationnel. Dans le même sens, les stoïciens, si logiques, diront que le sage ne pardonne jamais, puisqu'il n'éprouve pas de pitié, et ne sous-estime pas les fautes. L'opposition du

ils estiment « juste », donc louable, de lui appliquer un traitement désagréable. Mais sur le plan des principes, la différence est extrême : Polémarque, et avec lui le commun des Grecs, se contente de rendre le mal pour le mal, et en retire une satisfaction primitive, presque viscérale, celle de la vengeance ; il pare ce choix impulsif d'un vernis de rationalisation : le mal, dit-il, convient au mauvais et lui est donc dû ; mais, ce disant, il reste sous l'inspiration du sentiment subjectif qu'est la haine. Si cette manière de voir est rationnelle dans le rapport qu'elle établit entre la faute et son châtiment, elle est aussi passionnelle puisqu'elle favorise la satisfaction d'un instinct. Elle est donc tissue de contradictions.

A cela, comme toujours, s'oppose la doctrine de Socrate. Chez lui, la rationalisation est complète, et le sentiment surmonté. Il ne reste chez lui ni haine, ni désir de vengeance. La punition imposée au méchant est un mal seulement par le désagrément superficiel qu'elle apporte à celui-ci ; mais étant exigée par la justice pour faire équilibre à ses méfaits, elle est au fond un bien, puisqu'elle a pour raison d'être sa valeur curative [56].

La pensée de Socrate voit loin dans l'enchaînement des causes et des effets. Elle affronte victorieusement l'examen, car, dans son mépris superbe des sentiments, elle reste parfaitement cohérente.

LA *RÉPUBLIQUE* I (*fin*)

Le personnage de Thrasymaque.

L'intervention de Thrasymaque, occupant la troisième, et la plus longue partie du livre I de la *République*, attire l'attention par deux traits surtout : elle est extrêmement orageuse, violente, grossière ; et d'autre part elle est formée de points de vue contradictoires. Ceci et cela peut s'expliquer par le caractère passionné du personnage et de son exposé. W. K. C. Guthrie [57] attribue à Thrasymaque « des sentiments passionnés »... « une émotion puissante », souligne « le mépris et l'amertume » avec lesquels il parle, et dépeint comment « il explose en énonçant un paradoxe plein de colère ». L'explication est plausible s'il faut rendre compte de la mauvaise humeur de Thrasymaque, et des bizarreries de sa théorie. Mais elle ne convient pas pour d'autres aspects. Platon lui-même insiste

pardon à la rétribution est l'opposition classique de la charité (qui amène à « tendre l'autre joue ») à la justice (exprimée dans la loi du talion).

56. Cf. dans le *Gorgias* la discussion avec Polos, qui se conclut en 480 c.

57. *The Sophists*, Cambridge 1971, p. 91 et sq.

sur le besoin qu'éprouve Thrasymaque, non de déverser sa bile, mais de briller :

> « *Thrasymaque, de toute évidence, grillait de parler, afin d'être félicité, car il croyait disposer d'une réponse superbe* » (338 a).

Si Thrasymaque se fait prier, c'est visiblement pour mettre en valeur cette réponse qu'il tient en réserve : d'abord il engage une sorte de concours avec Socrate, le mettant longuement au défi de fournir une bonne réponse (336 c et sq.), puis il se fait fort de respecter, lui, les règles d'un jeu qu'il a fixées lui-même (337 d), et surtout il n'accepte pas d'abattre ses cartes avant de s'être assuré d'un salaire : la chose paraît dépasser la simple plaisanterie car, si Socrate ne paye pas pour la meilleure des raisons, ses riches amis s'engagent aussitôt à payer pour lui (337 d). Enfin la révélation tant attendue est brève, anxieusement proposée aux félicitations que son auteur semble attendre avec nervosité :

> « *Écoute donc : je prétends, moi, que la justice n'est rien d'autre que l'intérêt du plus fort. Alors ? que ne m'applaudis-tu ? tu ne t'y résoudras pas !* » (338 c).

Notons-le encore : quand Clitophon propose à son maître une solution apte à lui faire franchir un moment difficile du dialogue, Thrasymaque repousse la suggestion avec hauteur, et en propose une autre, plus compliquée (340 c) ; sans doute veut-il vaincre sans avoir à en remercier personne !

D'autre part, cette théorie, valant son pesant d'or et qu'il s'entend à mettre en valeur, Thrasymaque la soutient sans conviction :

> « *Il me semble,* dit Socrate, *que tu ne blagues pas simplement, mais que tu dis ce que tu crois vrai. — Que t'importe, répond-il, que je le crois ou non, si tu ne réfutes pas mes paroles ?* » (349 a).

De tout cela, il ressort que Thrasymaque ne prétend pas soutenir une vérité chère à son cœur, ni sous sa forme paradoxale, ni sous sa forme sérieuse. Il avance une thèse qui, originale et invincible, lui paraît unir deux qualités précieuses, et il espère gagner par là un renom, d'autant plus plaisant qu'un salaire l'accompagnera. Bref, Thrasymaque joue ici le rôle d'un sophiste exemplaire, en quête de gloire et de fortune par la grâce des mots, sans souci de vérité. Quant à la violence et à l'aigreur de ses réactions, elles s'expliquent par une anxiété de cabotin dont la raison d'être est le succès de la représentation.

Thrasymaque ne plaide pas pour une manière de vivre ; c'est Socrate qui souligne la gravité de l'enjeu (344 e). Il ne se répand point en menaces, comme Hippias, Anytos ou Calliclès, contre Socrate, car celui-ci ne décrie pas ses idéaux. A plusieurs reprises, Thrasymaque acquiescera « *à contre-cœur* ». Par là il se distingue à la fois du disciple heureux d'apprendre, et de l'adversaire refusant absolument d'admettre ce qu'il désapprouve. Tout reste pour lui au niveau d'une joute verbale où il est désolé d'avoir le dessous.

Il reste toutefois un point qui justifierait l'hypothèse d'une amertume sincère en Thrasymaque : c'est cette qualification d' « *étranger* » (*allotrion*) appliquée à l'intérêt du fort, et de « *propre* » (*oikeion*) au désavantage du faible (343 c). C'est-à-dire que Thrasymaque se place lui-même parmi les faibles. A-t-il vécu une expérience d'opprimé ou d'exploité ? Y a-t-il connu le goût de la révolte ? [58] En tout cas, si son idée originelle est née d'un traumatisme de ce genre, Thrasymaque semble avoir surmonté le choc et en avoir gardé seulement ce qui pouvait le servir dans l'exercice de sa profession. Ainsi s'explique son indifférence superbe pour toute la discussion, hormis le succès qu'il en aura [59].

Si l'exposé de Thrasymaque est l'expression passionnée d'une souffrance morale, il n'est pas étonnant que Socrate veuille le réfuter, et le fasse avec la plus grande facilité. Mais cette facilité même diminue l'intérêt de l'entreprise. Par contre, si cet exposé est pour Thrasymaque une occasion de se faire valoir, et rien de plus, on peut se demander pourquoi Socrate tient tant à en discuter avec lui. Sans doute estime-t-il importante en elle-même l'idée développée par Thrasymaque, et veut-il en prouver la fausseté car elle peut exercer une influence pernicieuse, que son auteur ou n'importe qui d'autre en soit le partisan véritable. D'en discuter avec Thrasymaque peut être encore utile, car, sinon la conviction, au moins la vanité d'auteur le poussera à défendre sa position de son mieux. Sa défaite sera donc probante. Le texte même suggère cette intention :

> « *Je pense,* dit Socrate, *que tu dis ce que tu crois vrai — Que t'importe,* répond l'autre, *que je le croie ou non ? réfute seulement mon exposé !* »

Et Socrate d'accepter :

> « *Cela ne me fait rien ; toi, essaye encore de répondre...* » (349 a-b) [60].

Un peu plus loin, Socrate dit derechef :

58. Il est intéressant de noter que pour A. D. Winspear (*The genesis of Plato's thought* : Montréal 1974, p. 188), Thrasymaque est le représentant des extrémistes de « gauche » — une gauche à l'antique — juste quand il est l'avocat des droits du plus fort ! S'il est amer, il serait alors un aristocrate déçu.

59. Si l'on examine les témoignages sur Thrasymaque et les citations de lui rassemblées dans le recueil de Diels-Kranz, on observe que cet orateur a surtout laissé le souvenir d'un merveilleux styliste. Sa personnalité et ses idées n'ont guère laissé de traces. Seule une leçon incertaine de Juvénal permet de supposer qu'il s'est suicidé. La citation par Hermias (p. 326), qui confirme l'interprétation de Guthrie, est approximative, et sans référence. Quoi qu'il en soit, Platon ne se pique pas spécialement de fidélité à l'Histoire.

60. C'est dans le même esprit que Socrate réfutera une thèse soutenue par Glaucon contre la propre conviction de Glaucon, au début du livre II de la République.

« Ne réponds rien contre ton opinion ! — Je répondrai de manière à te plaire, puisque tu ne me laisses pas parler. Que veux-tu d'autre ? — Rien par Zeus,

répond Socrate,

si tu veux faire ainsi, fais-le, moi je t'interrogerai » (350 e).

Ici Socrate n'exige même plus la résistance de l'interlocuteur, et ne se soucie plus que d'expliquer ses propres idées, de façon, sans doute, à convaincre le public.

Quant à Thrasymaque, la vanité d'auteur ne lui fait pas défaut, mais loin de lui permettre une défense acharnée, elle l'aveugle : ébloui par les mérites sophistiques de sa trouvaille — la justice est l'intérêt du plus fort — il néglige de la mettre au point, et il la développe d'une manière étrangement contradictoire [61].

*
**

Les Contradictions de Thrasymaque.

La contradiction éclate dans le rapprochement des deux formulations de la doctrine de Thrasymaque. La première est : « *La justice n'est rien d'autre que l'intérêt du plus fort.* » (338 c) et la seconde : « *Le juste est partout inférieur à l'injuste* » (343 d).

Dans le premier cas, semble-t-il, Thrasymaque garde à la notion de justice sa valeur laudative habituelle, mais en révolutionne la définition. Dans le second cas, il garde leur sens banal aux termes de « *juste* » et d' « *injuste* », mais il en inverse les valeurs courantes, louant l' « *injuste* » et méprisant le « *juste* ». Encore pourrait-on tenter de résoudre le problème, en suggérant que, dès la première formule, Thrasymaque accusait les forts et leur justice, mais même ainsi l'incompatibilité demeure ; en effet l'homme injuste loué par Thrasymaque ne peut guère être défini autrement que comme un homme fort, puisque son mérite est de réussir ! D'ailleurs le type accompli d'injuste est le tyran (344 a), ce même tyran qui a servi (338 d) d'exemple de fort légiférant — justement ! — dans son propre intérêt [62]. Thrasymaque est donc doublement révolutionnaire : il bouleverse le lexique avec ses définitions extraordinaires, et il renverse les valeurs morales à propos des notions essentielles.

61. Cette contradiction, que ne relève d'ailleurs aucun des assistants, ne pose pas de problème psychologique (Guthrie, *loc. cit.*, toutefois, l'explique par le caractère passionné de l'exposé). C'est une manifestation particulièrement éclatante des incohérences propres à tous les défenseurs du désordre ; cf. chapitre II ; pour Calliclès, sa doctrine est plus intéressante que celle-ci, car la contradiction y est moins voyante ; mais Socrate finit par la faire ressortir là aussi.

62. Cette coïncidence ruine une tentative de conciliation qui eût été imaginable autrement : le « fort », pour Thrasymaque, n'est jamais un individu mais un gouvernement ; l'injustice serait donc l'anarchie permettant l'épanouissement d'individus plus ou moins forts.

Socrate ne souligne pas la contradiction. Il se contente de rétablir la moralité bafouée dans ses droits, en réfutant successivement les deux faces, également redoutables, du même immoralisme [63].

Si, comme nous le pensons, Thrasymaque n'a pas aussi mauvaise opinion de la justice au début qu'à la fin de son intervention, cette incohérence vient de la coexistence en lui d'un goût anarchiste, et d'un préjugé traditionaliste : en effet, s'il nomme du terme laudatif de « justice » cette soumission aux lois dont il va bientôt se scandaliser si fort, c'est qu'apparemment il ne peut se défaire d'un respect bien hellénique pour la légalité [64]. Rien d'autre en effet ne vient justifier sa définition (338 c). Contrairement donc à Calliclès, qui a su faire bon marché de toutes les entraves conventionnelles pour libérer l'homme fort, Thrasymaque se perd entre son admiration pour les forts, et sa déférence pour la contrainte sociale.

***

L'intérêt : anarchie pour le sens commun, ordre pour la philosophie.

Tout le dialogue de Socrate et de Thrasymaque est consacré d'un bout à l'autre à l'examen de l'intérêt personnel, question capitale dans une éthique où les motivations intéressées sont toujours présentes : en effet, tous deux cherchent ici constamment à déterminer qui peut trouver son avantage dans la justice ou bien dans l'injustice, et quelle sorte d'avantage [65]. Il est facile de ramener à cette question les deux faces de la doctrine de Thrasymaque : 1) La justice est l'intérêt des plus forts ; 2) Il y a intérêt à être injuste.

63. L'incohérence de Thrasymaque éclate si on la rapproche sous forme schématique de la moralité courante, ou de l'immoralité systématique d'un autre interlocuteur de Socrate, Calliclès dans le *Gorgias :*

Moralité courante	Les faibles ont fait des lois justes qu'il est juste d'observer.
Calliclès	Les faibles ont fait des lois injustes qu'il est injuste d'observer (484 a).
Thrasymaque	Les forts ont fait des lois injustes qu'il est juste d'observer.

Concernant Calliclès, nous appelons « injuste » ce qui l'est selon la Nature, seul point de vue sain à ses yeux (483 e).

64. L'Hippias du *Grand Hippias* suivra de bon cœur Socrate sur des voies moins rebattues, mais reste conscient du paradoxe. Criton, un moment égaré par ses sentiments, reconnaît vite l'autorité de la loi.

65. Céphale et Polémarque parlaient de la justice dans un autre esprit : le premier bavardait à propos d'états d'âme ; avec le second, se posaient des problèmes de définition et de description ; où et quand la justice s'exerce-t-elle ? à l'égard de qui ? En quoi consiste-t-elle ? Il est évidemment paradoxal de soulever des questions d'intérêt au sujet de la justice, la plus extravertie, la plus objective des vertus ! Aussi l'éloge de l'injustice par Thrasymaque, et la réhabilitation de la justice par Socrate seront-ils aussi paradoxaux l'un que l'autre, le premier par son énoncé, le deuxième par ses arguments.

Edmond Lévy (*op. cit.*, p. 108) voit dans ce paradoxe d'une justice intéressée la manifestation d'une doctrine athénienne : « Puisque l'intérêt semble finalement le principal ressort des actions humaines, la justice ne peut jouer de rôle qu'en se présentant comme conforme à l'intérêt, au moins à long terme : on tend ainsi à substituer à l'antithèse justice/intérêt, où la justice est toujours perdante, l'antithèse intérêt à long terme, ou intérêt réel/intérêt à court terme, ou intérêt apparent. C'est pourquoi Diodotos ne fait appel ni à la justice ni à l'humanité, mais à l'intérêt à long terme des Athéniens ».

Les critères de l'examen reposent tous, à leur tour, sur telle ou telle conception de l'intérêt. D'abord, pour nier que la justice profite aux plus forts, Socrate amène pour arguments le caractère désintéressé des arts et métiers, dans leur essence[66] (342 e), et le salaire payé, sous une forme plus ou moins directe, à tous les travailleurs[66], et plus particulièrement aux politiciens (346 e, 347 a). Ensuite, quand Thrasymaque range l'injustice dans la catégorie de l'excellence, ou de la vertu, pour la simple raison qu'elle est avantageuse au sujet (348 c), Socrate veut, par contre, établir l'appartenance de la justice à la catégorie louable du savoir ; et il considère dans quelles circonstances le juste « *l'emporte sur* » autrui ; le verbe utilisé est *pléonektein,* « avoir plus » (349 d, sq.). Le dialogue alors s'orientera selon la manière dont les interlocuteurs entendent cet avantage. Enfin, comme nous le verrons plus loin, l'analyse de l'injustice, source de discorde même au sein d'un groupe, même au sein d'un individu, peut aussi se ramener à une certaine conception de l'intérêt.

Socrate va réussir à réfuter la thèse de Thrasymaque malgré l'acharnement de celui-ci à la défendre, et ce succès tiendra donc à la divergence entre leurs manières de comprendre l'intérêt.

Socrate spiritualise la notion d'intérêt ; il en fait un rapport de réciprocité, et donc d'ordre[67]. Ce paradoxe s'établit au prix d'une tendance à l'abstraction.

Socrate commence par porter la discussion sur le plan des faits, mais en simplifiant ceux-ci à l'extrême, au point de les réduire à des vues de l'esprit ; Thrasymaque a peine à s'adapter à cette méthode. Socrate ne conteste pas que la justice profite au fort, mais que le fort aspire à son propre profit. Devant la complexité des réalités, Thrasymaque perd pied, il ne trouvera la parade qu'après un temps de réflexion miséricordieusement ménagé par l'auteur, quand fusent les commentaires du public (340 a-c). Ayant réfléchi, Thrasymaque propose de considérer la force, les gouvernements, comme des notions théoriques à examiner dans « *toute la rigueur des termes* » (341 b). Cette trouvaille logique permet à Thrasymaque d'affirmer la compétence absolue du gouvernement, ou plutôt de la science du gouvernement, et sa capacité sans faille de légiférer à son avantage. Mais Socrate va utiliser la méthode du « *sens strict* » d'une tout autre façon ; là où Thrasymaque opposait « science » à erreur pour étendre à l'infini la compétence de la science envisagée, Socrate oppose « science » non seulement à son contraire, l'erreur, mais à toute autre notion au monde ; négligeant l'étendue de la compétence, il affirme qu'une « science », en tant que telle, sert l'objet de sa compétence, non le savant ; la médecine sert le malade, non le médecin (341 c). Thrasymaque en convient. Sur le plan de la logique formelle, il eût pu répondre : en toute rigueur, une science qui erre,

66. Il y a là contradiction apparente. Voir *infra,* p. 139-140.

67. Cette analyse correspond au rôle de Socrate dans la *République* I. Mais elle rappelle un exposé plus explicite encore dans le *Gorgias* (voir, entre autres, le passage qui se conclut en 507 a). Le dialogue entre Socrate et Mélétos dans l'*Apologie* s'explique également par cette doctrine (cf. p. 61).

si l'on peut dire, ne mérite certes pas son nom ; d'autre part (et le point de vue est ici très différent), toutes les sciences, étant aussi des métiers — le mot *tekhnê* a ce double sens — doivent, en tant que telles, faire vivre le savant, et diffèrent seulement par les moyens, qui justifient leurs dénominations diverses ; si l'on se contentait de les définir par leur différence spécifique, on pourrait dire aussi bien que l'art de faire des accouchements, et celui de pratiquer des césariennes, négligent, en tant que tels, non seulement le succès du médecin, mais aussi la santé de la mère et de l'enfant, et se soucient exclusivement, l'un de surveiller intelligemment un événement naturel, et l'autre de pratiquer adroitement une intervention. Ce qui serait absurde. Donc Thrasymaque ne subit pas ici la contrainte d'une logique formelle [68], il reconnaît un fait réel, c'est que le médecin bénévole reste un médecin, et que le service d'autrui n'est pas un vain mot. La réalité est complexe, même si l'on veut la réduire à des notions rigoureuses. Ce que justement Thrasymaque dénie, c'est le bien-fondé du raisonnement analogique. Il admet que la médecine est par essence le service du malade ; mais cette relation ne définit pas toutes les activités professionnelles [69]. Un berger, par exemple (343 b sq.), comme un médecin, veille à la prospérité de ses « clients » [70], mais contrairement au médecin, il ne peut en aucun cas dissocier ce « dévouement » de l'intérêt qu'il y trouve. En dehors des paraboles talmudiques ou évangéliques, bien étrangères aux Grecs, le « bon berger » est inconcevable.

En décrivant les métiers, Socrate a délibérément abandonné le domaine du réel. Il a envisagé un berger idéal, dévoué à ses ouailles (345 d), vue de l'esprit, aboutissement d'analogies, sans nul support concret. Ayant ainsi donné une place considérable à la transitivité des actions humaines et à l'altruisme, Socrate rétablit l'équilibre en accordant au travailleur un avantage égal à celui du « client », sous forme de salaire (346 e). Il est remarquable que l'existence de la rémunération prouve le désintéressement du métier dans son principe ! Si le travail est désintéressé, le travailleur ne l'est pas ; en échangeant leurs services, travailleurs et payeurs œuvrent pour l'instauration d'un ordre harmonieux où chacun trouvera son profit, à la satisfaction générale.

68. Il n'est pas vaincu par l'argument à deux tranchants du « *sens strict* » comme l'écrit Guthrie (*op. cit.*, p. 95), ainsi que A. E. Taylor (*op. cit.*, p. 269). Cf. aussi Winspear, *op. cit.*, p. 191.

69. Jean-Pierre Vernant (*Mythe et Pensée chez les Grecs*, Paris 1974, Tome II, p. 34, n. 81), se fondant sur des textes d'Aristote, distingue chaque *tekhnê*, au service d'un besoin naturel, de la chrématistique pouvant doubler chaque *tekhnê*. Mais l'exemple trouvé par Thrasymaque montre bien les différences de nature entre les *tekhnai* et que le caractère servile n'est pas commun à toutes.

70. Joseph H. W. B. (*Essays in Ancient and Modern Philosophy*, Oxford 1935 (24 and 22) cité par Guthrie, *op. cit.*, p. 89, n. 1), propose l'exemple du chasseur pour ruiner l'analogie socratique ; mais l'activité directement destructrice du chasseur n'est pas comparable à l'administration d'un gouvernement. L'exemple proposé par Thrasymaque est le meilleur possible pour illustrer l'action « boomerang » du dévouement intéressé qu'il prête aux hommes d'État. Seulement son impuissance à justifier logiquement sa doctrine l'amène à l'asséner avec une violence plus grossière que jamais.

Mais, pour séduisante que soit cette théorie de l'équilibre et de la réciprocité, elle est difficile à étayer sur des faits, sinon par exception : quand, en 345 e, ou en 347 a, Socrate envisage le salaire consenti à un gouvernant pour le décider à se sacrifier et à gouverner, il peut faire allusion au salaire d'un fonctionnaire ou à une indemnité parlementaire [71], mais qu'en sera-t-il dans le cas de la tyrannie ? a-t-on jamais payé un habile politicien pour être tyran ? Pour compléter, Socrate parle des sanctions appliquées à qui refuse, dans le domaine politique, de s'occuper des affaires publiques. Significative est alors l'intervention stupéfaite de Glaucon (347 a) : s'il ne comprend pas en quoi consiste la sanction, c'est que celle-ci n'existe pas, dans aucune législation connue ! Et Socrate est obligé pour la décrire de recourir à des analyses abstraites montrant quels inconvénients devrait, s'il pensait comme lui, redouter l'éventuel gréviste ! :

> « *La punition la plus grave c'est d'être gouverné par un plus méchant que soi, si l'on refuse de gouverner soi-même ; c'est en redoutant cela, à mon avis, que gouvernent quand ils gouvernent, ceux qui en sont dignes, et alors ils vont au pouvoir non comme à un avantage* (agathon) *ni avec l'idée d'y prendre plaisir, mais comme à une nécessité inéluctable, puisqu'ils n'ont personne de meilleur qu'eux-mêmes, ou de semblable à eux, à qui s'en remettre* » (347 c).

Tout ceci étayé par le plus imprévu des arguments : supposons une cité entièrement composée de gens de bien, contrairement aux cités connues : là auront lieu des compétitions à qui n'exercera pas de magistrature, analogues aux compétitions observées ailleurs pour en exercer ! Il va de soi que la réalité n'aura pas tôt l'occasion de confirmer ni d'infirmer le bien-fondé de cette hypothèse.

Toutes ces vues de l'esprit restent étrangères à Thrasymaque ; il ne sait qu'en penser et il y répond mal. Lui, il est beaucoup plus psychologue, et comme il ne sent probablement en lui aucune trace de ce dévouement que Socrate prête, sinon aux hommes, du moins aux actes (mais ceci déjà est une abstraction), il se contente d'observer et d'interpréter la réalité. Aussi affirme-t-il le caractère intéressé du berger (343 b), et pense-t-il que l'homme d'État est un ambitieux, tout simplement (345 e).

Il n'est donc pas étonnant que Thrasymaque se laisse entraîner à des acquiescements extorqués par l'adresse verbale de Socrate, mais sans jamais être persuadé par la logique formelle d'une doctrine qu'il trouve aberrante ; n'étant pas de force à mener le dialogue à son avantage, il se contente d'en marquer les étapes en protestant contre les résultats acquis, comme en 350 d.

71. Même ainsi, le salaire ne compense pas forcément une perte réellement subie par le politicien, et ne prouve pas l'existence de cette perte ; le salaire en question peut être établi pour convaincre un ignorant, craignant une perte illusoire s'il s'occupe de politique.

Ayant ainsi prouvé selon son système que toute puissance politique ou technique s'exerce dans l'intérêt du subordonné, et donc que la première thèse de Thrasymaque — la justice est l'intérêt du gouvernant — est erronée, Socrate passe à l'examen de la seconde thèse : l'injustice est supérieure à la justice. Il va montrer que, bien au contraire, la justice est sagesse (350 c), puissance (352 b) et bonheur (354 a). Pour le premier point, l'argumentation est fondée sur la manière dont justes ou injustes, sages et sots, veulent « l' *emporter* » (*pléonektein*) les uns sur les autres, ou savent y renoncer. Le savant ne veut l'emporter que sur les sots, dans son domaine de compétence, les ignorants veulent l'emporter toujours ; or le juste ne veut l'emporter que sur l'injuste, et l'injuste le veut toujours ; donc le juste est sage, l'injuste ignorant. Ce syllogisme affecte la plus classique des formes[72]. Mais sa signification est loin d'être claire.

Quand Socrate envisage le cas suivant : le juste s'efforçant de prendre avantage sur l'injuste (349 b) en quel sens l'entend-il ? si le juste voulait s'enrichir aux dépens de l'injuste, l'on verrait mal pourquoi ne pas inverser les étiquettes dans cette concurrence anarchique ; et si le juste voulait l'emporter en justice sur l'injuste, être plus juste que lui, son succès irait de soi, et Thrasymaque n'objecterait pas : « *Il le croirait bon, mais ne le pourrait pas* » (349 b). La doctrine du meneur de jeu Socrate permet tout de même de donner un sens à cette argumentation : la *pléonexia,* avantage de l'un, déséquilibre de l'ensemble, représente la tendance au désordre. L'injuste sème le désordre partout, au détriment du juste comme de son propre confrère en injustice ; le juste désire l'ordre, à condition que le milieu ambiant, ordonné, juste, le lui permette. Pour Thrasymaque, autre perspective : la *pléonexia* est l'ambition légitime de l'individu en quête de son épanouissement personnel. L'injustice cherche à se développer aux dépens du monde entier, juste ou injuste, et Thrasymaque l'en félicite ; le juste respecte, c'est son tort, les droits d'un autre juste, mais à l'égard d'un être injuste qu'il méprise, Thrasymaque ne peut le supposer dépourvu de l'ambition anarchique naturelle à tout homme. Là, s'il reste fidèle à ses conceptions psychologiques, Thrasymaque trahit la logique, et, en accordant cette absurdité que le juste cherche à l'emporter sur l'injuste, il permettra à Socrate d'établir son analogie entre savant et juste et de conclure à la sagesse de la justice (350 c), conclusion que Thrasymaque ne sait réfuter, mais refuse de toute sa conviction (350 d).

Vient le second point : justice égale puissance. Ici l'argumentation de Socrate est plus abstraite que jamais : il envisage une notion d'injustice complètement désincarnée, s'appliquant indifféremment aux sociétés, aux groupes, à l'individu même qu'elle désorganise de l'intérieur ! (351 e). Or Thrasymaque n'a pas grande maîtrise dans les abstractions, et il porte malheur à sa thèse en acceptant sans résistance toutes ces analogies. Le point de vue de Socrate est cohérent comme toujours : l'injustice étant le désordre, elle sème forcément le trouble et l'échec

72. Même sur le plan formel, il est peu concluant, car il repose sur des analogies.

partout où elle règne. Mais Thrasymaque, selon sa propre perspective, aurait dû raisonner autrement et dire : l'injustice étant la recherche de l'intérêt personnel, et la justice la faculté d'y renoncer, l'entente, la concorde (cf. 352 c) au sein d'un groupe injuste, conditions du succès de ce groupe, sont intéressées, et doivent être considérées comme une forme d'injustice ; l'on ne saurait donc conclure à l'impuissance de l'injustice [73]. Mais, peu lucide parmi les abstractions, Thrasymaque perd de vue son propre système, dont il n'a pas clairement conscience, et se trouve une fois de plus acculé à une conclusion inacceptable pour lui.

Quant au troisième point, le bonheur du juste, Socrate le prouve grâce à un argument autre que l'intérêt, mais apparenté à lui. Il s'agit de la notion d' « *œuvre propre* », définie comme l'utilisation d'un instrument (352 e - 353 a). En effet, les Grecs voyant partout des questions d'avantages et de profit, voyaient tout naturellement aussi partout des moyens de gagner tel ou tel avantage [74]. Et c'est pourquoi Thrasymaque accorde à Socrate l'existence d'une œuvre propre au cheval (352 e), de si bon cœur qu'il a dit oui, avant d'avoir compris la question ! Et de même il accorde l'existence d'une œuvre propre à l'âme humaine (353 d). A nous, il semblerait plutôt que le cheval n'a été créé et mis au monde pour rien de précis [75], mais qu'il est, tout simplement ; cela, même si l'humanité utilise des chevaux à des emplois, d'ailleurs variés. Dans une perspective humaniste, l'on dira à plus forte raison encore que l'homme est une fin, non un moyen, et n'a pour raison d'être de servir à quoi que ce soit. Socrate emporte donc l'acquiescement formel de son antagoniste en se fondant, premièrement sur la notion d'œuvre propre, non universelle mais liée à une conception utilitariste de la vie, et deuxièmement sur un accord précédent avec Thrasymaque (353 e) mais que Thrasymaque avait dénoncé (350 d). Rien d'étonnant, donc, que celui-ci accepte sa défaite avec un dépit sarcastique qui n'annonce pas grande conviction ! (354 a).

De tout le dialogue il ressort que, si Socrate le champion de l'ordre ordonne toujours sa pensée et assure ainsi sa supériorité dialectique, Thrasymaque se signale au contraire par l'incohérence de sa pensée. Sa morale, fondée sur l'intérêt individuel, est réaliste, sans doute, et naturelle. Ses contradictions d'ailleurs sont calquées sur les complexités de la vie [76]. Mais elle est anarchique, chaque individu devant chercher son épanouissement aux dépens des autres, et tous aux dépens de l'État et de l'intérêt commun, et elle ne résiste pas à l'examen de la froide logique abstraite [77]. Dès le début, sa formulation contradictoire

73. Cette argumentation ne trahirait sûrement pas le sentiment de Thrasymaque.

74. Cf. *Petit Hippias* 365 c : utilisation de l'âme ; *Alcibiade* 129 e : utilisation du corps !

75. On regrette que ni Socrate ni Thrasymaque n'expliquent ce qu'ils entendent par l'œuvre propre au cheval !

76. Cf. par exemple l'opposition entre la nature de la médecine et celle de l'élevage.

77. Pour Winspear (*op. cit.*, p. 193) cette logique est un « raisonnement dénaturant tout à fait le sens des mots », fondé sur le caractère équivoque des mots *psukhê* et *arétê* ; en fait, si riches de sens que soient ces deux mots, ils ne deviennent vraiment équivoques que lorsqu'on veut leur superposer les sens modernes de « conscience morale » et de « vertu ».

reflétait les contradictions internes de l'anarchisme. Là où, pour Socrate, la coexistence du métier et de son salaire asssurait les intérêts complémentaires du client, malade ou citoyen privé, et du travailleur, médecin ou homme d'État, pour Thrasymaque l'intérêt du gouvernement juste était incompatible avec les intérêts contraires des particuliers. Aussi Thrasymaque est-il embarrassé avant même d'être réfuté : il énonce les deux faces de sa thèse à cinq pages environ de distance (de 338 c à 343 d). Son incapacité de rejeter froidement les préjugés qui l'entravent et s'opposent à ses paradoxes s'exprime de manière plus symptomatique encore, quand il a recours à des adoucissements polis (348 d), avant de « *durcir* » sa position et d'admettre que la justice est un vice et l'injustice une vertu ! (348 e).

Confrontée à la rigueur logique, la doctrine de Thrasymaque devait se disloquer fatalement comme un amalgame mal fait, la raison admettant tout ce que Socrate assure, mais le cœur restant fidèle aux enseignements de la vie.

LE *PROTAGORAS*

Le Rôle de Protagoras.

Le prologue du *Protagoras* comporte un bien curieux détail. A première vue, le bref échange de propos entre Socrate et son ami anonyme (309 a - 310 a) n'a d'autre utilité que d'introduire un discours indirect, où le narrateur Socrate peindra les attitudes et les arrière-pensées des participants plus librement qu'un dialogue direct ne l'eût permis. Taylor [78] suppose en outre que la plaisanterie de l'ami au sujet de la barbe naissante d'Alcibiade (309 a) justifie tout le paragraphe 309, car elle sert à dater l'entretien. Reste tout de même une réflexion étonnante : l'ami pousse un cri de surprise en apprenant la présence à Athènes de Protagoras :

> « *Oh ! que dis-tu ? Protagoras est chez nous ? — Depuis déjà deux jours* »,

répond Socrate (309 d). Dans une petite ville comme Athènes, où toutes les personnes importantes se connaissent, il semble bien qu'en près de trois jours, malgré l'absence de journaux ou de téléphone, les gens intéressés à la vie de l'esprit auraient pu apprendre la venue d'une célébrité comme Protagoras. Et de fait, cette impression est confirmée dès les premiers mots du récit de Socrate : Hippocrate, dit-il, un jeune ami à lui, s'est présenté de très grand matin, (donc sensiblement plus tôt que

78. *Op. cit.*, p. 238.

Socrate n'a rencontré l'ami du prologue), tout excité par la nouvelle que « *Protagoras est arrivé* », et Socrate de s'étonner : « *Depuis avant-hier! Viens-tu de l'apprendre?* » (310 b) Mais en vérité, Hippocrate le sait depuis la veille au soir, lendemain de l'arrivée du grand homme, et s'il a tant tardé à connaître la nouvelle, c'est qu'il était auparavant absent de la ville (310 c). Platon semble donc bien avoir voulu souligner ici la simple vraisemblance : au bout de quelques heures, aucun de ses admirateurs ne devait plus ignorer l'arrivée de Protagoras. Si donc l'ami de Socrate l'ignore encore le troisième jour, sans doute est-il peu curieux du personnage et de sa renommée. Alors pourquoi avoir choisi précisément cet ami, et souligné son indifférence, pour en faire le patient auditeur du long entretien entre Socrate et Protagoras ?

Peut-être est-il permis de voir là une indication discrète sur le caractère du dialogue. Un examen des bizarreries de la doctrine paradoxale de Protagoras n'aurait pas pu trouver d'écho chez l'ami de Socrate [79]. Si, par contre, Protagoras est fait ici le porte-parole d'opinions plus courantes, alors le heurt de ces opinions avec celles de Socrate a chances d'intéresser tous les amis de ce dernier. Et c'est ainsi, en effet, que Protagoras apparaît dans le dialogue portant son nom. Nous le voyons parler toujours clairement, sans jamais soutenir de paradoxe, et même s'il se désolidarise par principe des opinions les plus vulgaires (332 c, 351 c, 352 c-e), il est alors amené à s'en faire au moins l'avocat.

G. Vlastos, dans son introduction [80], s'étonne parfois [81] de ne trouver aucune mention exacte des doctrines connues par ailleurs de Protagoras ; grâce à une coïncidence verbale qui n'est sans doute pas fortuite, il trouve [82] une réfutation allusive à la doctrine de « l'homme-mesure » et de l' « apparence-réalité » : c'est en 356 d, où Socrate contraint Protagoras à reconnaître que la technique de la mesure permet à l'homme de se libérer des illusions de l'apparence. Toutefois cette confrontation indirecte avec le personnage historique semble être surtout un clin d'œil spirituel à l'adresse du lecteur érudit, et aussi une justification du rôle ici forgé pour Protagoras : ce rôle n'aurait rien d'incompatible avec la doctrine professée en réalité. Dans l'enchaînement du dialogue, les réfutations, et celle de 356 d comme les autres, s'appliquent aux propositions simples et raisonnables de l'interlocuteur de Socrate nommé Protagoras.

Celui-ci, semble-t-il, a été choisi pour représenter, sur un plan particulièrement élevé, les pensées courantes sur la morale. En effet, la doctrine réelle du personnage, telle qu'elle nous est connue surtout par Platon lui-même [83], peut se décomposer en deux traits essentiels ; d'abord l' « homme est la mesure de toute chose », c'est-à-dire que chaque individu doit se fonder sur les apparences pour juger des choses [84]. Par là,

79. Contrairement à ce qui se passerait si l'auditeur avait l'esprit raffiné d'un Théétète.
80. *Protagoras*, traduit par B. Jowett, revu par M. Ostwald, édité avec une introduction, par Grégory Vlastos. Indianapolis, New York 1956.
81. P. XVI, LIII et n. 10 de la même page.
82. P. XVIII.
83. Dans un contexte qui permet davantage de raffinement philosophique.
84. *Théétète* 151 e - 152 a.

Protagoras évite les paradoxes des Eléates, adeptes d'une réalité immuable et inaccessible aux sens. D'autre part, pour éviter de tomber à son tour dans les paradoxes d'un relativisme et d'un subjectivisme excessifs, Protagoras pallie l'absence de critère objectif du vrai et du faux par le choix d'un autre critère, celui du « bon » et du « mauvais »[85], c'est-à-dire de l'utile ou du nuisible, et justifie ainsi l'exercice des métiers, tels que la médecine, la politique, la pédagogie et la rhétorique : dans l'impossibilité d'opposer une opinion ou une situation plus juste à une précédente erronée, il reste légitime d'en opposer une meilleure — plus utile, plus agréable, plus commode — à une pire ; et pratiquement cela revient au même.

Les propositions attribuées ici par Platon à Protagoras, si elles ne comportent aucun élément caractéristique de l'enseignement donné par le sophiste, du moins n'entrent-elles jamais non plus en contradiction avec cet enseignement, au point qu'on a pu soutenir avec vraisemblance[86] que le discours sur l'origine de la moralité[87] était une longue citation, ou à la rigueur un pastiche très fidèle, d'une œuvre connue de Protagoras, peut-être le *Péri tês èn arkhê katastaséôs* mentionné par Diogène Laërce[88-89].

Platon a trouvé ainsi en Protagoras le plus digne représentant du milieu de Socrate : si la jeunesse d'un Lysis, ou l'inintelligence attribuée

85. *Théétète* 167 b sq.
86. Guthrie — *The Sophists*, p. 63.
87. *Protagoras* 320 c — jusqu'à 324 c ou même jusqu'à 328 b.
88. IX, 55.
89. Sur d'autres points encore, Platon prend soin d'attribuer à Protagoras une doctrine conforme à celle que le sophiste a probablement enseignée dans la réalité. L'un des rares fragments conservés de Protagoras, un vestige du *Mégas Logos* observe en effet : « *Phuséôs, kai askêséôs didaskalia deitai... apo néotêtos de arxaménous dei manthanein.* » (Cité par Diels-Kranz, Dublin Zurich 1966, tome II, p. 264).

Voici trois points, chacun bien présent dans le discours prononcé par le Protagoras de Platon ; reste à savoir s'il s'agit ici du même sujet d'étude ; mais, chez Platon, Protagoras a prétendu n'enseigner que la moralité (318 e), et ce trait est peu susceptible de déformation, un célèbre professeur de « science spéciale » pouvant difficilement être campé en contempteur de toute science spéciale ! (On peut soupçonner Aristophane d'avoir effectué contre Socrate un renversement symétrique mais analogue, seulement il s'adressait à un public moins averti que celui de Platon). Si donc il s'agit dans les deux textes du même enseignement de sciences morales et politiques, il est frappant de voir que les principes de cet enseignement sont identiques. Première exigence du *Mégas Logos* : des étudiants bien doués ; que dit le pastiche de Platon ? Protagoras y explique l'échec des pères bons politiciens à former leur fils en ce domaine par une comparaison avec l'enseignement des arts où « *le fils le mieux doué, on le verrait se distinguer, et le non doué rester obscur* » (327 b). Sur la nécessité de l'exercice, seconde exigence du *Mégas Logos*, Platon insiste plus encore, et ceci se confond avec le développement du troisième point du *Mégas Logos*, la nécessité de commencer dès l'enfance : le Protagoras de Platon décrit longuement, en effet, les efforts successifs des parents, de la nourrice, du pédagogue, des maîtres, et enfin du législateur (325 c - 326 d) ; Platon donne même grand poids à ce système combinant les dons de nature et l'apprentissage précoce, car il en fait la clef, dans l'esprit de Protagoras, de l'énigme classique : si la science morale et politique s'enseigne, hypothèse indispensable pour le professeur en la matière qu'est Protagoras, comment expliquer alors l'échec des fils de grands hommes ?

à un Hippias, font de ces personnages des porte-parole assez aisément réfutés ou ridiculisés, Protagoras, lui, saura exposer et défendre au mieux des opinions qui le méritent. Et les points de vue de Socrate seront, grâce à lui, l'objet d'un examen particulièrement approfondi.

L'idée de considérer le personnage de Protagoras, dans ce dialogue, comme l'avocat brillant d'opinions populaires peut être confirmée par le passage du texte consacré à l'exégèse du poème de Simonide (339 a - 347 a). Ces quelques pages ont plongé dans la perplexité, et plusieurs commentateurs ont préféré les négliger : Vlastos [90] y fait une allusion furtive en l'appelant « l'exégèse de Simonide en forme de plaisanterie » ; Grote juge inutile d'examiner le contenu des remarques de Socrate, et se contente d'en expliquer la méthode : or il la goûte assez peu pour prêter à Platon le dessein de montrer ici Socrate inférieur à Protagoras en matière de discours suivi, autant qu'il lui est supérieur en dialectique ! [91]. Taylor suit le texte de plus près, mais il le considère avant tout comme un simple « interlude », destiné à reposer le lecteur par une amusante peinture des manières de la société cultivée [92].

Sans doute le passage est-il infiniment plus facile à lire que les argumentations dialectiques dont il est entouré. Sans doute aussi vient-il à point pour rompre une discussion fort abstraite et ardue, et fort capable de lasser auditeurs ou lecteurs. Mais il est aussi bien trop long, et bien trop riche en paradoxes socratiques [93] pour n'être pas autre chose qu'un intermède prolongé.

Hasardons une hypothèse : Socrate lirait le poème comme une diatribe de Simonide contre Pittacos, tout en restant dans l'esprit de la discussion actuelle ; car il transposerait ainsi sa propre offensive contre Protagoras. De fait, il prête généreusement à Simonide les idées qui lui sont les plus chères à lui-même ; et à Pittacos il attribue, non sans forcer les données, la qualité de « sophiste », car il pratique la brièveté laconique (343 b) et les laconiens sont des sophistes (342 b) ; le voilà donc collègue de Protagoras ! à quel titre Simonide attaquerait-il Pittacos ? avec l'ambition de se faire un nom en déconsidérant la maxime célèbre de ce dernier (343 b-c) : « *Il est difficile d'être un homme de bien* ». Or la maxime célèbre du « sophiste » est, après tout, la formulation simple d'une pensée très naturelle et très banale. Simonide chercherait donc à briller par une doctrine paradoxale, aux dépens de celle de tout le monde. N'est-ce pas là justement ce que fait Socrate tout au long du dialogue, opposant inlassablement ses étranges paradoxes aux prises de position si raisonnables de Protagoras ? Tout le texte n'est-il pas une joute entre

90. *Op. cit.*, p. XLV.
91. *Op. cit.*, p. 285.
92. *Op. cit.*, p. 251.
93. A : 344 c - 345 b : l'homme de bien est le plus apte à devenir mauvais ; thèse fort proche parente de celle du *Petit Hippias*.
B : 345 b : le seul vrai malheur, c'est la perte du savoir.
C : 345 d - 346 e : nul ne fait le mal volontairement.

une philosophie surprenante, et une pensée trop naïve qui succombe à l'examen ?[94]

Que Protagoras joue dans le dialogue de Platon le rôle d'un porte-parole pour des opinions à la mode, cela résoudrait l'ambiguïté de l'ouvrage quant à sa valeur philosophique profonde : là où un Alfred Croiset[95], par exemple, parle d'un dialogue « où les mérites d'art l'emportent évidemment sur l'importance des idées philosophiques », un Taylor[96] rectifie :

> « Le récit est si vivant qu'on a méconnu gravement la portée philosophique du dialogue... la base de toute l'attitude critique de Socrate à l'égard de la vie. »

En réalité, dans le *Protagoras,* nous n'avons aucun exposé, ni explicite, ni allusif, d'une doctrine socratique, sauf les fameux paradoxes intellectualistes, prouvés par des considérations abstraites, mais dont l'application à la vraie vie demeure problématique. Aussi l'œuvre déçoit-elle certains lecteurs. Mais, par contre, les idées du milieu de Socrate sont examinées ici de façon plus générale et approfondie qu'ailleurs, d'où le vaste éventail des points considérés : de la méthode de réflexion — discours, discussion, mythe, commentaire des grands auteurs — aux thèmes de réflexion — enseignement, rôle du plaisir et de la volonté, nature du courage, et enfin, avant tout, problème de l'*arétê* ; de là naît l'impression de richesse donnée par l'œuvre. Le rôle du dialogue semble être de faire éclater les incohérences et les contradictions de la pensée courante, sans proposer d'autres solutions que des ébauches ; encore, ces esquisses paradoxales du socratisme sont-elles là plutôt à titre d'hypothèses pour alimenter la discussion, que pour la faire déboucher sur une conclusion.

***

94. Il convient de ne pas élucider davantage ici le commentaire de Simonide. La méthode en était probablement beaucoup moins choquante dans l'Antiquité que pour nous. Sous d'autres cieux point si éloignés de la Grèce, la littérature rabbinique a fait un usage énorme et systématique du *drache,* ou « interprétation forcée », des Écritures, avec les mêmes fantaisies sémantiques ou syntactiques que Socrate affectionne. Quant aux interlocuteurs de Socrate, s'ils pratiquent eux-mêmes une exégèse plus littéraire, aucun d'entre eux n'objecte à la méthode de Socrate (347 a), et pas plus d'ailleurs dans un passage analogue de la *République* I 332 b - 335 e. C'est Socrate qui rejette cette méthode : en effet, elle ne se justifie guère que dans une culture où le respect d'un texte scripturaire impose l'attribution au texte de la pensée des Sages ; elle se justifierait donc pour un Protagoras, grand admirateur de la tradition littéraire, mais non pour Socrate, car il enseigne à ne s'en référer qu'à sa propre conscience (347 c - 348 a).

D'autre part, il reste difficile d'évaluer la portée de son interprétation car le texte de Simonide, nous étant connu par les seules citations de Platon, et donc incomplètement, il est impossible d'en imaginer le sens simple, et surtout de résoudre la contradiction, soulignée par Protagoras, entre les propres paroles du poète, et le blâme qu'il adresse à Pittacos pour avoir dit à peu près la même chose.

Enfin le détail des remarques de Socrate n'a pas de conséquence directe sur l'expression des idées de ses interlocuteurs, et n'a donc point sa place dans cette étude.

95. Introduction à l'édition des Belles-Lettres, p. 15.

96. *Op. cit.*, p. 235.

Le Programme de Protagoras et l'Examen Dialectique.

Les questions proposées à Protagoras, comme il convient au porte-parole de toute une société, sont donc parmi les plus vastes qui soient abordées dans les dialogues dits socratiques : il s'agit de décrire l'*arétê*, d'abord sous l'un de ses aspects les plus importants — comment s'acquiert-elle ? est-ce par l'enseignement ? — puis, en allant plus profond, de l'analyser, en définissant les rôles et les limites de ses éléments constitutifs. *Arétê*, comme tout le vocabulaire éthique grec, est un mot délicat à traduire, car il ne correspond guère aux notions modernes. Disons qu'il s'agit moins de « vertu » ou de « moralité », termes trop évocateurs d'un effort pour se dominer, que du « mérite personnel », ou de la « valeur », soit de l'ensemble des qualités par lesquelles un individu peut, à la fois, satisfaire ses propres aspirations et obtenir l'admiration d'autrui [97]. Ces deux aspects, sans être forcément contradictoires, ne sont pas non plus clairement liés, et ce caractère complexe de l'*arétê* la rendra difficile à définir comme à décrire, même à un Protagoras.

Que représente l'*arétê* aux yeux de Protagoras ? Platon nous en livre d'abord une indication de manière fort concrète ; point ici d'examen systématique de définitions, mais une saynète vivement menée : la première rencontre d'un nouvel étudiant avec son maître ; les conditions de leur agrément mutuel sont quasi commerciales, et il y aura lieu de comparer la demande de l'élève à l'offre faite en retour par le professeur ; le premier, Hippocrate, nous est montré en action ; l'autre, Protagoras, est amené à faire sa propre publicité en un long discours qu'il ordonne à sa guise.

Hippocrate se précipite aux aurores chez Socrate pour être présenté, aussi vite que faire se peut, au célèbre Protagoras, qu'il n'a jamais vu (310 a - 311 a). Tous les commentateurs s'accordent à louer le charme littéraire de la scène. Sans doute l'ardeur juvénile du personnage, le contraste entre son inexpérience et l'impétuosité de ses espoirs, sont-ils tout à fait charmants. Mais, en plus de cela, quelques traits assez durs composent une figure inquiétante au jeune homme. D'abord l'impolitesse : coups violents contre la porte de Socrate au petit matin, éclats de voix pour réveiller, sans douceur, le maître de maison (310 a-b), projet d'aller cueillir le célèbre professeur au saut du lit afin d'être assuré de le trouver (311 a). Cette indifférence à l'agrément d'autrui est plus grave qu'un simple oubli des convenances, et pourrait bien illustrer l'*hubris* traditionnelle aux jeunes gens riches et trop gâtés [98]. La réflexion d'Hippocrate, prêt pour être agréé comme élève à payer n'importe quel prix, jusqu'au dernier sou de ses amis (310 e) peut être une boutade sur le thème « entre amis tout est commun », mais elle ne révèle pas une grande délicatesse de cœur. Enfin le détail, jeté comme en passant,

97. Tout en ayant un sens plus étendu, le nom *arétê* correspond souvent à l'adjectif *agathos*. Cf. *Ménon* 87 d.

98. Cf. Lysias, *Pour l'Invalide*, par exemple.

qu'Hippocrate revient juste de poursuivre un de ses esclaves enfui récemment (310 c) laisse deviner que le jeune patron sait se montrer arrogant ou brutal devant ses inférieurs qu'il terrorise. Selon toute vraisemblance, l'égoïsme domine dans ce caractère.

La jeunesse et l'inexpérience empêchent Hippocrate de formuler clairement l'objet de ses désirs, le contenu de l'enseignement qu'il voudrait recevoir : il articule, assez vaguement, l'habileté oratoire (310 e)[99], la culture générale (312 b), et la formation intellectuelle[1] (312 c). Mais Socrate ne risque guère de se tromper, quand il présente ainsi le nouvel élève à Protagoras :

> « *Hippocrate que voici est un de mes compatriotes, fils d'Apollodore, d'une maison considérable et opulente ; je le crois naturellement doué à l'égal des jeunes gens de son âge*[2]. *Je crois qu'il désire se faire un nom dans sa cité et qu'il pense y réussir au mieux en devenant ton disciple* » (316 b-c).

L'élève exemplaire de Protagoras est donc un jeune aristocrate, que l'ambition d'un succès personnel éperonne. Nous sommes très près de l'idéal d'un Ménon, et même, en des termes plus classiques et rassurants[3], de celui d'un Calliclès[4]. Tout ceci est significatif, car Protagoras prend fort au sérieux la personnalité et les désirs de son élève, non pour les réformer — comme devrait le faire un régent — mais pour s'y plier lui-même ; ne promet-il pas :

> « *Auprès de moi, il ne s'instruira de rien d'autre, sinon de ce qui l'amène ; notre étude porte sur la sagesse, pour les affaires privées de manière à administrer au mieux sa propre maison, et pour les affaires publiques en vue d'être, en politique, d'une extrême habileté à agir et à parler* » (318 e - 319 a).

Un indice confirme que le rôle d'Hippocrate n'est point dramatique : le dialogue, consacré à partir d'ici à la seule confrontation des points de vue de Socrate et de Protagoras, se clôt finalement sans que la moindre allusion soit faite au jeune homme, et à la suite donnée ou non à sa candidature. Grote[5] y voit une négligence esthétique dans la composition. Cette omission doit être plutôt le signe que ni le nom des élèves de Protagoras, ni le sort du jeune Hippocrate, n'intéresse l'auteur, mais bien la personnalité d'un étudiant exemplaire ; pour cela il fallait en mon-

99. A ce stade, Hippocrate n'a pas été déconcerté par un interrogatoire de Socrate, et s'exprime alors assez clairement : pour un Athénien, la facilité à discourir donnait de l'influence sur les pouvoirs politiques, et l'aptitude complémentaire à se défendre contre les ennemis personnels, dans les inévitables procès faits aux gêneurs.

1. « *Einai ton tôn sophôn épistêmona* ».
2. Ceci n'est pas forcément un éloge, et peut se lire ironiquement.
3. Et contradictoires par conséquent, comme il apparaîtra dans le programme de Protagoras.
4. Cf. Paul Shorey, *The Unity of Plato's thought*, Chicago 1968, p. 21.
5. *Op. cit.*, tome II, p. 298-9.

trer un ; une fois ce portrait brossé, l'éclairage doit se centrer définitivement sur le maître qui répond à la demande d'un tel élève.

Notre première impression de l'enseignement de Protagoras est donc celle-ci : le sophiste est un maître à réussir dans la vie, de cette manière brillante qui met un homme au-dessus des autres.

C'est pourquoi, lorsque, deux lignes plus bas, Protagoras s'engage à former des *agathous politas* (319 a), il semble qu'il faille traduire, non « de bons citoyens », mais des « *citoyens aptes à réussir leur carrière politique* »[6] ; la *politikê tekhnê* (*ibid*), matière de cet enseignement, paraît d'ailleurs plus nécessaire pour assurer un succès que pour payer ses impôts et accomplir ses divers devoirs civiques !

Or, de manière très curieuse, cette forme égoïste du « mérite » (320 b) et de la « politique » (319 a) va être oubliée dans les pages suivantes, alors qu'en principe il s'agit toujours de la même chose : Protagoras, interrogé sur la possibilité d'enseigner son programme — soit l'art de réussir dans la vie publique — va s'expliquer en un long mythe[7] suivi d'une longue analyse, où seuls apparaîtront, sous les noms de « *politique* » (321 d) et de « *sens moral* » (*aidôs, dikê* 322 c), les intérêts de la collectivité, et ceux, mutuels, des individus. Bien loin que soit évoquée la prééminence d'un homme aux dépens d'autres hommes[8], l'ordre, l'amitié (322 e), les services réciproques (327 b), sont les leitmotive de l'exposé du sophiste. Notons-le, la perspective de Protagoras reste toutefois individualiste, soucieuse des intérêts de chacun : l'anarchie et l'égoïsme, en dissolvant le lien social, nuisent à la sécurité des particuliers :

> « *Une fois réunis, ils se lésaient mutuellement, faute de connaître la politique ; aussi se dispersaient-ils à nouveau, et ils succombaient* » (322 b).

L'intérêt bien compris mène au respect des droits d'autrui. Si chaque père enseigne à ses fils le respect de ces droits, ce n'est point par idéalisme ou par amour d'autrui, mais pour protéger les fils eux-mêmes :

> « *Ce qui entraîne la peine de mort pour les enfants, et l'exil (à moins d'apprendre le* « *mérite* » et *de s'y exercer) et, en plus de la mort, la confiscation des biens, et pour tout dire le désastre complet de leur famille, cela ne l'enseignent-ils pas ?* » (325 b-c).

6. Cf. la justification de cette traduction par des exemples analogues, p. 20.

7. Il est étrange que l'on appelle couramment ce mythe « mythe d'Epiméthée et de Prométhée » : la moralité et le sens politique apparaissent seulement après l'effacement de ces deux personnages protatiques, en 322 c.

8. Protagoras envisage sans doute qu'un citoyen puisse être plus juste qu'un autre : l'enseignement, en tant que tel, a pour effet d'améliorer, par rapport à un état antérieur ; l'élève en moralité sera donc de plus en plus juste. D'autre part, la prééminence de certains fils d'inconnus sur les fils de grands hommes politiques (326 e - 327 c) ne peut être, dans le contexte, qu'une supériorité intellectuelle et morale. Mais l'excès de justice, consistant à ne pas léser autrui (cf. 322 b), conduit souvent à l'humiliation dont parle un Thrasymaque (*République* I 343 d) ; ce n'est sûrement pas à cette distinction-là qu'Hippocrate aspire !

La fin dernière de la moralité décrite ici reste l'intérêt individuel. Mais cette moralité ainsi motivée consiste en considération mutuelle de chacun pour autrui ; fondée sur la réciprocité, elle évoque des idées d'égalité.

Nous passons donc, sans transition, d'une conception du mérite anarchique [9] à une autre civique. Toujours égoïstes, ces deux conceptions n'en sont pas moins profondément divergentes, et leur rapprochement inexpliqué amène Socrate à poser (non sans précautions oratoires) l'inévitable question : mais, au fond, qu'est le mérite ? (328 d - 329 d). La réponse va-t-elle enfin éclairer la vraie pensée de Protagoras ? Non, bien sûr ! Socrate ayant pris la conduite d'un examen dialectique, il va faire éclater des contradictions, là où le discours suivi du sophiste laissait passer discrètement des juxtapositions hasardeuses.

En apparence, il s'agit maintenant d'autre chose : provisoirement réglée par l'affirmative, la question de savoir si le mérite s'enseigne a fait place à la question nouvelle des éléments constituants du mérite : y en a-t-il plusieurs ? sont-ils indépendants ? Mais cette question-ci est une interrogation déguisée sur la nature du mérite ; de la nature, l'on pourra déduire ensuite les propriétés ; par exemple, peut-on enseigner le mérite ? Ainsi se trouve satisfaite l'exigence logique formulée dans le *Ménon* à propos de ce genre d'enquête : d'abord la définition, ensuite la description.

Or Protagoras est embarrassé par sa manière confuse de considérer le mérite. En un premier temps (329 d-e), il affirme son adhésion à une conception populaire et de bon sens : le mérite est multiple, formé de l'union de divers mérites distincts les uns des autres, et pas toujours présents ensemble dans le même individu. En un second temps (349 d), sans y avoir été acculé par le raisonnement précédent resté inachevé, il assimile à peu près l'un à l'autre quatre des cinq mérites énumérés plus haut, mais fait une place à part au courage. L'observation des hommes l'amène à adopter ce point de vue. Enfin, en 360 c, le dialogue se clôt par l'aveu de Protagoras que le courage, comme les autres mérites, est un savoir, et donc que tous les mérites sont semblables et équivalents. La question de l'unité du mérite est en effet aussi la question du savoir, de son rôle dans la vie morale : si tous les mérites, justice, piété, estimation de soi, sagesse et courage, participent du savoir[10], alors ils sont semblables ; s'ils sont distincts, c'est qu'un élément irrationnel fait de chacun d'eux ce qu'il est. Socrate lie explicitement les deux questions quand en guise de conclusion il résume le débat :

> « *Tout est science, et la justice, et l'estimation de soi, et le courage ; ... tout entier, le mérite est science...*

9. Les implications fâcheuses pour le respect d'autrui selon le premier point de vue sont pudiquement tues par Protagoras et Socrate, mais évidentes dans le caractère d'Hippocrate, l'élève pour qui le cours est conçu.

10. Il s'agit d'un savoir spécial, celui du « droit », savoir universel et unique. Sinon, avec ce genre de raisonnement, on obtiendrait des résultats absurdes, comme celui-ci : médecine, mathématique, céramique sont des savoirs, elles ne sont donc qu'une seule et même chose !

[Protagoras, lui, soutenait que] *le mérite est autre chose que le savoir* » (361 b) ; or Protagoras n'a point soutenu expressément le caractère irrationnel du mérite mais son caractère composite. C'est donc que cela revient au même. Plus tôt, au cours du débat, l'identité des deux questions apparaît implicitement dans la qualité des arguments employés. En 359 b, Socrate rappelle la prise de position de Protagoras : justice, piété, estimation de soi, sagesse, sont à peu près semblables, mais le courage est d'autre sorte ; à cela fait suite aussitôt une réfutation sur le thème : « mais le courage est aussi un savoir » (360 d), réfutation qui n'aurait point de sens si l'on n'avait admis la qualité intellectuelle des quatre premiers mérites. Quant à ceux-ci, Socrate avait argumenté de leur parenté (sans emporter alors l'assentiment de son interlocuteur, il est vrai) de la manière suivante : il avait établi deux groupes de deux éléments assimilés l'un à l'autre, puis entrepris d'assimiler, à leur tour, les deux groupes l'un à l'autre. Le premier groupe est formé de la justice et de la piété. Leur parenté n'est pas intellectuelle à première vue, et se fonde sur la manière grecque de considérer morale et religion (331 b) [11]. Mais le second groupe constitué par la sagesse et l'appréciation de soi, est facile à rattacher au savoir : contraires tous deux à l'aberration mentale, ces deux mérites se réduisent à une certaine justesse de vue, semble-t-il (333 b) [12]. Notons que ces deux groupes correspondent assez bien aux deux genres de qualités morales distingués par Thrasymaque au début de la *République* (343 c) : justice et piété sont *allotria* et considèrent des intérêts étrangers au sujet moral ; sagesse et appréciation de soi [13] sont *oikeia*, et favorisent les intérêts du sujet. La distinction, assez claire aux yeux de tous, est exploitée en ces termes ou autrement par tous les immoralistes, par Calliclès, par Thrasymaque. Nier la différence, assimiler les intérêts d'autrui aux siens propres, identifier les mérites moraux au service de ces divers intérêts, c'est la grande affaire de l'enseignement socratique [14]. Or c'est à cela que Socrate va s'attacher maintenant, avant d'être arrêté par la mauvaise volonté de son interlocuteur : il va essayer de prouver, comme il l'a fait ailleurs plus à

11. Voir le développement consacré à cette argumentation dans le chapitre sur la religion et sur *Euthyphron*, p. 184.

12. Ce raisonnement n'est sans doute pas pur de tout paradoxe. La *sôphrosunê*, tendance naturelle au calme, et maîtrise de soi, paraît plutôt un trait de caractère qu'un effet du jugement. Mais moins que ne le laisse croire la traduction traditionnelle, grâce à Rome, par le mot « tempérance », dont le sens a d'ailleurs changé depuis les Latins ! A en croire le *Charmide* de Platon, consacré à cette notion, la *sôphrosunê* a toujours un caractère non pas émotif mais plus ou moins intellectuel, qu'elle soit un refus des passions et des élans spontanés comme le pense Charmide, ou une connaissance de soi et de ses intérêts comme le propose Critias.

Quant à savoir si le raisonnement de Socrate est parfait en bonne logique, si *sophia* et *sôphrosunê* sont des contraires ou des contradictoires d'*aphrosunê*, comme se le demandent Vlastos (*op. cit.*, p. XXIX), ou O'Brien (*op. cit.*, p. 132 et n. 19), peu importe au fond, car Socrate vise partout à établir la ressemblance des mérites, et non leur égalité mathématique.

13. Surtout au sens où le comprend le Critias du *Charmide*, sens qui ne peut avoir été extrêmement paradoxal.

14. Cf. la doctrine socratique du *Gorgias* et les textes cités dans la note suivante.

loisir [15], que l'injustice ne saurait être profitable. Si Protagoras n'avait éludé l'examen de la notion « *profitable* » (333 e), il est évident que Socrate serait parvenu à établir que la justice (avec la piété qui lui est semblable) étant profitable, la connaissance du profit est la condition nécessaire de la justice. Et voici les plus altruistes des qualités ramenées au savoir, fort paradoxalement car, croit-on, il faut pour complaire à autrui plus de bonne volonté que de calcul, à moins qu'on ne persiste à vouloir préserver ses intérêts propres.

A cette volonté socratique de rationaliser toutes les qualités constituant la valeur de l'homme, Protagoras résiste avec opiniâtreté.

Il est intéressant de relever les moments où le narrateur souligne la mauvaise grâce du sophiste à convenir d'une démonstration : d'abord en 333 b, il admet « *bien malgré lui* » l'identification de la sagesse et de l'appréciation de soi sous le signe du jugement. En 360 d, il convient « *à grand peine* » que la lâcheté est une forme d'ignorance, quant à la réciproque : le courage est une certaine forme de sagesse, il préférerait l'accepter en silence (360 d), et s'il finit par la confirmer expressément, c'est pour garder les lauriers, sinon du vainqueur, au moins du beau joueur :

« *C'est la joie de ton triomphe, je crois, si je réponds moi-même ; je te ferai donc ce plaisir : de nos accords précédents, je l'affirme, il ressort qu'est impossible* »

la coexistence en un même homme de l'ignorance et du courage (360 e). Notons que Protagoras s'incline au nom des « *accords antérieurs* » et laisse encore planer quelque doute sur la valeur absolue de la conclusion ainsi atteinte.

Plus profondément, Protagoras marque sa volonté de faire la part aux forces irrationnelles en l'homme, quand il insiste pour distinguer le courage et lui faire un sort spécial (349 d). Son acceptation d'une parenté pour les quatre autres mérites, étonnante en principe, vu les réticences premières, passe en fait assez facilement après la longue interruption de la dispute, de la réconciliation, et du commentaire de Simonide (334 c - 348 c). Mais pourquoi cette acceptation ? Sans doute Protagoras espère-t-il éviter le désagrément de la réfutation qu'il prévoit ; sans doute aussi espère-t-il qu'à la faveur de l'imprécision, le rapprochement des quatre mérites pourra se faire facilement sur un autre plan que l'intellect : l'honneur, par exemple, la loi divine, bref des points de vue purement éthiques. En tout cas, le choix du courage comme objet de discussion montre bien sa détermination anti-intellectualiste [16].

15. Cf. le *Gorgias, passim ;* la *République* 354 a ; *Alcibiade* I 116 d ; *Criton* 54 b-c ; allusivement dans l'*Apologie* 25 e.

16. Comme nous y reviendrons dans le chapitre consacré au courage. Taylor (*op. cit.*, p. 249, n. 1) souligne fort bien le fait : « Identifier les unes aux autres le reste des vertus traditionnelles est assez facile. Mais pour les âmes simples il y a quelque chose d' « irrationnel » dans un grand courage ; celui-ci « ignore » les risques dont tiendrait compte un « calcul rationnel ». L'identification du courage au savoir sera donc le problème crucial pour un moraliste rationaliste ».

Mais Protagoras n'est pas le pur champion de l'irrationnel ; sa position en eût peut-être été plus forte.

Socrate semble prendre plaisir à le faire évoluer, avec une assurance précaire, entre ses propres opinions, et des opinions plus vulgaires qu'il est chargé de défendre. En 333 c, est énoncée la thèse suivante : l'injustice peut être sage ; autrement dit, morale et intelligence ont leurs domaines à part. Cette opinion est attribuée à la grande masse des gens, mais elle va bien dans le sens de Protagoras ; pourtant celui-ci fait beaucoup de façons, avant de plaider pour cette cause en avocat nommé d'office, car il aurait honte de la prendre à son compte comme un grossier personnage (333 c-d). Seulement, en 333 e, pressé de questions, Protagoras est fort mal à l'aise pour défendre la thèse dont il s'est chargé ; pourquoi ? parce qu'il la réprouve ? C'est peu probable, son honneur n'étant pas en question dès lors qu'il a affirmé son point de vue personnel, et la réfutation prévisible devrait le satisfaire, comme Glaucon et Adimante (*République* II) dans des circonstances analogues ; il semble plutôt qu'il se soit piqué au jeu, et déplore d'être inférieur à sa charge, parce qu'au fond la thèse lui convient, tellement même que son malaise actuel est décrit par Socrate avec une plaisante insistance. Protagoras aurait donc perdu de vue sa propre position officielle.

En 351 c, la foule, toujours elle, est supposée distinguer l'agréable, affaire de sensation, du bon, plus facile à rattacher au savoir, puisque le bon, c'est l'utile. Quant à Protagoras, son point de vue sur ce problème est si nuancé qu'il ne sait trop comment le définir. En tout cas, Protagoras sera fort désolé (360 d), au moment de l'échec de cette doctrine irrationaliste de la foule, par les conséquences de cet échec. Là encore, ses sympathies vont à la doctrine irrationaliste, mais pas nettement, et, surtout, pas expressément.

Et pourtant, quand on lui pose, franchement, la question fondamentale : quel est le rôle du savoir ? sa réponse est nette ; contrairement à la foule pour qui moralité et savoir ont leurs domaines à part, il pense que le savoir détermine la conduite humaine et donc la moralité (352 b-c).

Si pour Socrate le mérite est tout entier d'ordre rationnel, pour Protagoras on ne peut dire que ce soit le contraire. Le sophiste a un point de vue incohérent et difficile à défendre, souvent anti-intellectualiste, mais pas constamment.

Cette contradiction n'est point étrangère à la contradiction relevée auparavant dans les premières paroles de Protagoras : dans son programme, il considérait le mérite comme un égoïsme triomphant puis dans son mythe il le considérait comme un civisme réglé ; le premier est affaire de tempérament, le second de discipline fondée en raison. L'incertitude inconsciente de Protagoras est toujours la même : le mérite est-il don de nature, ou savoir ? le sophiste avec une égale sincérité[17]

17. Nulle nécessité de souçonner la crainte du « qu'en dira-t-on » là où Protagoras refuse les opinions anti-intellectualistes du vulgaire. Même s'il éprouve la pudeur d'un Gorgias, cette pudeur traduit un aspect de sa nature profonde. En 317 b, il a montré le courage de ses opinions en prenant le titre de sophiste. Cf. aussi p. 156, n. 23.

soutient tantôt l'un, tantôt l'autre point de vue, sans même voir la nécessité de les concilier.

Comme Socrate le fait remarquer à la dernière page du dialogue, la définition du mérite, un ou multiple, c'est-à-dire rationnel ou irrationnel, ramène à considérer les modalités de son enseignement. Les commentateurs [18] ont remarqué le caractère décevant de l'échange des points de vue : Socrate doute que le mérite s'enseigne, mais pense qu'il est un savoir ; Protagoras prétend que le mérite s'enseigne, mais pense qu'il n'est pas un savoir — pas entièrement, du moins. La notion d'enseignement étant fort équivoque, ces remarques sont vraies, mais on a généralement négligé un aspect des déclarations de Protagoras. On a été sensible au caractère coercitif de l'éducation morale décrite dans son discours ; le point le plus frappant en était l'image du bâton tordu et redressé auquel est comparé le petit garçon corrigé par ses parents (325 d). Exemples et coups pour l'enfant, lois et procès pour l'adulte, rien là ne fait appel à la raison de l'élève. Mais on [19] en déduit que la moralité, selon Protagoras, est entièrement relative aux conventions de telle ou telle société ; et cette interprétation ne tient nul compte du passage précédent : plus haut, Protagoras avait considéré la justice et la conscience comme l'indispensable facteur d'union entre les hommes. Implicitement, il fonde donc la moralité sur un principe rationnel presque kantien : il est évident que, d'après lui, chaque société repose sur la réciprocité dans le respect des droits d'autrui (322 b-c), sur une égalité « géométrique » (cf. *Gorgias* 508 a) ; si les cités grecques, et à plus forte raison barbares, peuvent varier dans le détail de leurs conceptions morales, l'essentiel restera semblable chez tous les hommes [20]. Bref, Protagoras envisage une *arétê* rationnelle dans sa définition, mais perçue concrètement par chaque individu comme une contrainte ou une habitude mentale et physique. D'où la complexité de l'enseignement : préceptes moraux (325 d-e), lettres (325 e - 326 a), musique (326 a-b), gymnastique (326 c), préparent l'action du professeur sophiste ; celle-ci n'est pas décrite mais rien n'oblige à l'imaginer aussi peu rationnelle que celle de l'instituteur.

Si le mérite est rationnel, il s'enseigne par les préceptes ; s'il ne l'est pas, il s'enseigne par l'exemple et l'intimidation ; pour Protagoras, les deux hypothèses sont vraies ensemble. D'un bout à l'autre de l'œuvre nous retrouvons la même hésitation : mérite civique et mérite personnel anarchique, moralité universelle et conventionnelle, mérite un ou

18. A. Croiset, introduction aux Belles Lettres p. 13. Taylor, *op. cit.*, p. 262. A. Koyré, *op. cit.*, p. 54.

19. Taylor, *op. cit.*, p. 245-247 tout particulièrement. Protagoras, dit-il même, se vante d'enseigner la morale athénienne mieux que personne, et c'est bien outrecuidant de la part d'un Abdéritain ! Un Américain ou un Français prétendrait-il au bout de peu de semaines passées en Angleterre, être le meilleur connaisseur du tempérament britannique ?

20. J. C. Fraisse (*Philia ; la notion d'amitié dans la philosophie antique*, Paris 1974, p. 91) commente ainsi le discours prêté à Protagoras : « L'universalité que peut nous suggérer l'égal partage de la pudeur et de la justice entre les hommes n'est que celle d'une disposition, à laquelle chaque société pourra donner une actualisation différente. »

multiple, c'est toujours l'aveu que le rationnel et l'irrationnel coexistent dans la vie morale.

***

Les Contradictions d'une Sagesse Empirique.

Cette coexistence n'est pas forcément un problème insoluble. Pour Protagoras, elle l'est, une fois mise en évidence par Socrate. C'est que l'intelligence du sophiste, toute tournée vers le monde concret, se révèle inapte au raisonnement abstrait. Ses arguments de choix sont les leçons de l'observation : la preuve que le courage est distinct des autres mérites, c'est un fait (que Socrate n'a garde de récuser comme tel !) : bien des gens sont de très courageuses canailles (349 d) ; sans doute n'eût-il pas été très difficile de citer quelques noms ! Plus loin, Protagoras va répondre « *selon l'expérience de toute* [*sa*] *vie* » (351 d). Quand il a exaspéré Socrate en pérorant sur le caractère relatif du « bon » (344 a-c), ses paroles n'étaient pas tant une échappatoire hors du sujet, mais plutôt un refus d'examiner je ne sais quel « bon en soi » vers lequel Socrate se préparait à orienter l'entretien [21]. Dans le domaine concret, Protagoras montre une intelligence indéniable. Son premier grand discours, d'une habileté consommée, répond brillamment à toutes les difficultés proposées par Socrate, non sans éviter d'autres pièges : Guthrie [22] l'a montré, si le sophiste fait du mérite un don naturel, il prive l'éducateur, donc lui-même, de sa raison d'être ; au contraire, s'il fait du mérite un savoir-faire (ou savoir-vivre) transmissible comme une technique et réservé à un corps de spécialistes, il choque les idéaux démocratiques [23].

Seulement, si l'on en vient à des arguments dialectiques, Protagoras perd pied. Il garde assez d'astuce pour faire illusion à l'auditeur — et même au lecteur — inattentif, mais ses objections à Socrate portent à faux. En 330 c - 331 b, Socrate avait établi, par l'absurde, que la prétendue distinction entre justice et piété ne valait rien : justice est juste, donc pas pieuse suivant la prémisse à renverser ; et de même la piété serait pieuse, donc pas juste, ce qui heurte le bon sens. On pourrait répéter ce raisonnement avec d'autres exemples, et montrer son peu de valeur logique : blancheur et chaleur sont distinctes, la blancheur, blan-

21. « Nous avons vu Socrate », écrit G. Bastide dans *Le Moment Historique de Socrate* (Paris 1939) p. 245, « insister avec force et nettement sur l'impossibilité de poser un Bien qui ne serait pas relation, qui ne serait pas le bien de quelqu'un. L'on ne peut parler de valeurs que de celles de l'homme ; hors d'elles nous ne connaissons qu'abstractions ». Si cette analyse est juste, alors Platon aurait complètement infléchi la figure du Socrate « historique ».

22. *The Sophists*, p. 65.

23. A vrai dire, sa clientèle n'est peut-être pas fort chaleureuse, au fond du cœur, pour la démocratie. Les implications démocratiques du discours de Protagoras (cf. Vlastos, *op. cit.*, p. LII) peuvent être un témoignage de son courage moral — Cf. p. 154, n. 17. Mais le soin pris par le sophiste pour distinguer mérite et « technique » peut répondre aux préjugés aristocratiques contre les métiers (cf. p. 30-32). Quoiqu'il en soit, Protagoras expose ici une doctrine subtile, judicieuse, capable de plaire à tous.

che, n'est pas chaude ; la chaleur, chaude, n'est pas blanche. Mais rien n'empêche un même objet d'être blanc et froid ; donc ici rien d'absurde ne vient renverser les prémisses [24].

Cependant, lorsque Protagoras s'essaie à faire un parallèle, il imagine d'argumenter sur blancheur et noirceur, et Socrate ne laisse pas d'être surpris ! (331 d-e).

Plus loin (349 e - 350 b), Socrate établit que le courage est une forme savante de la hardiesse ; pour cela il utilise la notion de l'honneur, attaché au courage, mais étranger à la sotte hardiesse. Protagoras proteste (350 d-e), avec de subtiles distinctions : tous les courageux sont hardis, tous les hardis ne sont pas courageux [25] ; il a complètement oublié cet honneur sur quoi l'argumentation entière reposait !

Donc Protagoras, comme beaucoup d'interlocuteurs de Socrate moins distingués, tels que l'Hippias du *Grand Hippias,* est un esprit concret. C'est pourquoi il est certainement sincère dans ses contradictions : s'il défend, sans en avoir une vue bien claire, une conception du mérite qui fait place à la fois au tempérament, aux habitudes (315 a et *passim*), et à la raison (352 d et *passim*), c'est parce qu'il ne tient pas à une doctrine systématique, peut-être arbitraire, mais aux leçons de l'expérience. Seulement, faute d'une intelligence abstraite assez fine, il ne sait pas prendre conscience de ses contradictions et encore moins les résoudre ou les justifier. Aussi Socrate a-t-il beau jeu de faire éclater les défauts d'une sagesse trop empirique [26].

24. Cf. chap. sur *Euthyphron* (p. 184). Chaleur et blancheur sont distinctes, car un objet peut être chaud et noir, un autre blanc et froid ; elles ne sont pas contradictoires, car un objet peut être blanc et chaud. Donc un raisonnement de la forme proposée ici ne signifie rien. Si, par contre, pour un Grec, tout ce qui est juste est pieux, et vice versa, piété et justice sont à peine discernables ; le raisonnement de Socrate n'a de sens que si l'on admet la confusion de la moralité et de la religion.

25. Comment Socrate l'ignorerait-il ? en 350 b n'a-t-il pas déjà exclu certaine catégorie de hardiesse ? Ailleurs, dans *Euthyphron* 12 a-d, il a lui-même enseigné ce point de logique avec d'autres exemples.

26. L'analyse du mouvement sophistique par Constantin Tsatsos (*op. cit.*, chapitre 5), bien que résolument hostile à ce mouvement, semble justifiée, d'abord quand elle rattache les tendances des différents sophistes à l'enseignement de Protagoras, puis quand elle en montre les inévitables incohérences (p. 70-71).

CHAPITRE V

POINTS DE VUE SUR L'IRRATIONNEL

Jusqu'ici, le caractère constant de la morale dans les dialogues de jeunesse, morale socratique ou morale courante, nous a paru être l' « intellectualisme » : Hippias, Polémarque, ne savent même pas distinguer la connaissance technique de la vertu ! Critias ne croit pas nécessaire de réfléchir, pour affirmer l'identité du savoir et de la sagesse. Aussi s'accorde-t-on pour fonder la morale sur les qualités raisonnables que sont la lucidité, le bon sens, la satisfaction judicieuse de ses besoins personnels clairement définis, et l'on aboutit tout naturellement ainsi à un égoïsme plus ou moins grand, sensible chez tous, de l'arriviste Ménon à l'anarchiste Thrasymaque, comme chez le plus largement représentatif des auteurs de doctrines, Protagoras. Même Polos et Alcibiade, moins affirmatifs que d'autres sur la valeur absolue de l'intérêt personnel, se laissent raisonner par Socrate d'après des critères intéressés.

Ce parti pris ne suffit pourtant pas à rendre compte de toutes les réalités morales.

Si Socrate, par sa constante référence à l'ordre[1], parvient à constituer un système toujours cohérent, les autres n'évitent jamais complètement la contradiction, pas même Protagoras, pas même Calliclès, malgré leur intelligence et leur capacité de réflexion. C'est que des réalités irrationnelles ne leur sont pas inconnues, soit qu'ils les admettent franchement, comme Polos et Alcibiade, soit qu'ils en tiennent compte inconsciemment comme Protagoras.

Platon lui-même connaît si bien ces réalités qu'il a consacré plusieurs dialogues, ou fragments de dialogues, aux sentiments les moins rationnels du cœur humain : le goût est analysé dans l'*Ion*, les rapports d'affection dans divers passages et spécialement dans le *Lysis*, le sentiment religieux dans l'*Euthyphron*. En plusieurs endroits est évoqué le civisme, solidarité avec autrui qui peut aller jusqu'au sacrifice de soi ; et le courage, ou la capacité de sacrifice, la vertu la plus viscé-

1. Et son refus de faire leur part aux considérations concrètes, caractère (cf. *République* I), hérédité (cf. *Alcibiade* I), etc.

rale qui soit, à nos yeux, est défini ou illustré dans un passage du *Protagoras,* dans le *Lachès,* et dans l'*Apologie de Socrate.*

Il sera intéressant de voir quelle est l'attitude devant ces problèmes, et du systématique Socrate, et de ses divers interlocuteurs. L'irrationnel est-il méconnu jusque dans son domaine propre ?

L'*ION* OU LE GOÛT

Il semble que le sujet du dialogue soit d'examiner la nature du métier de rhapsode. Pourtant, dans sa préface à l'édition des Belles Lettres, Louis Méridier prétend [2] que « la discussion... vise surtout la poésie » : il est vrai, on peut dégager du texte d'intéressantes considérations sur la nature de la poésie selon Socrate (Ion lui-même s'accordant volontiers avec lui sur ce point, cf. 535 a) ; mais il reste qu'avant tout c'est l'activité d'Ion qui est en jeu ici, depuis le début, où le rhapsode s'étonne de ne s'intéresser qu'à un seul poète (532 b), jusqu'à la fin, où il prétend s'égaler à un... général ! L. Méridier rappelle [3] que le métier de rhapsode était méprisé par les « honnêtes gens » d'après des témoignages anciens, et selon lui, il n'est pas

> « vraisemblable que l'auteur d'*Ion* ait consacré tout un dialogue à un si mince objet »

que ce métier-là. Seulement ce genre de raisonnement empêcherait aussi bien de prendre au sérieux toute la sophistique, et de croire que Platon ait pu s'y intéresser ! En réalité, le rhapsode explique les plus beaux textes littéraires, et d'abord ceux d'Homère ; et la littérature expliquée est le fondement de l'éducation grecque. Ce n'est pas un « mince objet » ; peu importe que la personne du commentateur soit méprisée : les Grecs n'ont-ils pas un très aristocratique mépris des hommes dont ils ont le plus grand besoin [4] ? Ce n'est d'ailleurs pas seulement au ve siècle que le métier de rhapsode est digne de considération ! Ce métier comporte deux aspects : la déclamation expressive de textes poétiques, et le commentaire de ces mêmes textes ; autrement dit, il s'agit d' « inter-

2. Paris 1931, tome V, 1re partie, p. 13. Lamb (introduction à l'*Ion* dans Loeb Classical Library London 1952, p. 405) ne dit rien d'aussi net, mais explique la courtoisie de Socrate envers Ion par le respect de Platon pour les poètes. Trop généralement, l'*Ion* est considéré comme un traité platonicien sur la poésie.

3. *Ibid.*, p. 11-12 — allusion y est faite à Xénophon (*Mémorables* IV).

4. Les Anciens n'ont jamais eu de considération pour les instituteurs ! (moins sans doute que pour les rhapsodes à qui l'on décernait tout de même des couronnes d'or (*Ion* 530 d). Cf., plus généralement, le témoignage postérieur d'Aristote (*Politique* III 3), qui refuse la citoyenneté aux artisans, cultivateurs, travailleurs, parce qu'ils ne se consacrent pas entièrement à l'*arétê* : « Il ne faut pas considérer comme citoyens tous ceux sans qui la cité ne pourrait vivre. »

préter » des poèmes, aux deux sens de ce verbe. Socrate et Ion s'accordent d'emblée pour déclarer liées ces deux activités, puisque la lecture expressive autant que le commentaire suppose la compréhension profonde du texte envisagé (530 c). Or qu'est-ce que se spécialiser dans l'étude de textes, sinon faire de la critique littéraire ? Nos éditeurs d'*Ion* semblent éviter d'utiliser ce vocabulaire un peu moderne d'aspect, d'accord avec des historiens de la critique qui en placent timidement les origines les plus lointaines, « préhistoriques », au... XVIe siècle ! [5] Il est pourtant paradoxal d'ignorer l'existence d'une critique littéraire chez les Grecs classiques cultivés, pour qui le commentaire des poètes occupait une si grande place [6]. Or il nous faut bien essayer de traduire les mots anciens, et « rhapsode » en est un ; sans doute ce métier ne correspond-il rigoureusement à aucune activité en vogue parmi nous, où les commentateurs professionnels sont rarement des récitants. Il reste que le rôle principal d'Ion est de comprendre et faire comprendre des textes : cela constitue sans doute l'essentiel de la critique littéraire, et exige les mêmes compétences.

La nature de la critique, pour les Anciens, constitue un problème éthique [7] (en cela surtout elle nous est étrangère). Nous le voyons partout : Aristophane compare Eschyle et Euripide sous le rapport de leur enseignement civique (*Grenouilles* v. 1010). Platon lui-même, dans le *Petit Hippias* (363 b), fait dire à quelqu'un sans paradoxe, que le plus beau poème d'Homère est celui dont le héros est le plus valeureux ; dans le *Grand Hippias* (*passim*) l'idée de *kalon* est appliquée également à la beauté corporelle ou artistique, à l'excellence des mœurs et des lois, ou à la satisfaction d'une vie bien remplie [8]. Il n'y a donc pas d'hiatus entre l'esthétique et l'éthique, encore moins d'opposition, et elles doivent être étudiées ensemble.

Qui, face à Socrate, va représenter la critique ? Un personnage important, mais plutôt en marge de la société, car le rhapsode appartient au groupe peu considéré des spécialistes [9]. Dans leurs introductions, Louis Méridier [10] et Émile Chambry [11] ne manquent pas de mentionner le jugement très défavorable porté contre les rhapsodes par les personnages de Xénophon. Si le passage du *Banquet* nous livre une information incontrôlable sur le caractère superficiel des connaissances des rhapsodes,

5. J. C. Carloni et Jean C. Filloux, *La critique littéraire* (Paris, P. U. F. Que Sais-je ? 1969), p. 9.

Roger Fayolle, *La critique* (Paris — Armand Colin — 1964), p. 12.

6. Voir, chez Platon même, l'analyse contradictoire de Simonide (*Protagoras* 339 a sq.). Isocrate cite les exégètes parmi les prosateurs les plus féconds (*Sur l'Échange* 45). F. Buffière a consacré un gros livre aux *Mythes d'Homère et la pensée grecque* (Paris 1956).

7. Nous en verrons un peu plus loin les conséquences, Socrate niant, Ion méconnaissant la réalité de l'art.

8. Cf. Paul Vicaire, *Platon critique littéraire* (Paris 1960), *passim* et notamment p. 365.

Cf. aussi Jacqueline Duchemin, *Platon et l'héritage de la poésie* (R. E. G.. LXVIII, 1955) p. 16.

9. Cf. chapitre I.

10. Éd. *Belles-Lettres*, Paris 1941, Tome V, 1re partie, p. 12 ; il cite les *Mémorables* IV 2.

11. Éd. Garnier-Flammarion, p. 401. Il cite le *Banquet* III 6.

le passage cité des *Mémorables* est par contre fort suggestif, grâce à son contexte : Socrate, en effet, y interroge le jeune Euthydème, propriétaire d'une belle bibliothèque : Quel est ton but ? veux-tu devenir médecin ? architecte ? mathématicien ? astronome ? — Non ! non ! non ! s'écrie l'autre avec une horreur touchante. — Peut-être rhapsode, alors ? — Oh non ! par Zeus ! répond-il, car je sais bien que les rhapsodes possèdent exactement leurs vers, mais sont personnellement de francs imbéciles [12]. Ce même Euthydème dira un peu plus loin que les connaissances artisanales sont la plupart du temps la marque d'une âme servile. Bref, tout ceci concorde avec l'attitude des personnages de Platon à l'égard des travailleurs [13]. Sans nul doute, les mêmes causes expliquant l'hostilité athénienne à l'endroit des sophistes, techniciens de vertu, et prestigieux par cela même qui leur vaut le mépris des bien-pensants [14], ces mêmes causes existent ici. Ion a plusieurs points en commun avec les sophistes : étranger et itinérant comme eux, il bénéficie comme eux d'un succès éclatant, noté ici par de riches habits (530 b), des premiers prix (530 a), des recettes considérables (535 e), cela dans un domaine imprécis, en l'espèce l'appréciation de l'œuvre de tel ou tel poète. Il n'est pas plausible qu'Ion soit ici un interlocuteur plus mince et plus niais que les Gorgias, Protagoras et autres Hippias. Il est infatué de lui-même, comme beaucoup d'Anciens [15], non sans cause apparemment, car il n'a guère pu inventer ses premiers prix gagnés aux récentes Asclépiades (530 a), ou l'effet produit sur son public (535 c) [16]. D'ailleurs sa vanité, ou son orgueil, restent sagement limités, puisque, de tout le champ des connaissances possibles, il ne se pique que de posséder Homère. Sans fausse honte, il reconnaît son incompétence à l'égard de tous autres poètes (531 a ; 532 c). Avec bonne grâce, il interroge Socrate (qui ne se fait pas prier, par exception) pour comprendre enfin le mystère de cette spécialisation si exclusive ; il est ouvert aux explications subtiles, et quand il dit :

> « *C'est une joie pour moi de vous entendre, vous autres les savants* » (532 d),

il assimile Socrate, le *sophos*, au groupe des sophistes [17], mais c'est avec bienveillance et intérêt. Aussi ces questions sont-elles sans réticence :

> « *Quelle peut bien être la raison de ce qui m'arrive ?* » (532 b)
> « *Vois, toi, ce que cela signifie* ». (533 c)

12. Pas forcément dans leur domaine, mais sans doute sur le plan de la culture générale, contrairement à l'opinion de Grote, *op. cit.*, tome II, p. 125.

13. Cf. chapitre I.

14. Cf. p. 35-36.

15. Cf. p. 109-110.

16. Même si Ion d'Éphèse, inconnu par ailleurs, est un personnage fictif, Platon a dû vouloir peindre ici un vainqueur fictif, car imaginer de le faire mentir sur ce point heurterait la vraisemblance. Il est aussi très possible qu'Ion ait existé, mais que son métier trop en marge de la vie politique et mondaine ne lui ait pas donné d'autre occasion d'être immortalisé.

17. Comme le remarque Léon Robin, dans la note 9 à sa traduction, dans l'édition de la Pléiade.

L'enquête de Socrate ne porte pas sur l'étendue des compétences d'Ion, mais sur la nature de ces compétences [18]. La raison d'être de l'enquête, le problème initial, est le caractère exceptionnel de l'activité littéraire, créatrice ou critique : d'abord, cette activité est spécialisée (le critique ne s'intéresse qu'à un seul auteur 531 a - 532 c ; l'auteur ne pratique qu'un seul genre — 534 c), puis elle possède un pouvoir irrationnel d'éveiller l'émotion (535 c), enfin, il est difficile de définir son contenu (537 a - 540 c). Tous ces points sont des constatations ; Socrate et Ion conviennent donc volontiers de chacun, sauf du dernier, mais ladite difficulté se déduit assez bien des longueurs de l'analyse ! Quant à l'explication de ces bizarreries, les deux hommes en conviennent aussi en 535 d - 542 b, mais Ion avec réticence :

> « *Tu parles bien, Socrate, mais je serais surpris si tu parlais assez bien pour me persuader...* » (536 d) :

Socrate en effet pense que toute activité littéraire est inspirée par un pouvoir surnaturel, qui habite le poète, ou son interprète, lui fait perdre la tête, et lui retire son esprit personnel, le temps que dure cette inspiration (533 e - 534 b-d ; 536 d - 542 a-b) ; Ion a tendance à croire, par contre, qu'il exerce son activité grâce à une *tekhnê*, méthode rationnelle ou expérimentale sûre, et dont il possède la pleine maîtrise, comme n'importe quel savant (536 d) ; mais il se laisse entraîner par Socrate là où celui-ci veut l'amener, se défend mal contre les arguments proposés, d'autant plus qu'il ne prétendait pas, au départ, avoir sa propre théorie pour expliquer les particularités de son art. De plus, il est flatté au fond d'être l'objet d'une élection divine (542 b) et ne saurait trouver désobligeante la doctrine de son adversaire [19]. Mais s'il accepte d'enthousiasme cette doctrine à l'endroit du poète (535 a) il en est choqué dès qu'elle le concerne lui-même, car il possède l'intime conviction [20] que ses exposés ne lui sont pas « soufflés » du dehors, et correspondent à son propre dessein (536 d). Cette conviction est fondée sur un fait essentiel, qu'Ion évoque dès le début, mais dont il ne tire pas le parti souhaitable. « *Oui,* dit Ion, *ce qui dans mon art m'a donné le plus de travail* », c'est de comprendre l'œuvre d'Homère (530 c). Il est fort vraisemblable que

18. Paul Vicaire (*op. cit.*, p. 33) estime au contraire que « Platon veut avant tout faire le procès du rhapsode, et mettre en lumière à la fois l'ignorance, la maladresse dialectique, et la vanité du personnage ».

19. Contrairement à l'opinion de L. Méridier (*loc. cit.*, p. 16) par exemple, il n'y a sûrement pas de jugement de valeur dans ce dialogue. Socrate ne rabaisse pas la littérature parce qu'il en fait un don divin : lui-même a eu le privilège de communications divines, son démon lui tenant parfois lieu de sagesse, avantageusement. Dans le *Banquet* de Platon (215 d) Socrate joue le rôle du premier maillon de la chaîne aimantée dont il est ici question (535 e sq.). J. Duchemin (*loc. cit.*, p. 25-29) expose avec bon sens pourquoi la *theia moira* n'est sûrement pas inférieure, en valeur, à la *tekhnê*.

20. V. Goldschmidt (*Les Dialogues de Platon,* p. 99) écrit à ce propos : « Ion a fini par comprendre la note « infamante » dont Socrate vient de flétrir son art. » Il ne nous semble pas qu'Ion se sente humilié par Socrate et résiste pour sauver la face, mais plutôt que son expérience ne confirme pas les analyses de Socrate.

cet aveu est sincère, car la préférence de l'époque, préfigurant celle de Mascarille, était qu'un « homme de qualité [sût] tout sans avoir jamais rien appris »[21]. La mention de ses efforts n'est sans doute pas un signe de jactance, mais nous livre un renseignement. Or il est clair que l'idée de travail est incompatible avec celle d'une inspiration divine où le dieu annihilerait pour un temps les facultés personnelles de l'inspiré, et les remplacerait par une sorte de délire prophétique.

Socrate, toutefois, ne tient nul compte de cette parole d'Ion (qui lui aussi oublie de s'en prévaloir) et va examiner d'autres aspects de l'art du rhapsode. Le premier est qu'Ion, passionné par ce qui touche à Homère, se désintéresse des autres poètes, au point de somnoler à l'énoncé de leur nom (531 a, 532 c) ! A cela, Socrate propose une explication mystique : le dieu réveille Ion s'il s'agit d'Homère ; les autres poètes ne suscitent pas son intérêt, pour la bonne raison qu'Ion ne s'intéresse à rien par ses facultés naturelles (536 b-d). Toutefois, n'existerait-il pas une explication plus nuancée ? Ion vient d'affirmer : Homère a traité beaucoup mieux tous les sujets qui lui sont communs avec les autres poètes (531 d). N'est-ce pas dire qu'Ion a plus de goût pour Homère que pour tout autre poète, et qu'il a étudié, comme il est normal, l'œuvre du poète auquel vont ses préférences ? En recourant, donc, au goût, capacité naturelle, humaine mais non rationnelle, Ion eût pu rendre compte de sa spécialisation. Mais il ne l'a pas fait, et Socrate n'envisage pas un instant la notion sentimentale de goût : l'assertion d'Ion qu'Homère est supérieur à ses rivaux, il la comprend en un sens presque scientifique : il ne s'agit pas de comparer sur le plan de la beauté, mais sur celui de l'exactitude ; aussi, en une première analogie, la poésie va-t-elle être comparée aux nombres (531 d) ; bien entendu le mathématicien n'a pas de préférence pour telle solution mathématique ; il choisit celle qui est exacte au nom de certains critères appliqués lucidement ; même chose pour la diététique (531 e) ; une analogie du même ordre est établie ensuite entre la poésie d'une part, et d'autre part la peinture et la musique (532 d - 533 b). Pour nous la poésie est étrangère aux sciences comme la mathématique ou la diététique, mais comparable aux arts[22], peinture et musique. Pour Socrate, il en va autrement : la poésie est semblable à tout le reste, sciences ou arts, dans la mesure où elle doit être jugée d'après des critères du vrai et du faux, et non avec goût ; mais elle est différente des sciences et des arts dans la mesure où l'expert capable d'appliquer les critères n'existe pas pour la poésie, et existe ailleurs. Si l'on met à part la poésie avec sa particularité, les autres arts ne se distinguent pas des sciences[23] ; la critique

21. Cf. chapitre I.

22. Au sens français, non comme traduction de *tekhnê*, cf. p. 46-47.

23. Probablement la peinture antique avait à résoudre trop de difficultés techniques (perspective, modelé, ressemblance) pour être considérée dans l'opinion publique sous son aspect proprement artistique.

La littérature antique ne décrit la « beauté » d'une statue ou d'un monument que pour en dire la majesté, la magnificence, la richesse, le caractère glorieux. Chez Homère, la beauté d'un objet tient au fait qu'il est très décoré, celle d'une personne n'est jamais

d'art n'a pas de réalité propre : ce qui est bon ou mauvais y est affaire de compétence, comme en science le vrai et le faux, l'utile et le nuisible ; s'il faut juger des réalisations selon leur conformité à des normes universelles, la spécialisation n'est plus requise, bien sûr.

Mais la poésie reste à part, résiste à l'assimilation aux sciences. Bien que Socrate prétende l'y forcer en théorie, et réclame pour elle des normes comme pour les autres activités de l'esprit, il est obligé d'y renoncer sur le plan des faits, et c'est pourquoi s'impose l'explication par le surnaturel.

Une nouvelle étrangeté de la poésie est alors remarquée, son caractère irrationnel et émouvant [24]. Que le héros d'épopée, dans une situation effroyable, ou pitoyable, tremble ou pleure, rien de plus naturel ; mais il est illogique que le récitant, ou l'auditeur, en fasse autant à la seule description de la situation et des sentiments d'autrui. On pourrait objecter à Socrate que la sympathie, au sens étymologique du mot, envers une créature étrangère, même inconnue, même fictive, pour être irrationnelle n'en est pas moins naturelle. On songe aux puissantes analyses de J.-J. Rousseau, à son affirmation que la « pitié » la plus désintéressée, la moins égocentrique, est une composante fondamentale de notre nature, au même titre que l'amour-propre, et qu'elle se manifeste le mieux grâce à la littérature, car justement là, elle n'entre pas en conflit avec l'amour-propre [25]. Loin d'anticiper sur cette façon de voir l'âme humaine, Socrate pose implicitement l'hypothèse que ce qui n'est pas rationnel est surnaturel, et par rationnel, il entend ce qui est conforme à l'intérêt du sujet, dans une perspective égocentrique :

> « *Dirons-nous, Ion, qu'il est dans son bon sens, cet homme qui, paré d'un habit chatoyant et de couronnes d'or, se met à pleurer à des sacrifices et dans des fêtes, sans rien avoir perdu, ou reste saisi d'effroi devant plus de vingt mille personnes bien disposées à son égard, sans qu'aucune le détrousse ou lui fasse du tort ?* » (535 d)

Bien arbitraire est à nos yeux cette identification de la sympathie à la folie. Mais Ion l'accepte sans difficulté, malgré sa conviction d'exercer son métier en connaissance de cause, et ceci nous est un témoignage précieux sur la manière de penser parmi le cercle socratique : le centre de la vie morale est pour chacun sa propre personne, et tout s'organise rationnellement en vue de satisfaire le moi, d'une manière ou d'une autre. Ceci est l'ordre naturel des choses. Il est vrai que le surnaturel pour les Anciens n'est jamais très loin du naturel, et que la part prise

décrite. Artistes et écrivains comprennent leurs propres œuvres autrement que les générations suivantes...

24. Il serait curieux de savoir si Socrate placerait la musique parmi les techniques ou parmi les dons, de ce point de vue (cf. *Banquet* 215 c). Mais ici il n'y est plus fait la moindre allusion.

25. Cf. la *Lettre à d'Alembert sur les Spectacles.*

par un dieu dans la naissance d'une passion est chose banale[26-27]. Mais il reste que Socrate insiste ici surtout sur la distinction des deux ordres, et concède à l'homme son autonomie par la raison seulement. Doctrine qu'Ion n'est pas à même de critiquer.

Dans le dernier mouvement du dialogue, Socrate va décidément égarer son interlocuteur : Ion est prié de désigner les passages d'Homère où s'exerce sa compétence ; d'où sa réponse, mi-indignée, mi-avantageuse, que « *tout* », absolument tout, entre dans ses compétences (536 d-e). Jusqu'ici cela va bien, sauf que la tournure grammaticale choisie par Socrate est grosse d'implications : il n'interroge pas Ion sur « ce que dit » Homère, mais sur « *ce dont parle Homère* » et en effet, quand l'interrogatoire se précisera, il ne portera pas sur le texte poétique, mais sur les sujets traités[28] ; et dès lors la déconfiture d'Ion ne saurait tarder. Socrate va examiner des passages de l'épopée, parmi les plus techniques, et demander à Ion si Homère les a traités avec exactitude (*orthôs* 537 c, 538 c) ; il va de soi qu'Ion, en tant que commentateur, n'en sait rien. Mais il fera une tentative intéressante pour reprendre l'initiative, et proposer la définition de ses compétences :

> « *Mon art connaîtra de ce qu'il sied de dire à un homme, et des paroles convenant à une femme, à un esclave et à un homme libre, à qui est commandé et à qui commande* » (540 b) ;

autrement dit, Ion s'attribue une aptitude à juger de la psychologie et des mœurs, soit de réalités très générales, recouvrant les domaines techniques sans interférer avec eux ; bien entendu, les derniers mots d'Ion doivent désigner les expressions de l'humilité et de l'autorité en tant que telles. Or Socrate va interroger Ion, non sur le ton d'autorité du médecin ou du capitaine, mais sur les préceptes et les ordres de l'un

26. A ne pas comparer avec le miracle de la Grâce pour un chrétien !

27. Chez Homère, les dieux interviennent à tout moment pour faire naître une idée, donner envie de pleurer, etc. Dans son commentaire d'Homère (*Homère*, Paris 1950), Fernand Robert souligne cette confusion de la psychologie et du surnaturel en de nombreux domaines, entre autres l'inspiration poétique (p. 12-13).

28. Dans *Le problème de la tragédie d'après Platon* (Revue des Études Grecques, LXI, 1948, p. 25) V. Goldschmidt considère ce genre d'argumentation comme un raisonnement analogique a fortiori : « Les *Panurgies*, dit-il, loin de posséder un savoir universel n'ont même pas l'honnête compétence d'une technique particulière. »

Mais rien dans le texte n'impose cette interprétation analogique. Rappelons au contraire le texte du *Gorgias* (502 c-d) qui envisage sérieusement la poésie abstraction faite du style, rythme et mètre, et de la musique ! Malgré ses prétentions « panurgiques », la poésie ainsi conçue compte seulement par ce qu'elle a à dire, et se juge selon les mêmes critères qu'un traité d'enseignement technique.

D'après J. Duchemin (*loc. cit.*, p. 22), d'autre part, l'*Ion*, et ses remarques technologiques, seraient destinés à ridiculiser la critique technologique. Mais on peut objecter qu'Ion est bien innocent de ce qui lui est reproché : nullement partisan, à l'origine, d'une critique technologique, il se laisse seulement tenter trop aisément. Joseph Moreau (*Les thèmes platoniciens de l'Ion*, R. E. G. LII, 1939, p. 425) dit bien :

« On reconnaît là les procédés habituels du Socrate platonicien pour ramener à des considérations techniques l'interlocuteur qui cherche à s'évader de ce domaine ».

et de l'autre (540 b et sq.) ; et Ion se laisse docilement ramener dans le domaine technique, malgré sa désillusion d'avoir à y avouer de nouveau son incompétence ; jusqu'à ce qu'un sursaut d'amour-propre lui fasse commettre la folie de se dire compétent en matière militaire, à l'égal d'un général (540 d) ; le malheureux Ion est désormais couvert de ridicule, et Socrate, joyeux de cette aubaine inespérée, n'a plus qu'à conclure à son idée.

Voici donc Platon occupé dans ce dialogue à déconsidérer, par la bouche de son porte-parole Socrate, l'une des activités les plus prisées du monde moderne, puisqu'il prétend faire de la critique littéraire une sorte de délire, divin peut-être, mais assurément inconscient et incontrôlable. Nous autres, critiques ou lecteurs de critiques, aurons à nous demander pourquoi Ion résiste si mal aux insinuations de Socrate [29]. Nous avons vu dans ses réponses des éléments intéressants, dont Socrate ne tient pas compte, et lui non plus d'ailleurs, car il ne paraît pas sentir l'importance de ses propres remarques : ce sont d'abord la somme de travail consacrée à la compréhension d'Homère (530 c), puis le goût avoué pour le seul Homère (531 d) ; enfin Ion reconnaît très nettement que les passages poétiques qu'il interprète l'émeuvent jusqu'aux larmes ou à l'angoisse (535 c) et produisent le même effet émouvant sur ses auditeurs (535 c). Ces éléments pourraient bien former une théorie cohérente de la critique littéraire : le critique, inspiré par son goût personnel, étudie son auteur préféré jusqu'au point où, possédant parfaitement les nuances de sa pensée, le contexte des épisodes, il peut se laisser toucher par le pathétique profond de chaque élément de l'œuvre et faire partager à d'autres ces émotions intelligentes [30]. Mais loin d'organiser son expérience en système, Ion laisse Socrate ruiner l'art auquel il se consacre, car il lui accorde plusieurs points importants qui — à nous — ne paraissent pas évidents du tout. D'abord, Socrate insiste sur le caractère « à part » de toute réalité littéraire — depuis la poésie originale jusqu'à sa critique ; le signe en est la spécialisation des auteurs et des critiques ; il n'y a rien d'étrange à distinguer ces domaines de sciences comme la mathématique et la médecine où le savant est compétent pour juger tous ceux qui se mêlent de sa spécialité : il suffit d'appliquer des normes ; il est plus étonnant de distinguer sur ce plan la littérature de la critique picturale ou musicale (533 a-b) ; pour nous, depuis l'abbé Du Bos [31], la littérature et les arts étant du même ordre réclament une critique du même ordre. Et si la critique musicale, ou l'interprétation musicale, sont actuellement moins spécialisées que la critique littéraire universitaire, n'est-ce pas précisément parce qu'elles sont plus artistiques,

29. Yvon Brès écrit (*op. cit.*, p. 63) « [Il] ne sait pas se défendre lorsqu'il a raison, et... [il] ne sait pas dire ce dont il a une conviction confuse, mais juste. »

30. Cf. cette description de la méthode de Thibaudet dans *La Critique* de Roger Fayolle (Paris 1964), p. 153 : « Les deux fonctions essentielles du critique sont pour lui de sentir et de comprendre. Il importe d'abord de goûter le livre dont on parle, puis de le placer dans un ordre organisé... Mais il importe surtout... de savoir animer ses idées, faire revivre l'auteur étudié ».

31. *Réflexions critiques sur la poésie et sur la peinture,* 1719.

moins érudites, moins intellectuelles ? D'ailleurs l'argument de Socrate fondé sur la spécialisation des arts inspirés (534 c, 536 c) est très déconcertant : une technique n'est-elle pas d'autant plus sûre qu'elle est plus spécialisée ? l'ophtalmologue ne soigne-t-il pas mieux les yeux que le médecin généraliste ? l'inspiration au contraire ne souffle-t-elle pas où elle veut, et la « séparation des genres » n'a-t-elle pas en France été imposée par des « doctes » au siècle le plus formaliste et le moins spontané qui fût en matière de littérature ?

C'est que Socrate possède un principe, un critère qui lui-même échappe à l'examen parce qu'il semble évident : chaque connaissance (*tekhnê*), poésie, peinture, ou autre, est un tout indivisible (532 c, 532 e) ; il faut donc séparer les connaissances, mais sans jamais les subdiviser, principe à partir duquel il est aisé de montrer l'aberration d'une compétence qui se limite à un seul poète ou à un seul genre. Cependant ce principe demeure injustifié, car Ion a la bonne grâce de l'admettre sans hésiter. Donc, qu'il souligne sa différence d'avec la musique et les arts plastiques, ou qu'il insiste sur sa spécialisation irrationnelle, Socrate, avec l'accord d'Ion, dénie à la littérature et à sa critique une place parmi les autres activités de l'esprit.

S'il est admis que la production poétique est miraculeuse, la définition de la critique demeure un problème : de quel aspect de la poésie rendra compte le commentateur ? Il est remarquable que ni Socrate, ni Ion, ne songent un instant aux questions proprement littéraires, techniques d'ailleurs et faciles à définir, de la forme ; c'est d'autant plus curieux que la poésie grecque est exigeante en matière de prosodie, métrique et style ; mais apparemment la forme n'était pour les lecteurs qu'un préalable, non l'essentiel, qui réside dans la teneur du texte. Or celle-ci pourrait bien avoir aussi sa valeur propre, comme Ion l'entrevoit en 540 b ; la critique serait alors un art général distinct, sur un autre plan que les connaissances techniques [32]. Mais Socrate, ne reconnaissant que des connaissances techniques, prétend faire de la critique l'une d'entre elles, et aboutit forcément à la priver de toute raison d'être, car la littérature n'a pas de domaine propre, et la critique non plus. Non seulement Ion accepte cette analyse, mais il donne dans le piège, en attribuant arbitrairement un domaine propre à la critique, et en identifiant l'art militaire à la critique littéraire ! [33].

32. Un peu comme la philosophie des sciences rend compte de toutes les sciences sans se confondre avec aucune d'elles.

33. Notons que le ridicule ici ne vient pas de la disproportion entre les écrasantes responsabilités et les connaissances techniques du général, d'une part, et la quiétude, ou le caractère abstrait de l'activité critique : ce serait un contraste moderne. Y. Brès (*op. cit.*, p. 64) souligne à juste titre que la prétention d'Ion « n'est pas... franchement ridicule » ; l'activité du général n'est pas un métier, mais une manifestation d'*arétê* qui pourrait n'être pas sans rapport avec l'art.

Grote (*op. cit.*, T. II, p. 135) rappelle que le général grec ne sort pas d'une École de Guerre, mais est désigné parmi des profanes populaires ; ainsi Sophocle a été élu stratège grâce au succès de son *Antigone*. L'élection du stratège correspond bien au désir de garantir la compétence du chef militaire dans un système où presque tous les magistrats sont désignés par tirage au sort. Mais que le stratège doive être compétent ne signifie pas

La ligne de pensée de Socrate se déduit clairement de tout ceci. Il méconnaît le goût et la sympathie, et par suite, il nie la réalité propre des arts[34], assimile les arts plastiques et musicaux aux sciences, et les arts littéraires à une possession surnaturelle comme la prophétie ou... la folie. Il n'estime humain en l'homme que la connaissance raisonnée, et admet seulement au rang de compétence humaine les sciences ou les techniques, celles qui s'appliquent chacune à un domaine particulier. C'est pourquoi il considère avec circonspection toute compétence générale : les arts n'existent pas en tant que tels, la critique littéraire est creuse et parle pour ne rien dire, la poésie vient des dieux. Socrate tentera pareillement d'ailleurs de vider de son contenu la rhétorique, qui n'est discours ni de ceci, ni de cela (*Gorgias* 449 e sq.), et montrera en la science politique soit une technique parmi les autres[35], soit au contraire une inspiration supérieure, dictée par la connaissance du bien[36].

Ce recours à l'inspiration n'est pas sans évoquer la connaissance du droit dont nous parlions à propos du *Petit Hippias*, opposée à la connaissance du fait d'où naissent les techniques.

Quoi qu'il en soit, Socrate a sur l'humain des idées claires et nettes, simplistes peut-être, très cohérentes en tout cas. Ion a l'intuition d'une réalité plus complexe, mais cela reste à peine conscient pour lui ; il est incapable de rien construire à partir de cette intuition vague. Aussi acceptera-t-il volontiers toutes les simplifications de Socrate, et toutes les systématisations[37].

LE *LYSIS* ET AUTRES LIEUX : AMITIÉ, AFFECTION, AMOUR

Sur les rapports familiaux et les sentiments qui les animent, nous avons des indications dans trois dialogues : le *Criton*, le *Lachès*, et bien sûr le *Lysis*. Les deux premiers insistent surtout sur le devoir des pères

qu'il soit spécialisé. La croyance d'Ion en ses capacités d'officier supérieur signifie qu'il se croit très compétent dans un domaine où l'on ne saurait tricher ; c'est là ce qui fait le sel de sa trouvaille. Il serait d'ailleurs peu vraisemblable qu'Ion, jusque là très raisonnable, sombre d'un coup dans la bouffonnerie grotesque. Le plaisant de la chose est plus fin, et vient seulement du contraste entre le caractère professionnel du général, aux prises avec une réalité sans indulgence, et la liberté du commentateur. Transposée dans notre monde, la prétention d'Ion correspondrait à peu près à l'erreur du critique à la mode qui se dirait sémiologue ou psychanaliste : et alors, lui demanderait Socrate, que n'ouvrez-vous un cabinet de psychanalyse ? n'est-ce pas aussi rentable ?

34. Au sens français du mot, non comme traduction de *tekhnê*. Cette traduction est traditionnelle mais malheureusement très équivoque.

35. Cf. chapitre I.

36. Le droit qui règle la politique n'est-il d'ailleurs pas le même que le Dieu qui inspire la bonne poésie, ce principe du Bien, extérieur à l'homme, dont Platon selon S. Pétrement *(op. cit. passim)* fait la source du salut de l'homme ?

37. Joseph Moreau (*loc. cit.* p. 425) suppose que le dialogue est inauthentique, car il n'est pas « aporique », chose exceptionnelle. Il nous semble plutôt que la solution exposée ici par Socrate convient bien à l'attitude du personnage devant le problème exceptionnel posé.

envers leurs enfants. Criton ne fait aucune allusion à la vie concrète dans la famille de Socrate, au caractère des uns et des autres, aux sentiments qui les unissent, ou aux mœurs quotidiennes. Il se contente de poser un principe général :

« *Ou bien il ne faut pas faire d'enfants, ou bien il faut peiner (longtemps et de concert) pour les élever et les éduquer* » (45 d).

C'est aussi bref que net, mais Criton donne une place prédominante à celui-ci, au sein du flot d'arguments qu'il déverse sur Socrate dans l'espoir de le convaincre de s'évader. C'est en effet de ce principe que Criton fait le test de la valeur humaine :

> « *Le devoir,* enchaîne-t-il aussitôt, *c'est de choisir ce que choisirait un homme de bien, et courageux, quand on prétend se soucier de vertu dans toute sa vie* » (45 d).

Socrate ne voit rien à redire au principe lui-même. Seulement il le replace dans une échelle de valeurs qui le conditionne à un absolu : la justice (48 c - 54 b) ; et d'ailleurs il nie que la solution de Criton soit le meilleur moyen de réaliser le principe admis de la responsabilité paternelle (54 a-b).

Nous en concluons que fonder une famille ne paraît pas obligatoire — Criton le suppose avec beaucoup de naturel — mais que les enfants, une fois au monde, on des droits très graves sur leur père.

Le *Lachès,* en décrivant concrètement la vie des familles, vient, non pas corriger, mais nuancer les indications du *Criton.* Lysimaque raconte comment son ami Mélésias et lui élèvent leurs enfants, et comment eux-mêmes ont été élevés : contraste complet. Eux sont des pères modèles, préoccupés avant tout de remplir au mieux leur rôle paternel :

> « *Il nous a paru bon de nous soucier de ces jeunes gens autant que possible, et de ne pas agir comme la plupart : quand les enfants grandissent, on les laisse faire ce qu'ils veulent ; mais nous, c'est maintenant que nous entendons commencer à nous occuper d'eux, dans toute la mesure de notre pouvoir* ». (179 a).

Viennent les détails : les adolescents à la table des parents, les conversations édifiantes et instructives, enrichies d'exemples historiques et familiaux en même temps, les adjurations d'être dociles (179 b-d). Tous ces détails illustrent la préoccupation constante de se comporter en éducateurs. Enfin la circonstance actuelle, la présence des pères à la parade d'un escrimeur, prouve le sérieux de cette préoccupation, les pères n'hésitant pas à consacrer une part de leur temps pour examiner la valeur éducative de telle ou telle discipline, et à déranger pour les consulter les compétences du siècle (179 e). A la génération précédente, on nous décrit au contraire la démission des parents :

« *Aucun de nous n'a rien à raconter de nous-mêmes. Nous en avons honte, et nous en rendons nos pères responsables, car ils nous ont laissés nous amuser, quand nous avons grandi, et ils se sont occupés des affaires des autres* » (179 c).

Tout à l'heure déjà, Lysimaque nous avait prévenus que cette attitude était celle de « *la plupart des gens* » (179 a), et Lachès en parle maintenant pour l'attribuer

« *à eux, à nous, à tous ceux qui s'occupent des affaires publiques* » (180 b).

Le devoir pédagogique des pères est donc un principe généralement reconnu, mais trop souvent inappliqué. Ce double aspect est confirmé par les suppositions de Lysimaque sur la façon dont les généraux présents jouent leur rôle de pères :

« *Sachant que vous avez aussi des fils, nous avons pensé que vous avez dû réfléchir autant que personne à leur sujet, vous demandant par quels soins ils deviendraient des hommes accomplis ; mais si par hasard vous avez parfois négligé d'y réfléchir, nous vous rappellerons qu'il ne faut point le négliger...* » (179 a-b) [38].

En tout cas les problèmes éducatifs proprement dits sont absents de l'analyse, au moins très simplifiés : les pères du *Lachès* se demandent bien à quelle discipline donner la priorité, mais ce n'est qu'un problème technique. Par contre, le problème essentiel, celui des relations entre les parents et les enfants, est escamoté. La chose est remarquable, non seulement pour nous autres lecteurs modernes, très préoccupés par le conflit des générations, mais aussi dans la perspective antique. Il suffit pour s'en rendre compte de penser au nombre de tragédies [39] consacrées à cette question, ou lui faisant une large place. Ici, les pères « démission-

38. Peut-être l'opposition entre les pères dévoués et les pères négligents répond-elle à une évolution suivant les générations ou les modes : dans le *Lachès*, les interlocuteurs, peu âgés car ayant des fils très jeunes, sont de bons pères, et se plaignent de la négligence de leur propres pères. Lachès, qui avoue sa propre négligence en ce domaine, est vraisemblablement assez âgé : il est célèbre, et l'on insiste sur le fait que Socrate est sensiblement plus jeune que les généraux (186 c, 189 a-b) ; Lachès prend à son compte le vers de Solon qui s'applique à un vieillard (189 a). Mais tout ceci n'est pas très net, car si Socrate est plus jeune que les généraux, il est aussi bien plus jeune que Mélésias et Lysimaque, amis de Sophronisque son père ; il est donc difficile d'évaluer la différence d'âge entre les aînés de Socrate. Dans le *Criton*, le principe du devoir paternel est énoncé par le vieillard Criton, seulement ce dialogue est supposé se placer vingt-cinq ans après le *Lachès*, et de toute façon, Criton étant un camarade d'enfance de Socrate, il était de l'âge du plus jeune des participants au dialogue *Lachès*. Donc, bien que les textes de Platon ne nous donnent pas d'information définitive à ce sujet, ils suggèrent que les préoccupations familiales et éducatives représentent un progrès dans l'histoire des relations humaines à Athènes.

39. Citons *Les Trachiniennes, Electre, Antigone*, pour Sophocle ; *Electre, Alceste, Les Phéniciennes*, pour Euripide.

nent » seulement parce que leur ambition est la plus forte ; donner la priorité à l'éducation ou à d'autres activités, ce n'est pas un problème pédagogique. Quant aux pères désireux d'élever leurs enfants, ils ne trouvent aucune difficulté à réaliser cette ambition-là, car ils rencontrent toujours docilité et bonne volonté (*Lachès* 179 d). Y aurait-il un autre son de cloche dans l'*Alcibiade*, quand le jeune homme avoue à Socrate :

> « *C'est ma faute, je crois,* [*si je n'ai rien appris de mon tuteur Périclès*], *je ne fais pas attention.* » (118 e) ?

Mais il s'agit là d'un grand jeune homme déjà, nullement en révolte contre un tuteur qui, de son côté, ne cherche pas à forcer son attention.

Autre chose remarquable, et qui peut expliquer la précédente : les relations entre parents et enfants ne sont pas vraiment considérées comme des relations entre personnes distinctes ; les enfants sont — paraît-il — annexés aux possessions de leurs parents. Criton expose à Socrate ses devoirs de père, juste après lui avoir exposé ses devoirs d'individu envers soi-même (45 c), et plus vigoureusement encore Socrate répond que les lois lui disent :

> « *Ne fais pas passer tes enfants, ni ta vie, ni rien d'autre, avant la justice.* » (54 b).

Un peu plus bas, le contraste est frappant, il définit la justice comme le refus de léser « [*soi*]-*même, les amis, la patrie et* [*les lois*] » (54 c). Donc, d'un côté, les amis, les personnes, avec soi-même ; de l'autre, la vie, les enfants, les propriétés [40].

Le *Lachès* présente les choses de la même façon. Lachès excuse implicitement les pères négligeant leurs enfants par la phrase :

> « *Il leur arrive à peu près ce que dit Lysimaque : pour leurs enfants et le reste de leurs affaires privées, ils les abandonnent et les négligent.* » (180 b).

N'est-ce pas après tout une marque de générosité que de « *s'occuper des affaires publiques* » de préférence aux siennes propres ? [41] Même style dans la bouche de Socrate :

> [Vous discutez à propos de vos fils], « *croyez-vous risquer peu de chose maintenant ? Ne s'agit-il pas de cette propriété qui est pour vous la plus précieuse ?* » (185 a).

40. Criton identifiait devoir envers soi et devoir de vivre, parce qu'il restait à un niveau de pensée populaire. Socrate, comme toujours, distingue la personne morale de la vie.

41. De tels parents donnent au *kalon* la primauté sur l'*agathon*, peut-être par une erreur sur leur véritable intérêt.

Le *Lysis* confirme le *Criton* et le *Lachès*. Le jeune Lysis [42] est élevé affectueusement et fermement par un père de la nouvelle génération : Socrate est vieux déjà (223 b), le père de Lysis doit être plus jeune que lui, donc bien plus jeune encore que Lysimaque et Mélésias du *Lachès*. Mais, pour la première fois, nous trouvons ici l'effort de cerner le sentiment qui unit les parents aux enfants. C'est l'objet de la première partie de l'entretien, entre Lysis lui-même et Socrate. D'un côté Lysis affirme que « *son père et sa mère l'aiment fort* » et veulent son bonheur (207 d). D'autre part les questions de Socrate l'amènent à brosser le tableau d'une éducation peu « permissive » :

> « [*Mes parents*] *m'interdisent une foule de choses... Par Zeus, Socrate, non seulement* [*ma mère*] *m'en empêche, mais elle me battrait si j'y touchais...* »

Et Socrate de renchérir à propos des pédagogues et autres instituteurs :

> « *N'est-ce pas grave qu'un être libre soit gouverné par un esclave ? C'est une foule que ton père se fait un plaisir de t'imposer comme patrons et comme chefs...* » (207 e - 208 e).

Voilà donc le fils de famille ravalé à une situation plus que servile, ce qui pour l'aristocratisme athénien est très humiliant [43]. Quand Socrate

42. Un exemple de l'incertitude où nous sommes sur le sens des mots grecs : toutes les traductions et introductions font de Charmide (dans le dialogue du même nom) un adolescent — car Platon l'appelle *meirakion* — et de Lysis (aussi dans le dialogue qui porte son nom) un enfant — puisque le texte en fait un *pais*. Pourquoi substituer à *pais* « enfant » ? Sans doute parce que ces mots expriment tous deux, chacun dans sa langue, et la grande jeunesse, dans l'absolu, et la relation d'une personne de n'importe quel âge par rapport à ses parents. Mais cette traduction ne tient pas devant les contextes. Sans doute l'âge du *meirakion* n'est pas la petite enfance, puisque nous lisons dans le *Lachès* que des pères ont laissé s'amuser leurs enfants « *lorsqu'* [*ils sont*] *devenus* meirakia » (179 d), mais rien ne garantit ici qu'il s'agisse déjà de l'adolescence, et l'ensemble du *Charmide* indique le contraire (cf. p. 99, n. 74). De l'autre côté Lysis, tout *pais* qu'il soit, est cultivé, connaît les poètes et les théoriciens en matière de physique (214 a-b) et suit Socrate dans les méandres d'une discussion subtile et abstraite. Il est sûrement beaucoup plus mûr que Charmide, et sans doute plus âgé, car nul ne nous dit qu'il soit un enfant prodige. S'il est intelligent et éveillé, Charmide l'est également (155 a). Son premier dialogue avec Socrate semble indiquer qu'il est encore très dépendant de ses parents. Il peut avoir près de quatorze ans ; ce n'est plus vraiment un enfant. D'ailleurs, à vrai dire, Lysis n'est pas objectivement désigné comme *pais* : on nous dit qu'il était debout parmi les *paides* et les *néaniskoi* (206 c), ce qui n'est pas précis ; ensuite c'est Socrate qui appelle soit Lysis, soit Ménéxène, *ô pai* (210 c), toujours au vocatif, ce qui n'est absolument pas une indication sur l'âge des interpellés : Néoptolème et Oreste, chez Sophocle, sont par exemple appelés *pai*, l'un par le chœur peu suspect de jouer un rôle paternel (*Philoctète* v. 863), l'autre par Electre qui le prend encore pour un étranger (*Electre* v. 1222) ; l'on peut bien leur supposer pourtant une certaine maturité !

Enfin le dialogue se termine avec l'apparition des pédagogues menant les frères de Lysis et Ménéxène : des frères plus jeunes sans doute, qui doivent être les benjamins de ces familles alors que leurs aînés touchent à l'adolescence. Lysis et son ami ne sont appelés *paides* que par affection, et ce mot indiquant seulement une nette différence d'âge avec un aîné, il peut s'appliquer à des jeunes gens, surtout au vocatif.

43. Cf. *Gorgias* 483 b.

donnera pour explication de l'étrange attitude des parents l'ignorance encore grande de l'enfant (209 c) et obtiendra l'accord de Lysis, il enchaînera :

> « *Aimerons-nous quelqu'un, et nous aimera-t-on, dans les domaines où nous sommes* [*ignorants, donc*] *inutiles ? Non, certes* » (210 c) ;

alors est bouclée la réfutation de l'hypothèse initiale (207 d), et Socrate de déclarer froidement :

> « *Ton père non plus, dans la mesure où tu ne lui es bon à rien, n'a donc pas d'amitié pour toi* » (210 c).

A vrai dire, tout ceci est assez sophistiqué : il suffirait que Socrate mentionne la distinction qu'il établit dans le *Gorgias* entre « *ce qui plaît* » et « *ce que l'on veut* » (467 b) ; il serait aussitôt facile de prouver, dans la perspective socratique, que l'autoritarisme des parents, forçant l'enfant ignorant à faire « *ce qu'il veut* » aux dépens de « *ce qui lui plaît* » est la meilleure preuve d'amour qu'ils puissent lui donner. Resterait à se demander pourquoi aimer un ignorant.

Mais de toute façon cette question n'est ni soulevée, ni même évoquée. Socrate tait pour une fois ses doctrines paradoxales, et Lysis est assez jeune pour avoir le droit de les ignorer. Toute la discussion se place donc au niveau des opinions de Lysis sur la question, et c'est à ce titre qu'elle nous intéresse, comme riche en renseignements sur le visage populaire de la *philia.*

La première constatation, à la lecture du *Lysis,* est que ce mot de *philia* est à peu près intraduisible. Cette notion s'exprime tout au long du dialogue dans une multitude de registres. Hippothalès est amoureux de Lysis ; Lysis et Ménéxène sont amis — au sens français du mot. La discussion porte d'abord sur les sentiments des parents de Lysis pour leur fils, sentiments désignés sous le nom de *philia,* puis se détourne vers des abstractions, *philia* étant alors la force qui pousse le corps malade à recourir à la médecine. Il s'agit donc tout à la fois d'amour, d'amitié, d'affection, et, hors du domaine émotif, de désir et de besoin. Cette *philia* concerne aussi bien les personnes, les objets concrets et les entités abstraites [44]. Nous allons voir que le dénominateur commun de ces diverses réalités, c'est le « sentiment de dépendance ». Il est bien évident d'abord que c'est la dépendance qui lie le malade à la médecine.

44. Taylor (*op. cit.*, p. 67) écrit : « Le problème essentiel de ce dialogue [est] : pourquoi un homme est-il personnellement attiré vers un autre ? » Mais on voit mal ce qui, dans le texte, justifie cette surprenante attribution à l'auteur des dialogues socratiques d'un intérêt pour les mystères du cœur humain.

J. C. Fraisse (*Philia*, p. 59 et 135) voit dans le *Lysis* un refus du sens cosmologique de la *philia* ; mais en vérité si les hypothèses cosmologiques concernant les relations du différent et du semblable sont ici réfutées, les hypothèses psychologiques ou sociologiques telles que les jalousies professionnelles le sont tout autant. D'autre part, les formulations générales et abstraites persistent tout au long du texte.

Puis, comme fondement de l'amour et de l'amitié, la dépendance nous surprend, après Cicéron[45] ; mais pour Lysis et ses contemporains, cela va de soi, à tel point que c'est à peu près la seule chose qui ne soit pas discutée au cours du dialogue ; à deux reprises la question est, soit posée par Socrate, mais comme question rhétorique seulement, et avec réponse obligatoire, soit même considérée comme résolue de prime abord :

> « *Est-ce que, dans ces choses où nous sommes des inutiles, nous serons des* philoi *pour quelqu'un, et est-ce que quelqu'un nous aimera* (philêsei) ? *— Certes non !* (210 c)

il s'agissait ici du cas concret de la vie de famille. Plus loin, après le développement abstrait, Socrate résume :

> « *Quand à accorder que l'inutile soit* philon, *c'est absurde* »

(222 c). Pas d'objection dans le cercle des auditeurs !

Ainsi, toutes les relations humaines, où nous autres voyons un fondement affectif : amour, amitié, et tendresse, le Grec en fait un calcul d'intérêt. Ceci est marqué dès le prologue : Hippothalès ne doit pas faire l'éloge de son bien-aimé, car en bonne logique ces éloges rendront l'aimé vaniteux et rebelle aux tentatives de séduction (206 a) ; il est vrai que c'est un paradoxe socratique, mais Hippothalès est aussitôt convaincu, et s'apprête à changer de méthode. Nous avons déjà vu que le père brime ses enfants parce qu'ils sont incapables de bien gouverner librement les affaires domestiques (209 c). Dans l'abstrait, Socrate démontre par la vraisemblance que le semblable ne saurait « aimer » son semblable, nul n'ayant besoin de son semblable (215 b). Enfin, si la *philia*-désir n'a pas le mal pour cause, elle a pour cause un manque, et nous revenons donc à l'idée du besoin et de l'utilité (221 e).

Tout ceci est fort mathématique, s'exprime parfois en formules quasi algébriques ; par exemple, en 219 a-b :

> « *Le ni-mauvais-ni-bon est donc* philos, *à cause du mauvais et de l'ennemi, en vue du bon et du* philos... *C'est donc en vue du* philos *que le* philos *est* philos, *à cause de l'ennemi.* »

Formule applicable à tous les cas, humains, matériels, et abstraits, universelle comme un a + b.

45. Cf. *De Amicitia* — VIII 26-27 « En réfléchissant à l'amitié, je pense très souvent qu'il faut se demander surtout si l'on éprouve le besoin d'amitié par faiblesse et par défaut, afin d'obtenir chacun d'autrui ce à quoi l'on a difficilement accès par soi-même, et réciproquement, en échangeant les bons offices ; ou bien si cet échange n'est pas une simple caractéristique de l'amitié dont la vraie cause est plus originelle, plus belle, et plus profondément enracinée dans la nature. Car l'amour, d'où vient le mot d'amitié, est le premier motif à l'établissement de relations bienveillantes... L'amitié naît donc de la nature, je crois, plutôt que du besoin ; d'un attachement du cœur et de je ne sais quel sentiment d'amour, plutôt que du calcul d'une somme d'avantages. » Tout ce passage pourrait être une réponse *ad hominem* à l'auteur du *Lysis*. D'ailleurs Cicéron cite aussitôt l'amour paternel comme exemple probant d'amour désintéressé.

Ayant ainsi désincarné une notion qu'on eût pu croire sentimentale, sans aucune résistance de son public, Socrate, fidèle à son intellectualisme systématique, prend pour critère de l'amitié, c'est-à-dire de l'utilité, le savoir (210 c). Avec un tel critère nous arrivons à une objectivité parfaite, et nous ne serons pas surpris de voir un entretien consacré à l'origine aux relations des parents avec leurs enfants, s'élargir très vite et examiner les relations les plus interchangeables, celles de n'importe qui avec n'importe qui. On progresse à un rythme étourdissant. Première étape, de la proche famille au voisin de rencontre :

> « *Le voisin n'aura-t-il pas la même règle que ton père à ton égard ? Crois-tu qu'il te confiera la direction de sa maison quand il te jugera plus avisé que lui dans ce domaine ou bien qu'il y présidera lui-même ? — Je crois qu'il me la confiera.* » (209 d).

Enchaînant aussitôt, dans le même paragraphe toujours, Socrate aborde la seconde étape, celle de toute la ville :

> « *Et les Athéniens, crois-tu qu'ils te confieront leurs affaires quand ils te jugeront compétent ? — Mais oui !* »

Et pour finir, dès ce même paragraphe encore, Socrate en arrive à l'humanité entière, avec le Grand Roi et les Asiatiques — Conclusion :

> « *Dans les domaines où nous sommes compétents, tous s'en remettent à nous, Grecs et barbares, hommes et femmes.* »

Le lecteur étranger pourrait croire à une digression, et que l'on est passé de la *philia* à l'art de « réussir dans la vie », mais il n'en est rien, et dès 210 c le contexte nous ramène à l'ordre, et à la *philia*, qu'il n'est pas vain d'identifier avec cet art de réussir.

Mais si nous n'avons pas quitté la philia, il va de soi que nous sommes bien loin de l' « amitié », et que traduire l'un par l'autre constitue un sérieux faux-sens ; il reste qu'en certains domaines, dans les affinités qui unissent Lysis et Ménéxène par exemple, *philia* grecque et amitié française décrivent les mêmes relations, et nous pouvons en conclure que la façon de comprendre ces relations a évolué au point d'être méconnaissable, de l'Athénien classique à nous. Nous sommes beaucoup plus sensibles à la valeur personnelle de l'autre, à son caractère irremplaçable, nous n'aurions pas l'idée de comparer les rapports de père à fils avec ceux de n'importe qui à son voisin, et jugerions que la paternité n'a d'équivalent que dans les cas exceptionnels d'adoption ou d'affinité spirituelle. Nous distinguons, ou même opposons, l'amitié bienveillante qui unit deux êtres aux caractères accordés, abstraction faite des circonstances, et la dépendance parfois teintée de rancœur qui pousse le malade vers son médecin, et en général le malheureux vers son sauveur plus favorisé.

Bien entendu, la notion de *philia*, amour et dépendance à la fois, n'est pas totalement étrangère à nos contemporains, mais s'ils la réhabilitent, c'est à titre de paradoxe ; Saint-Exupéry écrit :

> « Je te dirai ainsi *au risque de te scandaliser*[46] que les conditions de ta fraternité ne sont point ton égalité... Je dis que ta fraternité est récompense de ta hiérarchie, et du temple que vous bâtissez l'un par l'autre. Car je l'ai découvert dans les foyers où le père était respecté, et où le fils aîné protégeait le plus jeune. Et où le plus jeune se confiait à l'aîné. Alors chaudes étaient leurs soirées, leurs fêtes, et leurs retours. Mais s'il sont matériaux en vrac, *si nul ne dépend plus de l'autre*[47], si simplement ils se coudoient et se mêlent comme des billes, où vois-tu leur fraternité ? Que l'un d'eux meure, on le remplace, car il n'était point nécessaire. » (*Citadelle* CLII)[48].

Chose remarquable : la manière grecque de fonder les relations humaines sur les services que l'on peut objectivement espérer d'autrui est une vue fort rationnelle, mais non moins artificielle. La réalité dément les constructions logiques. Même là où l'utilité aurait son mot à dire, dans la vie c'est souvent l'affection, ou au moins la sympathie, qui règle les relations humaines. Socrate avait pris pour exemple de relations objectives et impersonnelles (appelées *philia* !) celles du malade et du médecin, le malade choisissant comme médecin le plus compétent des hommes à sa disposition, quel qu'il soit, le Grand Roi de Perse choisissant un Grec le cas échéant (*Lysis* 209 e - 210 b). Or nous observons chez nos contemporains que catholiques, protestants et Juifs forment de préférence la clientèle de médecins leurs coreligionnaires, que les émigrés d'un pays consultent autant que possible des émigrés du même pays, etc..., ceci sans qu'aucun jugement objectif de compétence justifie ce choix, mais par sympathie. Il serait curieux que cette particularité soit purement moderne ! Si elle ne s'appliquait pas à la médecine antique[49], sans doute existait-elle dans des domaines comparables.

Toute l'analyse de la *philia* dans le *Lysis* est conduite par Socrate, les jeunes gens se contentant d'acquiescer à toutes ses propositions. Mais cette analyse ne représente pas pour autant la doctrine socratique sur la question. Cela ressort avec évidence de la construction du dialogue, qui renvoie dos à dos toutes les suppositions envisagées et les fait sombrer dans un ridicule commun ; aux yeux de Socrate, la vérité n'est dans aucune. Puis Socrate, à partir de 219 c, fait allusion à un principe premier de *philia* qui ressemble beaucoup à l'Idée du Bien et place les « avantages » de la *philia* sur un plan tout à fait supérieur à

46. C'est nous qui soulignons.
47. C'est nous qui soulignons.
48. L'analyse d'un La Rouchefoucauld se rapproche aussi de l'analyse platonicienne ; elle est naturellement l'un des nombreux paradoxes, que son pessimisme exceptionnel inspire à l'auteur des *Maximes*.
49. Il semble que le Grand Roi avait en fait un médecin grec ! Cf. Hérodote, III, 129-130.

la vie quotidienne et matérielle. Mais même sans recourir à une doctrine platonicienne, il suffit de songer que, pour Socrate, le seul bien avantageux c'est la vertu[50] ou la santé de l'âme, et nous voyons que tous les exemples donnés ici, administration d'un domaine, cuisine, médecine, sont résolument étrangers aux « services » que pourrait rendre une véritable *philia* socratique[51]. En fait, si Socrate est cohérent, et il l'est toujours, la *philia* selon lui existera en vue de la vertu, et annoncera très précisément celle définie par Cicéron, à cette réserve près que Socrate est plus métaphysicien et Cicéron plus psychologue. Ce dernier écrit en effet :

> « Comme c'est l'éclat d'un signe de vertu qui noue les liens d'amitié, car un cœur de même valeur s'y attache et s'y rallie, lorsque cela arrive, l'amour apparaît forcément. » (*De Amicitia* XIV 48).

Or nous venons de voir ce même Cicéron s'opposer complètement à l'analyse du *Lysis.* C'est que le point de vue socratique, non exposé mais suggéré, doit être différent de ce que Platon fait dire ici aux interlocuteurs de Socrate. Il est donc légitime de considérer les thèses du *Lysis* comme des thèses populaires d'un certain milieu[52] ; d'ailleurs, si les théories envisagées sont soufflées par Socrate — peut-être parce que Lysis et Ménéxène sont trop jeunes pour les formuler eux-mêmes, elles sont toujours acceptées sans la moindre velléité de protestation, avant d'être décidément condamnées par leur seule confrontation.

Cependant, la différence entre la pensée de Socrate et celle des autres personnages réside dans le contenu concret reconnu à l'amitié, plutôt que dans la définition de cette notion. Socrate, parce qu'il a de l'utilité une conception spirituelle, transcende l'utilitarisme qui fonde l'amitié grecque ; mais il ne trahit point le principe utilitaire. De manière différente, Socrate et ses interlocuteurs justifient le sentiment par un certain calcul ; ses interlocuteurs sont aussi « intellectualistes » que Socrate, mais plus naïvement.

50. Voir l'*Alcibiade*, le *Gorgias*, le *Criton*, *passim.*

51. J. C. Fraisse (*op. cit.*, p. 145) interprète ainsi l'enseignement platonicien du *Lysis* : « D'une part l'amitié doit se fonder dans une proximité de nature... correspondre à un besoin réciproque... permettre à la personnalité de chacun d'eux de trouver son achèvement. D'autre part cette proximité est elle-même engendrée par la parenté de chacun avec le bien » ; nous retrouvons là les termes d'un utilitarisme spiritualisé.

52. J. C. Fraisse (*op. cit.*, p. 129) rattache le *Lysis* à « l'opinion courante d'une amitié fondée sur l'utilité, aussi ancienne que l'amitié elle-même, et particulièrement vivante dans les mœurs de l'Athènes démocratique. » Cf. aussi p. 88 du même livre.

L'*EUTHYPHRON* OU LA RELIGION

La Personnalité et le Rôle d'Euthyphron.

Le dialogue consacré à l'examen critique de notions religieuses porte le nom de l'interlocuteur de Socrate, le devin Euthyphron. Ce dernier y joue, à vrai dire, plutôt le rôle d'un théologien, car peu importe sa prescience de l'avenir, mentionnée en 2 b et 3 e ; sa raison de paraître ici est sa compétence sur la nature des dieux (6 b) et sur la manière dont ceux-ci entendent être honorés des mortels (4 e - 5 a). La désignation de « théologien » n'est donc pas aussi anachronique qu'on le pourrait croire, et si une telle compétence apparaît rarement dans la littérature classique, le texte qui nous occupe en offre un exemple net, car Euthyphron n'y prend aucune occasion de prédire ; et quant à son extrême dévotion, elle nous intéresse peu en soi, mais par les connaissances qui la dirigent (4 e).

De quelle sorte de théologie s'agit-il ? orthodoxe, ou hérétique, pour employer des termes commodes, mais cette fois franchement anachroniques ? [53] Là, les commentateurs varient. Maurice Croiset écrit : [54]

> « Qu'il y eût accord, au fond, entre les croyances d'un tel homme et celles du peuple, cela n'est pas douteux... c'est d'abord en raison de ce dogmatisme que Platon dut le choisir. Il avait besoin de mettre en face de Socrate une sorte de docteur en théologie traditionnelle, pour mieux montrer les défauts d'une religion étroitement attachée à cette théologie. »

John Burnet cite ces mêmes lignes pour les réfuter [55] :

> « C'est une erreur d'appeler « traditionnelle » cette théologie, si l'on veut dire par là que les Athéniens prenaient comme base de leur pratique religieuse cette théologie, ou une autre de ce genre... Tout mène plutôt à la conclusion qu'Euthyphron appartenait à une secte particulière. »

En fait, ces deux points de vue sont moins contradictoires qu'ils ne le semblent. Et Chambry met sur la voie d'une solution : [56] « Socrate traite [Euthyphron] comme il traitait tous les prétendus savants... » Euthyphron

53. Il n'est donc pas étonnant que cette terminologie nous mène à une impasse.
54. Introduction à l'*Euthyphron*. Édition des Belles Lettres, Tome I, p. 179.
55. Édition d'*Euthyphron, Apologie* et *Criton*, Oxford 1974, p. 5 du commentaire.
56. Édition Garnier-Flammarion, p. 182.

joue ici le même rôle en effet que les divers sophistes dans tant de dialogues socratiques ; eux, sur un plan intellectuel, lui, sur un plan religieux (dans la faible mesure où ces distinctions sont légitimes pour l'Antiquité), ils expriment, grâce à leur vaste érudition et peut-être grâce à leur intelligence hors du commun, les idées de tout le monde, mais sous une forme plus brillante et mieux organisée ; et ils peuvent paraître originaux à un auditeur inattentif [57].

Si les opinions varient sur la forme de religion représentée par Euthyphron, l'unanimité s'établit pour juger le caractère du personnage : les commentateurs sont étrangement sévères avec lui, beaucoup plus que Socrate. Pour E. Chambry [58], Euthyphron est « infatué de son savoir » ; c'est un « esprit borné » ; pour M. Croiset [59], c'est un « dévot à outrance », ne tenant « compte ni des droits de la nature, ni de ceux de la raison », plein d'une « logique superstitieuse et aveugle toute fondée en fausse science et irréflexion », et dont la religion est faite de « grossièreté... superstition... misère morale ».

A. E. Taylor [60] décrit de même l'attitude d'Euthyphron : « la situation du fanatique qui établit un divorce entre la religion et la morale. » [61]. Alexandre Koyré stigmatise cruellement la stupidité de ce « crédule » et de ce « bigot » [62].
Yvon Brès [63] insiste sur l'aveuglement d'Euthyphron :

> « aveugle fidélité à la lettre... complète inaptitude à saisir l'esprit de la religion » [64]

accuse-t-il !

Il sera plus équitable de s'en rapporter au texte. Là, avant d'affronter l'examen critique de Socrate, le héros du dialogue nous est montré

57. Pour les sophistes, voir p. 68, 81, 144 sq.

Quant à Euthyphron, il manifeste son originalité par l'extrémisme de ses attitudes : il respecte la justice plus que les liens familiaux, contrairement à la plupart des gens (4 d), ses bizarreries prêtent à rire s'il parle en public (2 b) ; son originalité n'a pas le succès commercial de celle des sophistes, car elle n'ouvre pas les voies de la réussite sociale et politique ; elle semble gratuite. Pour le fond de la doctrine, Euthyphron est banal ; les histoires mythologiques qu'il accepte sont crues par tout le monde : « *Hoi anthrôpoi... homologousi* [*ton Dia*] *ton hautou patéra dêsai* » (5 e) ; elles inspirent peintures ou broderies sur les objets du culte et chacun peut les y voir (6 c). Qu'Euthyphron connaisse aussi des mythes rares et généralement ignorés (6 b-c) signifie qu'il est érudit et versé dans son sujet, pas forcément qu'il appartient à une secte, orphique ou autre, comme le pense J. Burnet, *op. cit.*, p. 35.

58. *Loc. cit.*, p. 182.

59. *Loc. cit.*, p. 180 et 183.

60. *Op. cit.*, p. 155.

61. N'est-ce point là, d'ailleurs, une très originale conception du fanatisme ? Le fanatique distingue la religion de la morale, aux yeux d'autrui, pas de son propre aveu.

62. *Op. cit.*, p. 90.

63. *Op. cit.*, p. 115 et sq. Ceci, malgré le caractère généralement novateur de son commentaire.

64. D'abord, cette distinction n'a aucun sens chez les Anciens ; ensuite, elle s'applique particulièrement mal à Euthyphron car il voit une « souillure » dans un meurtre réalisé sans que le responsable ait porté effectivement la main sur sa victime !

en action, promoteur d'un procès sensationnel. Peu importe que l'anecdote soit historique ou imaginaire ; les détails en semblent faits exprès[65] pour mettre en lumière les particularités du caractère et de la pensée d'Euthyphron. Celui-ci a tort, dans cette affaire, aux yeux de l'opinion ; non point pour le principe, évidemment, car la procédure athénienne exige qu'un accusateur privé réclame justice pour le meurtre d'un proche. Toutes les circonstances qui affaiblissent la position d'Euthyphron, vengeur du sang d'un de ses employés (4 c), sont des considérations personnelles, ou entachées de préjugés sociaux : l'accusé est le propre père de l'accusateur (4 a), et le lien entre l'accusateur et l'accusé est donc aussi étroit qu'était lâche celui entre l'accusateur et la victime ; qui plus est, ce père est un très vieil homme (4 a), pitoyable même sans l'intervention choquante de son fils. D'autre part, la victime du meurtre ne semble pas mériter qu'on ébranle pour elle les structures familiales : c'est un être méprisable, socialement, car employé de la plus basse catégorie[66], et moralement, puisque meurtrier lui-même (4 c ; 4 d ; 9 a).

Ainsi s'explique l'indignation de la famille et de l'entourage d'Euthyphron (4 d), et la surprise de Socrate (4 a ; 4 e). L'indignation similaire des commentateurs modernes est plus étonnante : ne condamne-t-on pas d'ordinaire le mépris pour les classes sociales défavorisées ? Ne reconnaît-on pas qu'un meurtre doit être puni, quelle que soit la valeur morale de la victime ?[67] Et nul ne pense que son âge doive épargner des poursuites à un vieux criminel ; quant à l'initiative d'un fils contre son père, elle s'explique à Athènes, où seul ce fils pouvait représenter les intérêts de la victime, sans pouvoir se reposer sur un accusateur public, ni même sur un tiers agissant à titre privé[68].

Cette attitude critique des lecteurs modernes à l'égard d'Euthyphron et de sa rigueur semble calquée fidèlement sur une remarque de Socrate, car cette remarque a été comprise, un peu légèrement, comme une condamnation sévère sous forme de persiflage : en 4 a-b, apprenant qu'Euthyphron intente à son père une action, mais avant d'en entendre les circonstances, Socrate s'écrie :

> « *Par Héraclès ! Ce qui est bien, la plupart des gens l'ignorent ; et je ne crois pas que cette initiative, pour être bonne*[69] *soit le*

65. Au point qu'on pourrait s'interroger sur l'évidence qui amène M. Croiset (Introduction aux Belles Lettres, p. 179-180), J. Burnet (*op. cit.*, p. 4), A. E. Taylor (*op. cit.*, p. 146), à décider que le cas est trop circonstancié pour n'être pas réel.

66. C'est un « thète » (15 d).

67. D'ailleurs, dans le cas particulier, le premier meurtre commis par l'employé d'Euthyphron dans un moment de colère et avec la violence de l'ivresse (4 c) est beaucoup moins révoltant que la cruauté méprisante du père qui laisse de propos délibéré sa victime mourir lentement de faim, de froid et de crampes (4 d), sous prétexte d'attendre les meilleurs conseils juridiques ! On s'étonne que A. E. Taylor (*op. cit.*, p. 147) appelle le père d'Euthyphron « an old gentleman », et qu'Yvon Brès (*op. cit.*, p. 115) prétende qu'il a « — involontairement — laissé mourir » sa victime !

68. Cf. J. Burnet, *op. cit.*, p. 3 et 24.

69. La suppression de cette précision — *orthôs* — par Burnet (*op. cit.*, p. 21) est très arbitraire, et modifie profondément le sens du texte.

fait du premier venu, mais bien d'un homme déjà très avancé en savoir. »

L'interprétation non ironique [70], mais littérale de ces quelques mots donne un sens très satisfaisant : Socrate ne condamne point l'accusation d'un père par son fils, mais il souligne quel risque moral comporte ce geste exceptionnel et contraire aux mœurs : selon de très délicates circonstances que seule une conscience très éclairée saura évaluer, le même geste peut être un crime, ou le comble de la vertu. Socrate ne condamne pas Euthyphron d'avoir accompli ce geste ; il l'examine à loisir pour savoir s'il l'a accompli en connaissance de cause, ou non. Et si, pour finir, Euthyphron ne subit pas l'examen avec honneur, sa faute n'est pas d'avoir enfreint les lois de la famille au nom d'une morale plus universaliste, mais bien de l'avoir fait par instinct et non par raison [71]. Aussi bien, Socrate ne condamne nulle part l'irrespect filial d'Euthyphron ; il se contente d'exprimer sa surprise de manière à souligner l'originalité du fait, et la nécessité d'autant plus grande de le justifier. Ses derniers mots sur ce sujet :

> « *Toi, Euthyphron, au nom de Zeus, crois-tu connaître assez exactement la religion, le pieux et l'impie, pour ne pas craindre (les choses s'étant passées comme tu dis) qu'en intentant un procès à ton père, tu ne te trouves à ton tour coupable d'impiété ?* » (4 e)

sonnent encore comme une mise en garde, et non comme une condamnation.

Il est très important de renoncer à l'interprétation usuelle mais étrange de notre dialogue, qui veut faire de Socrate un champion de la solidarité familiale ou tribale au mépris du grand principe abstrait de justice. En effet, Socrate a toujours prôné une morale froide, impersonnelle, universelle et géométrique ; et spécialement dans le *Gorgias* [72], où nous apercevons l'aspect positif de la doctrine socratique, l'une des idées les plus riches et profondes [73] du philosophe est celle-ci : la rhétorique, soit l'art de plaider, doit servir

> « *à s'accuser soi-même puis ceux de sa famille ou ses amis qui auraient commis une injustice, à ne rien cacher, mais à mettre la faute en évidence afin que le coupable soit châtié et guérisse.* » (480 c).

70. La valeur ironique subsiste dans la mesure où Euthyphron — mais le lecteur de Platon ne s'y trompe pas — se reconnaît dans l'homme déjà très savant, puisqu'il ne met pas en doute que son initiative soit bonne, telle qu'il l'a prise.

71. En 15 d, Socrate revient encore en ce sens sur le fait divers initial : Euthyphron ne peut ignorer réellement l'essence de la piété, car, s'il l'ignorait, il ne pourrait être sûr d'avoir raison contre son père.

72. On pourrait aussi mentionner la réfutation des sophistes Protagoras et Thrasymaque : tous deux sont condamnés pour le désordre inhérent à leur doctrine morale.

73. Aussi suscite-t-elle la fructueuse intervention de Calliclès.

Il est vraiment curieux que ce rapprochement entre les deux dialogues soit si souvent ignoré. Grote toutefois y relève une contradiction, mais ne se soucie pas de résoudre le problème [74]. N'est-il pas plus satisfaisant de concilier les deux textes ? Dans le *Gorgias* Socrate énonce un principe abstrait et général, fondé en raison ; dans l'*Euthyphron* il met en garde contre une application aveugle du principe au nom de raisonnements mal compris et mal employés [75].

Socrate entreprend donc d'examiner Euthyphron ; c'est le résultat fâcheux de cet examen systématique qui va déconsidérer notre théologien. Nous le verrons cependant au fur et à mesure de l'étude du texte, les imputations notées plus haut de superstition, aveuglement, et lourdeur d'esprit, ne conviennent point à l'esprit distingué qu'il est, en fait.

Sa religion est élevée, mais repose sur des principes incohérents. A la fin du dialogue, Socrate mettra en relief les conséquences mesquines de ces principes, et l'urgence de leur critique. Si Euthyphron a une spiritualité très supérieure à celle des *hoi polloi,* il n'a cependant pas assez songé à couper les ponts d'avec eux. Sa faiblesse dialectique ne lui appartient pas en propre ; elle tient à un défaut autrement plus profond, aux structures incohérentes de la religion grecque.

⁂

Le Sujet du Dialogue.

Nous allons assister à une série de tentatives vaines pour définir la notion d'*hosion,* notion véritablement complexe, propre à embarrasser les lecteurs modernes encore plus que les partenaires du dialogue. La traduction traditionnelle du terme, « piété » [76], prête à confusion, car elle suggère une distinction entre la vie religieuse et la vie profane de l'homme comme de la société, distinction telle que l'Antiquité ne l'a pas imaginée : l'hébreu ancien n'avait pas de mot équivalent aux nôtres « religion » ou « piété » ; le vocabulaire moral courant suffisait à exprimer aussi ces notions, qui n'étaient point séparées. Nous savons que pour les Romains, « pius Aeneas » était un fils respectueux autant qu'un fidèle adorateur des dieux. Il serait surprenant que seuls les Grecs aient préfiguré l'attitude moderne ; aussi n'est-ce point le cas ; *hiéron* désigne le domaine du divin, pas exactement du « religieux », car l'*hiéron* n'appartient déjà

74. Grote, *Plato,* Tome I, p. 439, n. 2.
« Le raisonnement utilisé ici par Euthyphron est aussi celui du Socrate de Platon dans le *Gorgias* 480 c-d... C'est exactement ce qu'Euthyphron fait, et ce que le Socrate de Platon (dans le dialogue appelé *Euthyphron*) révoque en doute. »

75. Nous avons ici une belle illustration de ce que nous avaient appris le *Petit Hippias* et le commentaire de S. Pétrement (*op. cit.,* p. 81, n. 4), à savoir que ce n'est pas tel acte qui est bon ou mauvais, mais les circonstances de sa réalisation.

76. Sous-titre dans les éditions de la Pléiade, des Belles-Lettres, et de Garnier-Flammarion. Nous avons utilisé ce terme et d'autres semblables jusqu'ici, car ils sont commodes.

plus aux hommes [77]; *hosion* désigne, bizarrement pour nous, tantôt le « religieux », et tantôt le « profane » [78], soit divers points de vue d'une action humaine plaisant aux dieux, autrement dit de la morale [79].

Nous trouvons chez Platon même, spécialement dans le *Protagoras*, des témoignages évidents que ses lecteurs et lui-même identifiaient la religion, la morale, la vie civique ; en 323 e, Protagoras formule ainsi la liste des vices incompatibles avec la vie en commun :

> « *L'injustice, et l'*asébeia, *et, généralement parlant, tout ce qui s'oppose au mérite politique.* »

Un peu plus loin, à partir de 330 c, Socrate propose à Protagoras le raisonnement suivant : Si la justice est juste, et donc pas pieuse, et si la piété est pieuse et donc pas juste, alors, oh ! absurdité ! la justice est différente de la piété ; le lecteur moderne n'est pas très sensible à cette absurdité ; il dirait, par un raisonnement de même forme : si la blancheur est blanche, et donc pas chaude, et si la chaleur est chaude, et donc pas blanche, alors la blancheur est différente de la chaleur, et cela n'aurait rien d'absurde ; seulement le parallélisme entre les deux formules est fallacieux : blancheur et chaleur sont distinctes car un objet blanc peut être froid, un objet noir peut être chaud ; mais en aucun cas un acte juste ne saurait être impie, ni un acte pieux injuste ; la différence de sens entre les adjectifs *dikaion* et *hosion* est à peine perceptible [80], et c'est là ce qui fonde l'argumentation adoptée par Socrate.

Plusieurs modernes ont à juste titre souligné combien la religion se mêle à tous les aspects de la vie grecque. Citons René Schaerer qui, dans *L'homme antique et la structure du monde intérieur d'Homère à Socrate* [81], place sous un éclairage constamment religieux tout ce qu'exprime la littérature hellénique : action, pensée, et sentiment ; ou bien Ernest Barker qui écrit dans *Greek political theory* : [82]

> « N'oublions jamais que l'État-Cité ignorait toute séparation entre l'Église et l'État... La religion était un aspect de la vie politique

77. Sans doute le *hiéreus*, le prêtre, célèbre-t-il les *hiéra*, cérémonies du culte, mais il s'agit là d'un affaiblissement de la racine ; encore ces activités rituelles sont-elles une part restreinte de la piété. Voir l'analyse du mot et de sa racine dans le *Dictionnaire étymologique de la langue grecque* de P. Chantraine (Paris 1968), Tome I, p. 457-8 : *hiéros* y serait lié à l'idée d'une force surnaturelle.

78. Références nombreuses dans le dictionnaire de Bailly, ou dans celui de Liddell-Scott-Jones.

79. Voir l'analyse détaillée de H. Jeanmaire : *Le substantif HOSIA dans le vocabulaire religieux, et sa signification comme terme technique.* (Revue des Études Grecques, 1945, p. 66-84). Rendre *hosios* signifie à peu près désacraliser ; « la sphère de l'activité des hommes... est un domaine que les dieux concèdent aux hommes quand ils ont accompli certaines prestations... On n'est pas par nature, on ne naît pas *hosios*, on le devient » (p. 73-74) ; *hiéros*, par contre, désigne le domaine primitif, préhumain, du naturel qui est aussi surnaturel (p. 73). Ces rites de désacralisation, caractéristiques des religions antiques, se retrouvent dans certains rites alimentaires juifs.

80. Comme la différence entre *kalon* et *agathon*, par exemple, cf. p. 156-157.

81. Paris 1958.

82. Londres 1967, p. 8-9.

d'une société politique. Le domaine de la cité grecque n'était pas limité par l'existence d'une association prétendant lui être égale ou supérieure. La cité ne pouvait pas abandonner à une telle association le soin de prêcher la morale ou d'établir des rétributions selon ses vérités. »

Il importe d'insister sur cette différence entre les conceptions anciennes et les nôtres, car certains commentateurs semblent l'ignorer : Taylor écrit [83] :

> « Le fait pour lequel Euthyphron met son père en accusation, ne l'oublions pas, est une offense spécifique contre la loi religieuse, non pas une faute civile ; Euthyphron ne prétend pas avoir été mû en rien par des raisons humanitaires, ou par le souci du droit civil. »

et John Burnet [84] :

> « L'homicide était du ressort de l'État dans la mesure seulement où il créait une souillure religieuse. »

aussi, dit-il, Euthyphron refuse de distinguer les cas où la victime d'un meurtre est *oikeios* ou *allotrios*, car « c'est là la manière toute rituelle de considérer l'affaire », opinion bien aisée à discuter. Nous avons pris l'habitude de distinguer les points de vue civil et religieux, de trouver normal qu'en un pays chrétien, comme la France avec sa majorité catholique, ou même l'Angleterre où l'anglicanisme a une position officielle, le divorce soit tout à la fois un péché, et une institution légale facilement admise dans les mœurs. Nous avons peine à nous souvenir que, pour les Anciens, une séparation de l'Église et de l'État, en droit ou en fait, était inconcevable, le devoir — et l'intérêt — de l'État étant de faire respecter les volontés divines.

Il est donc naturel que l'*hosion* soit bien difficile à définir, car s'il consiste en une attitude plaisant aux dieux, il ne différera guère du *dikaion,* du *kalon,* ou de l'*agathon*... Tout au plus peut-il y avoir une nuance de respect pour le divin, mais sans différence essentielle d'avec les autres points de vue moraux [85].

Le dialogue de Platon témoigne de cette confusion des points de vue : Euthyphron lui-même fonde son geste, exclusivement rituel à en croire Burnet ou Taylor, sur la question de savoir si son accusé a agi *en dikê* ou non, avec justice ou non (4 b) ; quant à ses amis, ils le blâment de défendre les intérêts d'un criminel — c'est là un point de vue moral —

83. *Op. cit.*, p. 149.

84. *Op. cit.*, p. 3 et p. 23.

85. De même, si nous appelons le mariage traditionnel « union devant Dieu et les hommes », nous évoquons deux aspects à peine distincts d'une seule et unique réalité.

mort sans effusion de sang — c'est là un point de vue ritualiste [86] (4 b).

Aussi, pouvons-nous noter dès à présent, lorsqu'Euthyphron, plus tard, désorienté par le questionnaire trop rigoureux de Socrate, se laissera aller à dire :

> « *La partie de la justice qui est* eusébès *et* hosion, *c'est, je crois, le service des dieux ; et celui des hommes constitue le reste de la justice* » (12 e),

il ne fera pas tellement preuve de fanatisme, alors, ou de naïveté. Euthyphron est simplement ridicule en distinguant le religieux et le profane, non moins ridicule qu'Ion, dans le dialogue qui porte son nom, en prétendant qu'il suffit d'être critique littéraire pour être aussi un excellent général [87].

⁂

La Recherche Dialectique.

Euthyphron, invité à proposer une définition de l'*hosion,* fera d'abord la même erreur qu'un Hippias, ou un Ménon, et répondra par un exemple (5 d). Il est toutefois fort excusable, car la définition à laquelle il pense, et qu'il donnera bientôt (6 e), est trop évidente pour paraître intéressante ; au contraire l'exemple proposé, sa propre action contre son père, est un exemple paradoxal, à la différence de ceux d'Hippias et de Ménon, et invite donc à la réflexion. Néanmoins, la méthode prête le flanc à la critique car Euthyphron fonde son exemple sur la règle plus générale, mais fâcheusement circulaire : « *Pas de tolérance envers l'impie* », (5 e), tel est le critère de la piété.

Euthyphron n'est pas fermé malgré tout aux exigences de la logique, et puisque Socrate y tient (6 e), il ne tardera pas à livrer, si plate qu'elle puisse paraître, une véritable définition, bonne définition de dictionnaire !

> « *Ce qui plaît aux dieux est* hosion, *ce qui leur déplaît* anosion » (6 e).

Le naturel et l'assurance sans faille avec lesquels Euthyphron énonce son truisme laissent bien entendre que, pour lui, « les dieux » représentent une entité homogène. Il est donc heureux que juste auparavant, dans une digression apparente (6 b-c), Socrate l'ait entraîné à confesser sa foi polythéiste en des conflits entre les dieux. Dès à présent apparaît la distorsion d'une croyance tout à la fois polythéiste par tradition, et

86. Ce ritualisme, erroné sur le plan même de la religion, conseille aussi au Créon de Sophocle de laisser mourir Antigone dans un cachot souterrain.

87. Ce sont nos propres habitudes mentales qui nous font paraître Ion plus ridicule encore que Platon ne l'a voulu, et Euthyphron beaucoup moins.

monothéiste[88] d'instinct ; mais elle peut sembler ici le fruit illusoire d'une imprécision dans la formule, et Euthyphron accepte avec enthousiasme la perche, ou plutôt le piège, que Socrate lui tend, en améliorant la formule susdite :

> « *Ce que tous les dieux haïssent est* anosion, *ce qu'ils aiment tous est* hosion » (9 d),

et en laissant de côté comme ambivalent ce qui pourrait être aimé de certains dieux et haï par d'autres. Là, le conflit entre les pôles monothéiste et polythéiste de la même conscience religieuse n'est plus évident du tout, mais il existe toujours, et Socrate aura recours à une très subtile argumentation pour le faire remarquer.

Le fond de son raisonnement est celui-ci : deux possibilités se présentent ; ou bien c'est par hasard que différents actes rencontrent une approbation divine unanime et d'autres non ; ou bien c'est en vertu d'un principe commun.

Dans le premier cas, l'accord des dieux ne se fera que sur des cas particuliers : on pourra dresser des listes, vraisemblablement pas exhaustives, d'actes sur lesquels les dieux se trouvent en accord, mais on ne pourra pas définir le caractère commun à ces actes (8 e - 9 c), et la notion d'*hosion* se dissout en une infinité de coïncidences.

Dans le second cas, le principe fondamental qui met les dieux d'accord va se substituer à la notion d'*hosion*. Ceci est plus complexe, et se prouve en plusieurs étapes. Socrate, d'abord, insiste longuement sur la différence, en une même action, entre la cause et l'effet[89] (10 a - 10 c) ; un raisonnement analogique aboutit en 10 d à la conclusion suivante : le caractère *hosion* motive l'amour des dieux pour telle ou telle réalité, et l'amour divin ainsi motivé détermine à son tour le caractère *théophilès,* plaisant aux dieux ; il est donc impossible d'identifier *hosion* qui est cause, et « plaisant aux dieux » qui est effet, car l'effet et la cause sont toujours distincts ; ceci dans le cas, bien sûr, où l'on persiste à considérer l'*hosion* comme la cause de l'approbation divine (11 a), or Euthyphron n'envisage pas d'y renoncer ; le ferait-il d'ailleurs, l'on retomberait dans l'aporie de 8 e et 9 c, à savoir que l'amour non motivé de dieux multiples ne peut servir de principe unificateur aux réalités qu'ils aiment, sinon par simple coïncidence (11 a). Si par contre, avec Socrate et Euthy-

88. Il ne s'agit évidemment pas d'un monothéisme dogmatique, le pluriel désignant « les dieux » suffit à le prouver. Mais la croyance en une harmonie des volontés divines équivaut en fait au monothéisme des philosophes, et mérite ce nom même si elle ne s'exprime pas grammaticalement.

Voir ce qu'écrit R. Schaerer dans *Dieu, l'homme et la vie, d'après Platon* (Neuchâtel, 1944) p. 15 : « On connaît le mot d'Euridipe : « Si les dieux font le mal, ce ne sont pas les dieux ». C'était contraindre à l'entente morale les individualités farouches du panthéon olympien et par là-même créer une sorte de monothéisme inavoué dont le point d'aboutissement sera la théologie de Platon ».

89. Traducteurs et commentateurs y voient la différence entre l'actif et le passif, mais en réalité Platon s'exprime presque partout par le passif : « *Une chose est chose portée,* dit-il, *parce qu'elle est portée* » (10 b).

phron, l'on persiste à voir dans l'*hosion* le principe unificateur motivant l'amour divin, alors l'*hosion* ne s'identifie pas à cet amour lui-même, dont il est cause, mais à un principe d'un autre ordre. Or à cette difficulté nouvelle, qu'il avait dû prévoir, Socrate avait déjà fait répondre Euthyphron en 7 e, où il lui demandait :

> « *N'est-ce pas, ce que chacun des dieux trouve beau, bon et juste, il l'aime, et il hait le contraire ?* »

la réponse était affirmative, bien sûr. Donc, ou bien l'*hosion* n'existe pas en tant que notion générale, ou bien il se confond avec le reste de la morale.

Soulignons que l'on aboutit à cette aporie seulement dans un système polythéiste. L'exigence du principe unificateur n'a de sens que pour éclairer l'assentiment de dieux divers. Si Dieu est un, il n'y a pas d'explication à chercher à son amour pour telle ou telle réalité : ce qu'il aime peut être défini comme pieux, sans que l'on tombe dans le vice logique de l'émiettement d'une notion en cas particuliers [90]. Ainsi donc, la manière la plus naturelle dont on pouvait penser à définir l'*hosion*, en le rattachant au divin, échoue sans espoir, parce que la religion grecque est polythéiste, et que la multiplicité des dieux oblige de les soumettre eux-mêmes à un principe non religieux mais moral, tel que le beau, le bon, ou le juste. Les partenaires de l'*Euthyphron* vont-ils alors définir l'*hosion* par rapport à la morale ?

Mais les deux solutions possibles en ce cas sont également scabreuses : identifier l'*hosion* à la morale serait vider le terme spécifique de sa raison d'être. Et séparer l'*hosion* de la morale, ce sera sombrer dans ce ridicule que nous avons souligné plus haut : distinguer le religieux du profane. Dans ce ridicule, Euthyphron ne va pas se jeter de gaîté de cœur ; désormais c'est Socrate qui mène le jeu :

> « *Examine,* dit-il, *s'il ne te semble pas forcé que tout l'*hosion *soit juste* » (11 e) ;

puis il précise :

> « *L'*hosion *serait une partie du juste : d'accord ? ou qu'en pensestu ?* » (12 d) ;

90. A. E. Taylor — *op. cit.*, p. 151 — a méconnu l'originalité du problème soulevé par Platon : « Un acte est-il religieux parce que les dieux l'approuvent, ou bien les dieux l'approuvent-ils parce qu'il est religieux ? » (8 b - 10 a), cite-t-il avec ce commentaire : « La question est une de celles qui joua un grand rôle ultérieurement dans les discussions morales... Les commandements de Dieu sont-ils arbitraires ? c'est en effet la thèse de Hobbes et de Locke, et c'est ce que nie Cudworth... » De même chez Koyré, *op. cit.*, p. 90.

En réalité les deux problèmes sont tout à fait distincts. Celui du monothéiste est métaphysique et moral : Dieu est-il la source de la moralité, ou bien l'instinct humain coïncide-t-il avec la volonté divine ? Celui du polythéiste est logique : y a-t-il un principe — moral ou autre — dirigeant les diverses volontés des dieux ? Non, si « un acte est religieux parce que les dieux l'approuvent » ; oui, s' « ils l'approuvent parce qu'il est religieux ».

ainsi préparé, Euthyphron n'aura plus qu'à enchaîner :

> « *La partie du juste qui me paraît pieuse et* hosion, *c'est celle des égards dus aux dieux ; quant à ceux dus aux hommes, c'est le reste de la justice* » (12 e),

proposition absurde pour un Ancien, du moins dès qu'on en approfondit un peu les implications [91].

Mais si Euthyphron a ainsi parlé, c'est Socrate qui a suggéré d'envisager des « *parties* ». Autrement, Euthyphron aurait peut-être eu l'intelligence d'envisager des points de vue. Dire par exemple que l'*hosion* est le juste, en tant qu'il plaît aux dieux, aurait sans doute été plus solide.

Quoi qu'il en soit, Socrate entreprend d'analyser la trouvaille qu'il a suggérée à son interlocuteur, et fera dès lors un jeu de tourner toutes ses questions pour la déconfiture du malheureux Euthyphron.

Celui-ci avait parlé d' « *égards* » dus aux dieux, et Socrate va feindre de s'en prendre à ce mot-là, trop vague. En fait, il est clair que sa critique est plus profonde, et tend à prouver que rien ne peut être dû aux dieux seuls, abstraction faite de la morale humaine, à moins de considérer les dieux eux-mêmes en une perspective anthropomorphique vulgaire. Le mot employé par Euthyphron était *thérapeia,* terme désignant tous les genres d'attentions que peut avoir une personne envers une autre : les « soins » destinés à l'amélioration ou à l'embellissement de leur bénéficiaire, l' « aide » fournie à autrui en vue d'une réalisation commune, les « marques de respect » d'un subordonné pour son supérieur. Socrate va négliger ce dernier sens (qui eût permis une perspective un peu bien ritualiste et étroite de la définition examinée (12 e), mais logiquement acceptable) ; il aura par contre beau jeu de montrer l'absurdité

91. On pourrait rapprocher les définitions du juste et du pieux données à la légère par Euthyphron (12 e)

« *To méros tou dikaiou einai eusébès té kai hosion, to péri tên tôn theôn thérapeian. To dé péri tên tôn anthrôpôn to loipon einai tou dikaiou méros.* »

et celles données par Socrate dans le contexte fort sérieux, didactique, du *Gorgias* : (507 a-b)

« *Péri mèn anthrôpous ta prosêkonta prattôn, dikai' an prattoi, péri dé théous, hosia.* »

Mais la ressemblance, mentionnée par Dodds (*op. cit.*, p. 336) est seulement illusoire. Elle repose sur cette évidence linguistique indéniable que, pour tous, d'Euthyphron à Socrate, l'*hosion* implique un rapport avec le divin que le *dikaion* ne suggère pas. C'est la nature de ce rapport dont la définition est problématique.

Or le contexte des deux définitions est très différent. Pour Euthyphron, il s'agit de distinguer des gestes profanes, et des gestes religieux tels que sacrifices et prières (14 b) ; c'est réduire l'*hosion* au domaine restreint du rituel. Pour Socrate, il s'agit au contraire d'envisager au sens le plus large les gestes religieux : « *faire ce qui convient* » ; et, comme par hasard, cette conduite convenable est inséparable de la conduite convenable envers les hommes (507 a).

D'ailleurs le texte des deux formules, et pas seulement le contexte, est significativement différent : Euthyphron distingue ceux qui « *s'occupent des dieux* » et ceux qui « *s'occupent des hommes* ; Socrate rapproche ceux qui « *agissent bien du point de vue des dieux* », ou « *des hommes* » ; la notion de *thérapeia* introduite par Euthyphron définit le contenu matériel du geste ; cette notion est ignorée de Socrate, car il préfère envisager, pour n'importe quel geste, qui il intéresse.

de « soigner » les dieux : ceux-ci, étant parfaits, n'ont pas à être améliorés (13 a - 13 d). Au passage, il a l'honnêteté de souligner que cette partie de l'examen est seulement pour la forme, Euthyphron n'est pas soupçonné de méconnaître la perfection divine (13 c-d).

Ensuite, Euthyphron ayant précisé qu'il entend par *thérapeia* les « services » d'un esclave, Socrate, non sans mauvaise foi, refuse d'envisager l'esclave en tant qu'esclave et le maître en tant que maître, mais imagine le maître dans l'exercice de tel ou tel métier, et l'esclave dans le rôle correspondant d'assistant ; quel sera donc le métier des dieux dans cette analogie ? à quoi les humains auront-ils à collaborer ? (13 d - 14 c). Euthyphron suit Socrate sans résistance sur cette voie étroite, et pourtant il réussit à improviser une réponse digne de considération :

> « *Savoir dire et faire ce qui plaît aux dieux en priant et en sacrifiant, voilà l'*hosion, *et c'est le salut des familles et des cités ; le contraire de ce qui plaît* [*aux dieux*] *est simple, cela renverse et ruine toutes choses.* » (14 b).

Là, oubliant son hypothèse irréfléchie de séparation du religieux et du profane, Euthyphron esquisse une doctrine grandiose de salut du monde — humain et divin ensemble — par l'action conjuguée des dieux et des hommes [92].

Seulement Socrate, oubliant dirait-on qu'il vient d'interroger sur les fins de la piété et revenant à son vieux souci de définition, ne retient qu'un point de la formule précédente : l'*hosion* consiste à savoir prier et sacrifier. Ces deux actes rituels, dont la symétrie facilite son jeu, lui serviront à montrer que demandes comme offrandes ne peuvent jamais tourner qu'à l'avantage des humains, insatisfaits de nature ; la notion d'offrande à un dieu est donc absurde. Sauf dans deux cas : ou bien les dieux ont des besoins, ce que seule une religion très primitive admettra, et telle n'est pas la religion d'Euthyphron (15 a) ; ou bien certaines choses dont les dieux n'ont pas besoin leur sont cependant agréables, mais comment déterminer ce qui est agréable aux dieux ? nous retombons là dans l'aporie qui a occupé tout le paragraphe 10 [93].

92. Des commentateurs ont souvent été assez sensibles à la grandeur de cette déclaration pour en faire hommage à Socrate ! C'est là, disent-ils, qu'il faudrait chercher la vraie pensée de Socrate, ou de Platon, à condition toutefois de la comprendre en son sens le plus spirituel, et non de manière matérialiste comme Euthyphron lui-même (cf. Taylor, *op. cit.*, p. 148, ou bien Paul Shorey, *Plato's Ethics*, p. 12, n. 41, in *Plato* (tome II) *A collection of critical essays edited by Gregory Vlastos*, New York 1971).

Tout de même, il faut observer que cette déclaration est faite par Euthyphron, qui s'exprime ici d'abondance, et, chose remarquable en cette partie du dialogue, plus librement que dans ses autres répliques où il suit Socrate pas à pas. Il est donc juste de lui faire crédit de ces paroles.

93. Notons que dans toute cette partie du dialogue (14 c-15 c), où Euthyphron fait assez sotte figure, il n'est plus qu'un pantin manœuvré à plaisir par le meneur de jeu ; il ne répond qu'à peine (une langue moderne lui permettrait de s'en tenir à des monosyllabes !). La définition de la religion comme d'un « *commerce* » avec les dieux (14 e), définition qui ne fait pas la part belle à la spiritualité, a été suggérée par Socrate, et

Voilà donc un honorable théologien grec dans l'incapacité de définir l'*hosion,* domaine de ses réflexions pourtant. Et cela tient, avons-nous dit, non à son fanatisme, ou à sa stupidité, mais à la structure contradictoire de la religion grecque.

Celle-ci possède deux traits fondamentaux, inconciliables à l'examen. D'une part elle est polythéiste ; les conflits des dieux y tiennent un rôle immense ; toute la tradition poétique en est nourrie, depuis Homère jusqu'à Euripide[94], et cette influence sur les esprits ne peut être négligeable. D'autre part elle ignore la distinction entre le religieux et le profane. Alors pourquoi le paragraphe 10 de notre dialogue échoue-t-il à établir l'identité du religieux et du profane ? Si l'*hosion* ne peut être ce que les dieux aiment, pourquoi ne serait-il pas ce pourquoi les dieux aiment ? Mais, justement, parce que les dieux sont divers ! Aimeraient-ils tous la même chose, le juste par exemple, il n'y aurait plus de conflit entre protecteurs et adversaires de Troie ; Aphrodite et Artémis ne joueraient pas leur honneur aux dépens d'Hippolyte. Si, d'autre part, le juste et l'*hosion* coïncident, la cité juste sera gouvernée par un principe religieux, sera théocratique ; mais comment une cité pourrait-elle être théocratique, si divers dieux s'y disputent le commandement ?

Maurice Croiset, dans son introduction à l'édition des Belles Lettres (Tome I, p. 181), parle de

> « l'absurdité, à laquelle le polythéisme ne pourrait guère échapper, qu'à la condition d'être ramené, sinon à un monothéisme absolu, du moins à une conception de la hiérarchie divine équivalant en fait au monothéisme. »

Non, l'absurdité ne réside pas dans le polythéisme en tant que tel ; l'*Hippolyte* d'Euripide offre une explication cruelle, mais satisfaisante pour l'esprit, d'un scandale d'observation courante : la souffrance du juste ; l'absurdité réside dans le polythéisme d'une religion qui est confondue avec toute la vie civile et morale.

La logique indique deux solutions possibles : ou bien imaginer le laïcisme, ou bien réduire le polythéisme au monothéisme. La première solution est développée par Platon comme une joyeuse plaisanterie indigne qu'on s'y arrête. La seconde n'est que suggérée, mais avec force, là où Socrate affirme son mépris pour les légendes polythéistes (6 a). Tout ce que nous savons de Socrate confirme ce choix, ne serait-ce que l'emploi du singulier, « *le dieu* », au long de l'*Apologie*[95]. Les dieux ramenés à l'unisson, une morale peut se fonder sur leur volonté. Nous retrouvons

acceptée par Euthyphron : « *Va pour commerce, si cela te fait plaisir* » soit dans un moment de distraction — il laisse parler Socrate — soit avec le dépit du vaincu qui n'essaye plus de se défendre. En faire le résumé de la religiosité d'Euthyphron, comme A. E. Taylor, *op. cit.*, p. 155 (« une idée méprisable de la religion, conçue comme une entreprise commerciale ») est bien injuste.

94. Voir notre article sur *Hippolyte porte-couronne* (in XVIIe siècle, 1973, n° 100).

95. 30 e — 31 a — 42 a — Dans le même sens va l'assimilation faite en 29 a entre Apollon d'une part, et « *les dieux* » d'autre part.

là la fameuse unité des vertus, chère à Socrate. Et les conflits de la tragédie se révèlent illusoires[96]. Ce que Platon suggère encore, c'est que cette solution est moins étrangère à l'esprit grec qu'il y paraît : Euthyphron parle des dieux comme d'un bloc uni (6 e), et sa croyance en leur perfection (13 c) pourrait facilement servir à lui démontrer qu'il croit inconsciemment à leur accord : sur quoi disputeraient des êtres parfaits ? Seules l'ignorance ou l'injustice occasionnent des conflits.

Dans le domaine religieux comme ailleurs, Socrate recherche l'unité : sa religion est une, étant fondamentalement monothéiste ; et sa morale, à son tour est une, la religion étant intimement mêlée à tous les autres aspects de la vie morale. Et ici, comme ailleurs, cette quête d'unité repose, malgré les apparences, sur des vues bien grecques, là où d'autres, tel Euthyphron, ne savent voir que confusion[97].

LE CIVISME ET LE COURAGE

La société dépeinte par Platon n'ignore pas, nous l'avons vu, les aspects irrationnels de la vie morale. Mais ces aspects restent secondaires : vaguement ressentis, ils ne font pas l'objet d'une analyse, et restent trop obscurs pour fonder aucune explication ni de la nature de l'homme, ni donc du devoir de l'homme.

Ion est un homme de goût et un homme de cœur ; il aime l'œuvre d'Homère parce qu'elle est belle, et il sympathise avec les héros de l'épopée parce qu'ils sont émouvants ; mais il convient volontiers que ces deux sentiments sont absurdes si la raison ne les justifie pas. Euthyphron, loin d'être fanatique ou superstitieux, est un homme vraiment religieux ; mais sa religiosité, trop enracinée dans la tradition, comme le prouve son attachement au polythéisme, est aussi trop peu réfléchie ; Socrate condamne la religiosité traditionaliste malgré son élévation, comme il condamne le goût malgré sa finesse.

La religion de Socrate — à la manière déiste — est rationnelle : elle n'exclut pas la révélation[98], mais l'autorité et la tradition. Si pourtant

96. Cf. *Apologie* 30 d et 41 d.

97. Notons que le laïcisme moderne représente la solution inverse : si les croyants modernes sont généralement monothéistes, la liberté de conscience dans des pays peuplés de fidèles de croyances différentes revient, en fait, au polythéisme de la collectivité.

98. La raison n'est pas subjective, elle existe en soi, et peut se manifester ; c'est à ce titre que Socrate révère son « démon », cf. p. 63. Voir les remarques de Daniel Babut (*La religion des philosophes grecs*, Paris 1974) : « Rien d'étonnant... à ce que le même personnage ait pu passer concurremment... pour un des esprits les plus authentiquement religieux qu'ait produits la Grèce antique, et pour le champion d'une sorte de rationalisme intégral. » (p. 60). D. Babut parle ici du Socrate « historique », mais en s'appuyant dans une large mesure, comme il est inévitable, sur le témoignage des *Dialogues* de Platon.

elle reconnaît l'existence d'un ordre supérieur, celui du Bien, n'est-ce pas ouvrir la porte aux tentatives d'humilier la raison [99] ? Oui, parfois ; ainsi Socrate, faute de pouvoir nier l'expérience sentimentale ou esthétique d'Ion, l'explique par une intervention surnaturelle. Mais l'effort de Socrate reste avant tout d'écarter l'irrationnel : l'irrationnel nous est étranger, et la seule faculté humaine estimable est la raison.

Cette tendance de la pensée socratique est assez facilement acceptée par les interlocuteurs : Ion présente une défense très faible des sentiments ; Euthyphron prouve par son incompétence le défaut des aspirations instinctives au bien.

Par contre, le rationalisme de Socrate trouve un appui solide dans le rationalisme courant de son milieu, dont font preuve les personnages du *Lysis.* Ce rationalisme, souvent naïf et grossièrement intéressé, constitue pour Socrate la base d'où il aboutira au seul idéalisme digne de considération.

⁂

Le civisme.

Parvenus à ce point, nous devons faire face à une importante question : si les milieux dépeints dans les *Dialogues,* l'aristocratie et l'élite intellectuelle de l'Athènes classique, s'accordent à fonder l'idée de devoir sur une appréciation grossière ou raffinée, mais toujours raisonnable, de l'intérêt personnel bien compris, comment expliquer la vertu classique par excellence qu'est le civisme, le consentement à préférer les intérêts de la collectivité aux siens propres ? N'y a-t-il point là une aptitude au sacrifice étrangère à tout raisonnement ? A. E. Taylor [1] parle du civisme en ces termes :

> « D'un point de vue hellénique, la vie n'offre que deux issues au désir ardent de se dévouer sans égoïsme : ce désir peut se manifester sous une forme très impersonnelle comme un absolu dévouement à la cité » [2].

Mais le civisme grec n'est qu'en apparence un dévouement désintéressé où l'individu s'oublie. De nombreux textes attestent au contraire que le citoyen athénien pense se servir lui-même en servant l'État. Le Créon de Sophocle expose fort nettement pourquoi il dirige toute sa vie selon les exigences du salut public : « Je sais bien, dit-il que le pays nous protège » [3]. Xénophon est plus explicite encore dans les *Mémorables* IV IV :

99. Au sens de Pascal : la raison doit elle-même reconnaître ses bornes, cf. *Pensées* 465 et 466, dans l'édition Chevalier.

1. *Op. cit.,* p. 65.

2. La deuxième exception serait l'amitié ; mais notre étude du *Lysis* tend à réfuter aussi cette interprétation de la *philia.*

3. *Antigone,* v. 188-189.

« Quand les citoyens sont respectueux des lois, leurs villes sont les plus fortes et les plus prospères. Sans concorde, nulle ville ne saurait être bien gouvernée, nulle maison bien administrée. Sur le plan individuel, comment chacun risquerait-il moins de subir des sanctions de son pays, comment pourrait-il être plus honoré, qu'en obéissant aux lois ? ... à qui voudrait-on s'allier plutôt qu'à l'homme respecteux des lois ? »[4]

Et c'est dans les *Dialogues* de Platon que l'on trouve la description la plus typique du civisme grec : dans le *Protagoras* (354 a-c), Socrate, pleinement approuvé par son interlocuteur, énumère un certain nombre de choses, désagréables dans l'immédiat, mais « bonnes » parce qu'elles sont destinées à procurer plus tard de l'agrément ; parmi ces choses, et sur le même plan, figurent les interventions chirurgicales, douloureuses mais salutaires, et les expéditions militaires, dangereuses mais nécessaires à la sécurité de l'État. Si cet avantage est un « agrément », il ne s'agit donc pas, dans le dévouement à l'État, de sacrifier l'intérêt personnel à l'intérêt d'autrui, mais seulement de sacrifier l'intérêt personnel immédiat à l'intérêt personnel lointain, ce qui est fort raisonnable.

Aussi bien, la notion de sacrifice n'apparaît jamais, dans nos textes, que limitée à un groupe donné, dont le moi constitue le centre, et point dans le cadre d'un pur altruisme philanthropique. Quand Alcibiade veut donner l'exemple du *kalon* le plus étranger à l'*agathon*, le plus désintéressé, il laisse Socrate mentionner le sacrifice d'un soldat portant secours à son « camarade » ou à son « parent », bref à un *philos*, c'est-à-dire à un associé[5].

Le Grec ne connaît pas de notion de « privé » opposé au « public » ; *idiôtês* est simplement celui qui ne remplit pas de fonction publique ; ce mot n'évoque en rien la « vie privée ». L'entité politique que nous appelons « Athènes » n'est guère présente dans la langue ancienne : *hoi Athênaioi,* « les Athéniens », dit le grec pour désigner la collectivité constituant la cité. L'intérêt de la collectivité est la somme des intérêts de tous les citoyens, non une réalité supérieure. Et qu'il soit raisonnable de préférer l'intérêt commun à l'intérêt individuel est conforme au mode de pensée grec : le sacrifice de l'individu mène jusqu'au sacrifice de la vie ; mais le mépris du salut public mènerait à sacrifier

4. Cf. l'Anonyme de Jamblique qui exprime la même pensée. (Diels-Kranz, T. II, p. 403).

5. *Alcibiade* I (115 b-c). Qu'en dernière analyse, un tel acte soit à la fois *kalon* et *agathon,* prouve bien comme la distinction entre intérêt et vertu civique ou militaire est naïve de la part du jeune Alcibiade.

L'idéal d'Alcibiade est le même idéal qui inspire le serment des éphèbes (cité par Y. Garlan : *La guerre dans l'Antiquité,* p. 193, Paris 1972) : la solidarité avec le camarade de combat y côtoie le respect des lois, et la défense du territoire.

La morale grecque est une morale de groupes plus ou moins étroits, liés par leurs intérêts. Antigone elle-même, qui évoque pour beaucoup la révolte de l'individu contre la tyrannie, incarne en vérité un certain idéal civique. En tout cas, elle consomme le sacrifice de sa personne au nom d'un groupe ayant le moi pour centre : ce sacrifice, elle ne l'aurait consenti pour nul autre que son frère, le plus proche, le plus irremplaçable des parents.

le bonheur de tous les citoyens ; pour chacun, obéir à la loi peut être risquer la mort, mais désobéir est assurer son malheur.

Or pour un Grec, mieux vaut mourir que d'appartenir à une cité vaincue ou désorganisée, car mieux vaut mourir que vivre malheureux. Dans le *Gorgias* n'avons-nous pas vu que l'ordre, la santé, constituent une raison de vivre ? pour Socrate dans le domaine moral (512 e), pour Socrate et Calliclès, dans le domaine physique (505 a). Sur l'essentiel, les deux adversaires s'accordent : la valeur de la vie est toute relative, seul compte de bien vivre [6].

⁂

Le Courage selon le Lachès.

Mais tout ceci reste sur le plan théorique, ce qui peut expliquer la cohérence assez artificielle du système. Dans la réalité, l'instinct naturel de l'homme à « persévérer dans son être » lui fera sans doute oublier ces constructions logiques. Aussi devrons-nous accorder plus d'importance à l'analyse platonicienne du sentiment qui rend possible le sacrifice de l'individu à la société, et le sacrifice du présent à l'avenir, à savoir du courage.

Jusqu'ici, l'étude de la moralité grecque a été rendue bien difficile par la divergence entre les structures de la pensée antique et les habitudes mentales du commentateur moderne ; pour chaque notion toute traduction proposée était inexacte, médiocre remède aux erreurs suggérées par les traductions traditionnelles [7]. La recherche en ce domaine est donc tâtonnante et conjecturale.

Avec le courage, abordons-nous maintenant un domaine plus sûr ? Que représente pour les personnages de Platon cette vertu que nous considérons comme la moins rationnelle qui soit, et à qui le sens commun fait une place à part ? Ne dit-on pas que les faibles sont plus dangereux pour la société que les méchants, que les méfaits d'une certaine jeunesse sont dus à la mollesse des caractères, sans méchanceté aucune ? [8]

Il semble évident que les valeurs théoriques, depuis l'ambition personnelle jusqu'au respect d'autrui, nécessitent pour se traduire en actes une force, non plus une valeur, une force d'ordre presque matériel, qui est le courage.

Pour les valeurs, on disputait de leur origine dans le cercle socra-

6. Cf. Ernest Barker (*Greek political Theory*, p. 2).
« Quoi qu'on puisse dire sur le « sacrifice » de l'individu à l'État dans la politique grecque, ou dans les principes grecs, le fait demeure qu'en Grèce, par comparaison avec le reste du monde antique, l'homme était moins sacrifié qu'ailleurs à l'ensemble auquel il appartenait. »

7. Même si ces erreurs sont connues des érudits : on a beau rappeler ici et là qu'*agathon* n'a pas grand chose à voir avec notre « bonté », à force de lire de « bons citoyens », on s'imagine que Protagoras enseigne le dévouement ! Voir p. 20 sq.

8. L'analyse pertinente d'André Rouède, dans *Le Lycée Impossible* (Paris 1967) est fondée sur cette distinction.

tique : instinct ou raison, exemple ou inspiration divine ; mais quand il s'agit de la force qu'est le courage, ces controverses ne semblent plus de mise ; la raison, au moins, paraît lui être étrangère ; au mieux, courage et raison pourront s'accorder, pourquoi pas ? mais non s'identifier.

Pourtant Lachès, Nicias, Protagoras et Alcibiade, ont, sur le courage comme sur le reste, des vues dont Socrate fera éclater les incohérences, les contradictions, les implications paradoxales. Ces étrangetés nous seront-elles particulièrement compréhensibles ?

En effet, parmi tous les principes éthiques envisagés ici, l'*andreia* grecque, abstraction faite de l'étymologie, paraît le plus commode à traduire, car « courage » en est juste l'équivalent.

Comparons les définitions du dictionnaire Robert[9] à l'article « courage », et les définitions de l'*andreia* éparses dans le *Lachès*. Le « Robert » donne un sens vieilli, que nous négligeons. Puis il indique : « Ardeur, énergie, volonté, zèle », avec l'exemple : « Je me sentis plein de courage contre les plaisirs » (Fénelon, *Télémaque* II) ; voilà qui correspond à la remarque de Socrate que l'*andreia* s'exerce dans toutes les circonstances, « *les chagrins et les craintes, et même les désirs et les plaisirs* » (191 d-e). Le « Robert » continue avec : « Fermeté de cœur dans les dangers, la souffrance physique ou morale », ce qui rappelle à la fois la deuxième définition de Lachès : « *Il me semble que c'est une certaine fermeté de l'âme* » (192 b), et la nécessité de l'éprouver dans les pires situations, selon Lachès toujours (193 a-c). Le « Robert » donne alors des exemples, dont certains correspondent à de nouvelles nuances de Platon ; ainsi :

> « Le vrai courage, sans colère et sans haine, celui qui pour s'ébranler n'attend pas le coup de fouet venimeux de la frénésie, celui qui jamais ne ressemble à la peur, car le courage n'est pas rage. » (Duhamel, *Pasquier* I 9)

et

> « L'inégalité que l'on remarque dans le courage d'un nombre de vaillants hommes vient de ce que la mort se découvre différemment à leur imagination et y paraît plus présente en un temps qu'en un autre ; ainsi, il arrive qu'après avoir méprisé ce qu'ils ne connaissent pas, ils craignent enfin ce qu'ils connaissent. » (La Rochefoucauld, *Maxime* 504)

suggèrent l'idée énoncée par Nicias que l'*andreia* est liée à la connaissance (194 b - 195 a). D'autre part, l'exemple du « Robert » :

> « Mais elle passa outre comme elle faisait parfois, poussée par un goût du risque et un esprit de décision qu'elle confondait avec le courage. » (Martin du Gard, *Thibault* T. I, p. 33)

9. Édition de 1953 — Casablanca, Paris.

reprend la distinction de Nicias entre *andreia*, et *thrasutês* ou *tolma* (témérité) (197 b). Enfin, selon le « Robert », « courage » « se dit aussi de la force et de l'énergie des animaux », écho de l'usage mentionné par Socrate (197 a) d'accorder de l'*andreia* aux animaux [10]. Nous devons écarter le dernier sens de « courage », la « dureté de cœur », que le « Robert » indique à la fin de l'article en spécifiant que ce sens est « abusif ». Cependant, nous avons fait le tour de tous les aspects évoqués dans le *Lachès* ; la coïncidence entre l'*andreia* platonicienne et notre « courage » est donc aussi parfaite que possible.

Toutefois la notion d'*andreia* comporte une nuance qui nous est étrangère. Pas un dictionnaire français, à l'article « courage », ne fait une place spéciale au courage du soldat ; tout au plus le cas est-il évoqué à titre d'exemple parmi bien d'autres. Mais pour les Grecs [11] cette vertu est éminemment militaire. Nous en avons de nombreux indices dans le *Lachès*. D'abord, prié de définir le mot, Lachès répond sans hésiter :

> « *C'est de consentir à rester à son poste et à repousser les ennemis sans prendre la fuite* » (109 e),

description d'une situation militaire classique. Plus étrange est l'objection de Socrate : mais d'autres tactiques, parmi elles la fuite simulée, permettent de « *remporter la victoire* » (191 a-c) : le courage, ici, non seulement est d'ordre militaire, mais se rapporte à l'efficacité stratégique plutôt qu'à un sentiment méritoire. Auparavant, déjà dans le même esprit, Socrate avait rappelé cette opinion banale : l'escrime est une école de courage (190 d) [12] ; comment une technique pourrait-elle enseigner une vertu ? Pourtant les plaidoyers respectifs de Nicias et de Lachès, pour et contre l'escrime, reposent sur ce même point de vue : pour Nicias, la pratique des armes accroît les possibilités du combattant ; on peut donc dire que

> « *cette science augmente considérablement son audace et son courage à la guerre* » (182 c) ;

pour Lachès, s'il nie, avec bon sens à notre avis, que l'habileté de l'escrimeur ait un effet sur son courage (184 b), il prétend surtout que cette habileté supposée est illusoire, qu'elle ne s'accompagne d'aucune efficacité réelle (183 a - 184 a) ; de fait, les deux critiques de Lachès n'en font qu'une : l'habile escrimeur n'est pas réellement habile, et c'est pourquoi il n'en est pas plus courageux.

10. A cette nuance près que l'étymologie d'*andreia* lui permet de s'appliquer aux animaux par analogie seulement. Nicias en profite pour faire bon marché de cet usage abusif (197 b).

11. Un curieux passage d'Aristote (*Ethique à Nicomaque* III 6) est particulièrement significatif : à l'armée seulement le courage trouve sa place ; dans toutes les autres situations, l'emploi du mot est analogique et abusif. Platon est moins catégorique, mais la même tendance se retrouve chez ses personnages bien clairement.

12. Et non une école d'habileté, ou un moyen de sécurité, comme nous aurions pensé.

Ceci peut nous éclairer sur quelques passages du texte, où le courage semblait envisagé dans un sens assez large. En 196 e, Socrate parle du courage communément attribué aux animaux ; il ne s'agit point ici de la perdrix qui protège ses petits en attirant le chasseur vers elle, mais seulement d'animaux féroces : « *lion* », « *panthère* », « *laie de Crommyon* » ; pour le « *cerf* » ou le « *singe* », pourtant victimes de cruelles épreuves, le courage est inconcevable. Apparemment donc, l'analogie entre l'animal et l'homme courageux ne concerne pas des états d'âme, le triomphe sur la peur au nom d'un principe supérieur (instinctif ou raisonné, peu importe ici) ; l'analogie porte sur des attitudes agressives, peut-être tout extérieures, communes au soldat et au fauve.

En 198 b-c et 199 b, non sans insister, Socrate fait reconnaître à Nicias une évidence : le courage, comme la peur son contraire, porte exclusivement sur les biens et les maux futurs ! et Nicias acquiesce sans hésiter, même si ce point affaiblit sa cause. Ceci peut surprendre, car le courage, à nos yeux, s'applique aussi au malheur passé (l'on peut supporter un deuil courageusement — encore pourrait-on objecter ici que le courage se rapporte à la suite des années à supporter désormais sans l'être aimé), et surtout à l'épreuve présente (le prisonnier silencieux sous la question est plus courageux dans la douleur actuelle, au-delà de la peur et de l'espérance, que naguère, quand il décidait de courir le risque ; il faut toujours moins de courage pour envisager une opération douloureuse dans un avenir pas trop proche, que pour l'affronter le jour même.)

Mais si l'on songe au courage du soldat, la situation est différente : il faut que le soldat, ferme au poste, accepte le danger ; une fois la blessure reçue, il n'importe plus à personne s'il gémit ou s'il désespère. En 191 d, quand Socrate envisageait divers cas de courage moral, sans doute songeait-il à une situation parallèle à celle du soldat : un choix comportant dans ses conséquences à venir un risque de souffrance, et non pas la résistance à l'épreuve même.

En étudiant chez Platon les opinions énoncées sur le courage, nous nous en tiendrons donc d'abord à la vertu militaire ou à la rigueur, en une situation pacifique, à une vertu tout à fait semblable à la vertu militaire.

La prémisse de toute discussion sur ce sujet est l'admiration suscitée par le courage ; nul n'y manque [13] ; dans le *Lachès*, cette unanimité est frappante ; Socrate dit :

> « *Je suis sûr, Lachès, que tu considères le courage comme l'une des très belles choses* (kalôn) » (192 c),

et l'autre de confirmer avec enthousiasme ! Quant à Nicias, s'il définit le courage de façon contraire à celle de Lachès, il n'en pose pas moins, de son côté :

13. Citons *Apologie* 28 d-e, *Alcibiade* 115 b, *Protagoras* 349 c.

« *Donc, si l'homme courageux est bon*[14], *alors...* » (194 d) ;

« *si* » équivaut ici tout juste à un « puisque », car il n'y a pas un original dans l'assemblée, ni Socrate ni un autre, pour aller contester une hypothèse aussi naturelle. Mais c'est cette prémisse incontestée qui va plonger et Lachès et Nicias, chacun pour sa part, dans d'inextricables contradictions. Lachès prétend que le courage est beau, et qu'il consiste à prendre des risques, c'est-à-dire à agir sans connaissances, ou malgré ses connaissances (193 a-c) ; or le manque de connaissances[15] est mauvais (192 d) ; donc le courage est mauvais (193 d). Résoudra-t-on la contradiction en renonçant à l'hypothèse initiale, qui démolit les raisonnements suivants sans être elle-même justifiée ? Point ; Lachès reconnaîtra plutôt son inaptitude à décrire le courage (193 d-e).

Même jeu avec Nicias ; même point de départ :

« *Si l'homme courageux est bon, c'est évidemment un savant* » (194 d) ;

savant ès choses à craindre et à risquer (195 a), ce qui exclut de la définition, contrairement à l'usage général, le « courage » des ignorants, femmes, enfants ou animaux (197 a-b)[16] ; deuxième défaut de la formule de Nicias : le courage s'applique à l'avenir, tandis que la science est intemporelle (198 c - 199 c), donc toute la conversation s'est égarée : « *Le sujet de nos paroles n'apparaît pas* » (199 c). Mais nul ne propose de renoncer au syllogisme initial : le bien est savoir, or le courage est bon, donc le courage est savoir (194 d) ; aussi bien, les prémisses de ce syllogisme sont adoptées à l'unanimité. Donc une chose est sûre : personne ne renoncera à admirer le caractère *agathon* ou *kalon* du courage, quelle que soit la gravité des contradictions auxquelles ce point de vue amènera.

D'après le début de notre chapitre, on comprend facilement l'approbation qui accompagne le courage militaire : il est la sauvegarde de la collectivité ; chaque citoyen a besoin du courage des autres citoyens, et l'admire en conséquence, d'où son caractère *kalon.* Chaque citoyen courageux reçoit le prix de son courage en gloire et en reconnaissance, aussi le courage est-il *agathon.* L. Pearson[17] cite à ce propos l'oraison

14. Pour justifier cet *agathos,* car le contexte ne suggère pas ici l'idée de profit inhérente au mot (cf. chapitre I), il faut suppléer implicitement le raisonnement de l'*Alcibiade* 115 c-d : le courage est bon, profitable, la preuve en est que l'on désire le profit en général, et que l'on désire en particulier être courageux.

15. En grec *aphrosunê* — manque de sagesse — traduit ici d'après le contexte.

16. Alexandre Koyré écrit (*op. cit.*, p. 91) : Les généraux du *Lachès* « ne comprennent pas — bien que Socrate le leur explique tout au long — que le courage (*andreia*) est une qualité morale, et qui suppose — pour être consciente — une connaissance ; à savoir la connaissance du danger *véritable,* de ce qu'on doit craindre par dessus tout, c'est-à-dire la connaissance d'une échelle des valeurs ». En fait, si cette doctrine est celle de Socrate dans le *Protagoras,* dans le *Lachès* c'est celle de Nicias (195 c - 196 a) ! et là, c'est Socrate qui ébranle cette même doctrine avec son objection : que dire du courage animal ?

17. *Popular Ethics in Ancient Greece* (Stanford 1962), p. 182 et n. 3.

funèbre de Périclès (Thucydide II 431) et le *Discours sur la Couronne* de Démosthène (47-49) et commente fort nettement :

> « Il était juste et logique, le courage des hommes qui étaient prêts à donner leur vie [pour Athènes]. Bien mieux, celui qui refuse de servir son pays agit contre son propre intérêt... en nuisant à son pays, il se nuit à lui-même... [Les hommes courageux] se sont rendu un meilleur service par une mort honorable, qu'en survivant sans honneur. »

Le courage militaire est admiré parce qu'il est d'utilité publique, utile à tous et à chacun. Nous verrons plus bas que le courage moral, faute de comporter cette utilité, est loin d'éveiller semblable approbation.

Nicias et Lachès se heurtent à la même difficulté : bien que chacun des deux hommes insiste sur l'un des aspects au détriment de l'autre, tous deux reconnaissent au courage et un caractère rationnel et un caractère irrationnel. Caractère rationnel, puisque le courage est utile en assurant la sécurité de la cité et des citoyens ; caractère irrationnel, puisque l'intérêt personnel du sacrifice de l'individu à la collectivité n'apparaît pas au bon sens instinctif, et exige la maîtrise des réactions émotives. Pour Lachès, le courage, acceptation d'un risque, est une fermeté d'âme non réfléchie (193 a sq.) ; il n'a dit le contraire d'abord que par inadvertance (192 d) ; il proteste bien haut quand Nicias parle d'identifier courage et savoir (195 a). Le courage devient une réaction émotive que Socrate tournera sans peine en ridicule, comme « *laide et nuisible* » (193 d) ; or ce même courage est dit « *beau* » (192 c) parce que, au fond, mais d'un autre point de vue, il est utile.

Avec Nicias, mouvement inverse. Le courage, étant « *bon* » et justifié, doit être la réflexion même (194 d) ; il est pure intellectualité, étranger aux élans passionnels de l'homme, *a fortiori* de l'animal (197 a-b). Mais, s'il est intellectuel, il doit être hors du temps (198 d), et le bon sens nous rappelle que le courage porte sur l'avenir (199 b), autrement dit qu'il est fait d'espoir et d'appréhension, qu'il est fait d'émotion [18]. Utile aux yeux de la raison, dommageable aux impulsions, le courage reste pour les intellectualistes une force d'âme dominant l'instinct, et garde sa noblesse d'institution indispensable pour les matérialistes [19].

18. Contrairement à la science, intemporelle et impavide.

19. Les caractères de Nicias et de Lachès éclairent curieusement l'opposition apparente, et la similitude fondamentale, entre leurs doctrines. Ces deux portraits sont un exemple excellent de l'art de Platon pour incarner les points de vue dans des personnages vivants. Les deux généraux sont introduits, d'abord pour prononcer deux discours, et ainsi justifier le recours au dialogue selon la méthode socratique ; puis pour soutenir, au courant de ce dialogue, deux thèses opposées qui s'effondreront successivement dans les contradictions ; ils semblent avoir pour qualité principale... d'être deux ! et de justifier par leur désaccord un peu trop symétrique la méthode de Socrate (cf. F. Châtelet : *Platon*, Paris 1965, et l'introduction du dialogue dans la Collection des Universités de France : le *Lachès* serait une démonstration des mérites de la méthode socratique ; le contenu du dialogue ne présenterait pas, ou presque pas, d'intérêt !) Ils auraient pu être des figures abstraites et interchangeables. En fait, ils sont bien typés, leur personnalité est cohérente, mais aussi d'une complexité éclairant leur erreur commune.

Cette ambiguïté du courage explique une autre difficulté : dans la mesure, déjà peu claire, où il est connaissance, de quelle sorte de connaissance s'agit-il ? En tant que soutien de l'État, il vise au succès, à la victoire. C'est pourquoi l'escrime (190 d), l'astuce stratégique (191 a-c), bref les ressources de la technique, sont des éléments du courage [20]. D'un autre point de vue, la compétence technique, en réduisant le risque, réduit aussi le mérite, cet élément instinctif du courage comme abnégation de l'individu ; aussi Lachès nie-t-il tout simplement que la connaissance technique fonde le courage (193 d) [21] ; et Nicias, plus subtil, envisage-t-il de remplacer la connaissance des faits par celle des valeurs, du droit (196 a).

Il ne s'agit plus de savoir comment lutter, mais au nom de quoi lutter, solution brillante qui préserve et la finalité du courage, et l'abné-

En dignes militaires, ils estiment tous deux le courage par-dessus tout. S'ils diffèrent sur la valeur de l'escrime, c'est que l'un en fait une école de courage (182 c), tandis que l'autre ne lui trouve pas de rapport avec cette vertu. (184 b) La grande différence entre eux est que Nicias est cultivé et subtil, Lachès simple, et même un peu fruste ; mais il faut nuancer pour chacun.

Tous deux connaissent Socrate, mais pas de la même façon : Nicias est au courant de l'enseignement de Socrate, et de sa manière d'examiner ses interlocuteurs (187 e - 188 c) ; il l'a d'ailleurs écouté attentivement et connaît sa maxime favorite (194 d) ; mais il n'a assimilé de son maître que des formules superficielles (cf. p. 202). Lachès, lui, ne connaît de Socrate que l'aspect guerrier, et raconte avec complaisance la retraite de Délion (181 b) ; mais la correspondance entre paroles et conduite qu'il attribue aux gens de bien rehausse d'avance à ses yeux les théories de Socrate.

Autre parallélisme : les deux petits discours des deux généraux, l'un pour louer l'étude du maniement d'armes, et l'autre pour tourner cette même étude en ridicule. A première vue, l'on s'étonne de l'attribution de ces deux morceaux à leurs auteurs respectifs : le subtil Nicias, avocat, pour l'heure, des techniques, soutient cette banalité que l'entraînement aux armes prépare à la vie militaire, tandis que le simplet Lachès prend, avec des précautions oratoires, la défense du paradoxe opposé. Nous pouvons déjà en conclure que Nicias ne soutient pas ici une réputation de bel esprit mais que ses convictions intellectualistes coexistent avec d'autres plus terre à terre ; et que Lachès a quelques prétentions intellectuelles. Aucun d'eux n'est schématisé. Mais dans le détail, ils sont bien fidèles à eux-mêmes. Nicias accumule les tournures de style entortillées : en 182 a, il englobe bizarrement ses antécédents dans ses relatives, de sorte qu'on n'en voit plus très bien la fonction dans la phrase ; en 182 c-d, il prétend insister sur la notion de « beauté du maintien » en répétant trois fois le mot, redondance ridicule destinée à masquer la pauvreté de l'idée. Ses arguments sont d'ordre rationnel. Enfin l'idée centrale est que l'étude, en tant que telle, est excellente pour l'éducation d'un homme libre (182 a), car l'étude d'une discipline débouche sur l'étude d'une autre (182 b) ; comprenons qu'il s'agit d'un éloge de la culture, mais en embrouillant technique et culture générale. Lachès, de son côté, s'exprime simplement. Ses arguments sont de l'ordre des faits : l'exemple historique de Sparte (182 e sq.), une anecdote (183 c - 184 a). Mais, avec une plaisante rouerie, il passe, d'un début prudent : la science est belle, mais l'escrime n'est pas une science (182 a), à une proposition plus plausible mais choquante : l'escrime est une science négligeable (184 b). Bref, le plus fin des deux n'est pas celui qu'on croit.

20. Le *Lachès* ne pose pas en principe la leçon de ces observations éparses, mais le *Protagoras* le fait assez nettement en 350 a-c.

21. Les exemples choisis sont significatifs : le combattant en situation d'infériorité est peut-être moins sage, et certainement plus courageux que son adversaire sûr de vaincre (193 b) ; quant au médecin (192 c ; 195 b), il est étranger au courage : c'est le malade qui doit être courageux ! Parler de la science du médecin à propos de courage, c'est l'absurdité où mène la méconnaissance de l'aspect émotif du courage.

gation du courageux, s'il combat au nom d'un intérêt dépassant le sien propre. Nicias a donc presque résolu la contradiction de Lachès, entre l'utile et le pénible, le succès escompté et l'échec accepté, entre la technique qui vide le courage de sa valeur morale, et l'incertitude de l'ignorant qui laisse le courage au hasard et le prive de sa raison d'être. La science des fins montrera dans quel cas le pénible vaut d'être affronté ; et les contestations seront rares — pour un courage de type militaire — car tous conviennent du principe fondamental : la sécurité de la collectivité conditionne le bonheur individuel, elle a donc toujours la priorité. Il s'agit là d'une forme assez simple du « calcul des plaisirs » décrit dans le *Protagoras*[22].

Mais, Socrate le fait remarquer en 199 c, la solution de Nicias amène à identifier le courage à tout le reste de la vie morale[23], qui est, toujours et partout, choix de certains actes, ou de certaines attitudes, au nom d'un avantage supérieur. Il y a là un pas que notre général n'est pas prêt à franchir (199 b et 199 e). Le courage, pour lui, ne se rapporte jamais qu'à l'avenir ; il concerne seulement des cas particuliers, tels que le choix d'un risque (comme il arrive à la guerre), et ne saurait permettre d'affronter les épreuves que l'on rencontre dans la vie privée. Nicias nous montre ici qu'il n'a pas d'opinion à lui ; si intelligent soit-il, il plane dans les abstractions, abstractions conventionnelles, et qui plus est empruntées nommément à Socrate (194 d), ou à Prodicos (197 d) ; mais il refuse de franchir le pas décisif ; il a donc retenu de Socrate des formules brillantes, il n'a pas pénétré le sens de sa pensée, et il n'est pas prêt à le faire.

La contradiction de la pensée banale, celle de Lachès, sera surmontée seulement par un homme prêt à donner à la notion de courage la valeur la plus large. Cet homme ne sera pas le beau parleur Nicias, mais Socrate[24].

Socrate incarne le courage moral. D'abord par sa doctrine. Ce n'est pas un hasard, si Socrate, et nul autre, tente dès le début de faire entrer les dangers civils et privés dans le cadre du courage (191 d), et si c'est lui qui évoque le courage animal[25] (196 e). C'est lui encore qui conduit le dialogue de façon à suggérer l'identification du courage au reste de la moralité :

> « *Crois-tu que l'on manquerait de sagesse, de justice et de piété, si, à soi seul, l'on pouvait vis-à-vis des dieux et des hommes éviter prudemment ce qui est redoutable, et obtenir les biens, sachant se conduire correctement avec les uns et les autres ?* » (199 d-e).

22. En 354 a-b, puis 359 c - 360 c, l'application en est faite explicitement au soldat qui affronte les désagréments du service militaire pour s'assurer l'agrément du salut de l'État.

23. Solution identique à celle du *Protagoras* en 360 e (à la suite du texte cité à la note précédente) et pour la même raison : le courage est science, les autres vertus aussi.

24. Telle est l'exégèse de O'Brien, *op. cit.*, p. 114-116 ; mais il fait de lui seulement une sorte de synthèse de Nicias et de Lachès. Selon notre analyse, Socrate est bien au delà des deux généraux.

25. Il est vrai que cette notion, difficilement compatible avec celle de science, n'est pas retenue.

Mais l'interlocuteur préférant que le courage reste à part, Socrate n'insiste pas ici. Il est plus magistral dans le *Protagoras* où il impose un aveu formel à un sophiste fort peu convaincu au fond (360 e - 361 b).

⁂

*Le Courage selon l'*Apologie de Socrate.

La doctrine ne suffirait pas à nous instruire ; bien des beaux-parleurs négligent d'appliquer leurs propres théories ; et s'il s'agit du courage, faculté — qui n'est pas donnée à tous — de réaliser les théories dans les faits, le doute est particulièrement naturel. Mais Socrate a vécu sa doctrine et il est mort en conformité avec elle. Lachès déjà, dans le dialogue nommé d'après lui, avait témoigné du courage de Socrate à la guerre (181 a-b) ; aux yeux du général, une forme populaire de courage aurait suffi à susciter l'admiration. Mais nous avons un témoignage autrement important, où Socrate explique lui-même pourquoi il affronte non plus le risque, mais la certitude[26], de mourir : en prononçant son *Apologie,* où il dispose le tribunal à le condamner à mort, il donne en même temps les raisons de son étrange conduite :

> « *Personne ne connaît la mort, nul ne sait si elle n'est pas le plus grand des biens offerts à l'homme, mais on la craint, comme si l'on savait qu'elle est le plus grand des maux... Commettre une mauvaise action, désobéir à son supérieur, dieu ou homme, c'est mal et méprisable, cela je le sais bien. Je ne craindrai ni ne fuirai donc jamais ce dont j'ignore si c'est bon, en choisisant des maux dont je sais qu'ils sont des maux.* » (29 a-b).

Voilà l'application littérale de la formule de Nicias : le courage

> « *est la science des choses à redouter et à craindre, à la guerre et partout ailleurs.* » (*Lachès* 194 e - 195 a).

Lachès et Nicias accordaient en particulier que la mort est souhaitable parfois (195 d). Or dans l'*Apologie* Socrate refuse de considérer la mort comme le mal absolu, et prétend au contraire discerner un caractère « *effrayant* » dans les possibilités d'accommodements s'offrant à lui.

Sans doute, Socrate diffère de tous les Lachès athéniens par son attitude raisonneuse, mais pourquoi scandalise-t-il si fort tout le monde, et même tous les Nicias ? Pourquoi va-t-on lui dire :

26. Après le vote déclarant la culpabilité de Socrate, celui-ci s'étonne de la faible majorité le condamnant (36 a) ; du verdict, il était donc certain. Quant à la peine, elle pourrait être légère si la condamnation est hésitante ; mais déjà Socrate s'empresse d'écarter cette éventualité par son insolente proposition d'être récompensé (36 d).

« *Alors, tu n'as pas honte, Socrate, d'avoir ainsi vécu que te voilà maintenant en danger de mort ?* » (28 b).

Le courage, le mépris de la vie, serait-il soudain devenu honteux ? Quel retournement !

Mais déjà la réponse de Socrate nous éclaire : non ; son choix n'est pas honteux, ou plus exactement ne devrait pas l'être, pas plus que ne l'est le choix glorieux d'Achille, ou celui de tous les soldats, et de Socrate lui-même à l'occasion, fermes au poste dans la bataille [27]. Si l'attitude du soldat est admirable aux yeux de tous, le même mépris du danger dans la vie civile ne l'est absolument pas. Et Socrate a dû stupéfier son auditoire avec sa comparaison inouïe.

Socrate semble être le premier à englober explicitement dans le même éloge toutes les formes de courage. Et pour cela le témoignage de Lachès sur sa belle conduite à Délion (181 b) est capital : que vaudrait l'enseignement d'un Socrate agitateur public, ratiocineur voué à l'échec [28], et médiocre soldat de surcroît ? Non ; la conduite de Socrate étant conforme aux canons moraux de son pays dans un domaine essentiel, ses paradoxes les plus étranges doivent être pris en considération.

Le courage non militaire, avons-nous dit, est loin de susciter une admiration unanime ; s'il ressemble à la vertu militaire, sacrifice de l'intérêt individuel à l'intérêt de plusieurs, il peut susciter l'estime, et mériter par extension l'appellation *andreia*. Euripide, sans doute, est allé le plus loin possible dans la voie de cet étonnant élargissement, quand il exalte par la bouche de Thésée, dans l'*Héraclès* [29], une certaine forme de courage, qu'il ne nomme d'ailleurs pas *andreia*, consistant à résister aux épreuves et à surmonter, non la peur, mais le découragement ; ceci au nom de l'énergie virile, que la société athénienne approuve, même s'il s'agit ici d'énergie gratuite, notion un peu embarrassante.

Plus classique, et riche d'enseignement, est la trame psychologique de l'*Antigone* de Sophocle : la jeune héroïne choisit la mort avec une grande lucidité ; l'ensevelissement de Polynice son frère sera puni de mort ; or elle ne craint pas la mort, inévitable de toute façon, car elle est déjà au comble du malheur ; par contre, elle redoute la vengeance des dieux qui lui ordonnent d'ensevelir son frère (v. 458-468). Donc son choix est raisonnable, et conforme à la définition du courage selon Socrate bien sûr, mais aussi selon Nicias : choix de la mort, au nom de ce qui est véritablement digne de crainte ou d'espoir. Or dans toute la pièce, les prémisses de ce choix, l'idéal de piété fraternelle d'Antigone, sont approuvées par Ismène (v. 65-66), par le chœur (v. 509), par la

27. Chez Homère, Achille est mû par les passions privées, anarchiques même, de l'amour et de la haine bien plus que par un idéal proprement militaire ; mais il suffit que son énergie se soit exercée au combat pour avoir été comprise et admirée comme une vertu militaire. Le succès national compte davantage aux yeux des Athéniens que les motifs psychologiques. Socrate ici inaugure une interprétation du choix d'Achille encore plus neuve, pré-stoïcienne : « Fais ton devoir, advienne que pourra ».

28. Échec promis et dénigré, en effet, par Calliclès (*Gorgias* 486 c).

29. Cf. *Héraclès*, v. 1396, 1412, 1414.

cité à en croire Hémon (v. 695). Mais nul ne loue son courage, ni même ne parle d'*andreia* ; elle a raison en principe ; mais il faut céder à la force. Les termes de « malheur » et « folie » stigmatisent l'insoumission punie (v. 69 et v. 855). L'unique éloge du chœur (v. 817) est compris comme une raillerie (v. 839). Quant aux dieux, ils rétablissent l'ordre en châtiant le tyran, car la piété était vraiment du côté de la jeune fille (v. 1070-1), mais sans montrer aucune considération pour les vertus de la victime.

Pour en revenir aux dialogues socratiques, les exemples de courage moral y sont rares, peut-être pour mieux exalter la leçon de Socrate. Citons l'initiative d'Euthyphron qui, sans affronter de risque physique il est vrai, intente un procès à son père, au nom de la justice abstraite : il sera ridiculisé par tout le monde, et va devoir se brouiller avec toute sa famille [30]. Aussi le malheureux est-il accablé de reproches, et l'on croit lire cette désapprobation même chez Socrate [31]. Dans le *Gorgias,* Calliclès décerne le titre *andreioi* (491 b) aux individus capables de mépriser les conventions sociales, et ce n'est sûrement pas là le moindre de ses paradoxes sophistiques.

Selon toute probabilité, la méfiance ou l'hostilité que suscite le courage individuel, civil et moral, ont les mêmes causes que l'approbation due au courage militaire ou civique. Celui-ci protège les intérêts de la collectivité et par conséquent des individus, celui-là peut ébranler les structures sociales : la famille — c'est le cas d'Euthyphron ; la cohésion sociale — c'est le programme de Calliclès ; la loi [32] — c'est l'audace d'Antigone.

Le choix d'Antigone, comme celui de Socrate, est dangereux précisément parce qu'il heurte le pouvoir, tyran ou majorité démocratique. Hors du cadre militaire où il est dirigé contre une collectivité étrangère, le courage consiste souvent, en fin de compte, à défier la société ; c'est pourquoi il éveille méfiance et réprobation [33].

De plus, les raisons d'être, les mobiles d'un tel défi, ne sont pas clairs. Au nom de quoi, si ce n'est pour l'intérêt collectif, suprême intérêt des individus, au nom de quoi dois-je sacrifier mon intérêt privé ?

30. Contrairement à l'opinion de Taylor (*op. cit.,* p. 147) qui envisage ce procès comme un rite purificatoire, destiné à n'être pas suivi d'effet, et après lequel Euthyphron reprendra sa vie de famille où il l'aura laissée. Mais le texte (*Euthyphron* 4 d) signale bien l'hostilité marquée à Euthyphron.

31. Cf. p. 181-182.

32. Cf. Lionel Pearson — *Popular Ethics in Ancient Greece*, p. 183 : « Même à Athènes, évidemment, certaines personnes pensaient que [l'on] mérite d'être puni si [l'on] ose seulement contester la loi. » Les exemples proposés sont Créon dans *Antigone,* et Cléon selon Thucydide.

33. Daniel Babut (*op. cit.,* p. 67) cite l'*Apologie* 29 d « *J'obéirai au dieu plutôt qu'à vous* », et commente :

« Pour la première fois, le lien essentiel entre les dieux et la cité se trouve rompu, pour la première fois, le rapport entre l'homme et la divinité ne passe plus par l'intermédiaire obligé de la communauté civique, mais devient direct et personnel ».

Si l'on se souvient qu'ici Socrate n'obéit pas à l'ordre exprès du dieu, mais à sa propre interprétation d'un oracle (cf. *ibid.,* p. 71), on voit que Socrate bouleverse les idées reçues en préférant son idéal personnel à l'autorité.

Sera-ce au nom d'un autre parmi mes intérêts privés ? Un tel choix paraîtra vite absurde, surtout si le risque couru implique le sacrifice de la vie, le plus grand des biens évidemment [34] pour le sens commun. Au mieux, cette primauté accordée à l'un de mes intérêts aux dépens d'un autre peut sembler arbitraire. Dans le *Gorgias* (491 b), Calliclès attribue le « courage » au héros, qui fait triompher sa personnalité, sans se laisser brider par les lois, les usages, et l'hostilité générale ; mais l'homme respectueux des conventions, celui qui laisse brider sa personnalité pour vivre en paix (483 c) selon un choix symétrique du choix héroïque, pourquoi Calliclès le trouve-t-il lâche ? Il est vrai qu'à trop rechercher la paix, à « philosopher » loin de l'arène politique, l'on risque de perdre le contact avec les réalités, et d'affronter un danger extrême, c'est-à-dire un échec, or le courage mène au succès (485 c - 486 c) ; mais y a-t-il très loin, sérieusement, de ce danger au danger encouru par les hommes politiques en vue les plus jalousés ?

Si, hors du champ de bataille, chacun appelle « courage » ce qu'il veut, où sera le critère ? Y a-t-il même un critère ? Sans doute faudra-t-il recourir à un « calcul des plaisirs », comme Socrate l'indique dans le *Protagoras,* sans insister nettement là-bas sur la manière de définir le vrai « plaisir » dans les cas douteux [35]. Il reste que choisir le plaisir le plus grand et le plus durable, signifie choisir intelligemment son propre avantage, quitte à sacrifier s'il le faut des avantages mineurs. Il est donc besoin d'un critère. Mais il est peu probable que ce critère, quel qu'il soit fasse l'unanimité. Il est au contraire très probable que le courage moral posera souvent des cas de conscience très délicats, et dont la solution ne satisfera pas tout le monde.

Ici, il convient de jeter un coup d'œil à une réflexion éclairante du *Lachès,* en 195 e. Nicias et Lachès s'y querellent : le premier affirme que le choix courageux se fonde sur la connaissance des fins (voir *supra,* p. 201) ; le second ricane que ce genre de connaissance ressemble à l'objet de certains métiers — où nul ne voit de courage — tels que la médecine ou la divination. Or le sarcasme de Lachès n'était point sot [36] ; en effet, dans le genre de courage considéré par les deux hommes, les critères de choix semblent assez clairs pour apparaître au bon sens, sans recours à une science du droit spéciale : chacun sait qu'il est mauvais, par exemple, d'être l'une des victimes dans le sac d'une ville vaincue, et qu'il vaut mieux mourir ; ou qu'il est bon de vivre, même blessé de guerre, dans un État solide. Les seules questions en doute sont du genre de celles-ci : qui triomphera ? à quel prix, dans quelles conditions ? Or toutes ces questions sont de la compétence du devin ; en ce sens, le devin sait « *pour qui vaut mieux de vivre, ou d'être mort.* » (195 e). Nicias,

34. Cf. *Alcibiade* 115 e. Le « courage » qui là-bas partage cette suprématie est spécifiquement militaire d'après le contexte.

35. La réponse à ce problème se dégage le mieux du dialogue entre Socrate et Polos dans le *Gorgias* : c'est la « santé de l'âme », c'est-à-dire la justice, qu'il faut préférer à tout.

36. Contrairement au jugement rapide de F. Châtelet (*op. cit.*, p. 96) qui écrit à ce sujet : « Décidément Lachès... est bête ».

puisqu'après tout il parle de ce même genre de courage, aurait été honnête d'en faire l'aveu.

Sa réplique s'applique admirablement bien, au contraire, au genre de courage auquel pense Socrate :

> « *S'il vaut mieux connaître ou ne pas connaître telle ou telle de ces situations* (mort, maladie, ruine financière, victoire ou défaite), dit Nicias, *en quoi est-ce au devin d'en juger ?* » (196 a).

Nous sommes ici à la recherche d'un critère qui ne se déduise pas des faits, mais d'un droit absolu [37]. Et comment connaître ce droit qui paraît venir d'un autre monde ? Là encore, Lachès exprime une critique railleuse qui va loin, plus loin qu'il ne croit : le courage, science du droit, n'appartient donc qu'à un dieu ! (196 a).

Socrate lui-même quand il choisit si bizarrement sa mort au nom d'un certain droit, se réfère à la révélation [38] d'un dieu :

> « *Le signe divin ne s'est opposé aujourd'hui dans cette affaire à rien de ce que j'ai fait ni de ce que j'ai dit. Pourquoi, à mon avis ? Je vais vous le dire : c'est que sans doute ce qui m'arrive est bon pour moi ; et que nous devons nous tromper en pensant que la mort est un mal.* » (40 b).

Reste l'objection implicite contenue dans la boutade de Lachès, objection très sérieuse ; peut-on parler du courage d'un dieu ? celui qui sait de science parfaite comment choisir, prend-il un risque ? Sans le risque et sans la peine, le courage existe-t-il ?

Ramenée à la connaissance pure, la notion de courage se dissout dans l'abstrait. La doctrine de Socrate pèche en négligeant les évidences banales comme celle-ci : le courage est une acceptation du pénible, il est donc un triomphe sur les réactions instinctives, nerveuses, physiques même, et ce triomphe n'est pas obtenu par les seules puissances rationnelles. La doctrine de Socrate ne rend pas compte, par exemple, du vertige, cas extrême de la résistance du corps aux ordres de l'esprit : pourquoi, dans un incendie, refuser de sauter de haut ? La connaissance claire du mal qu'il y aurait à être brûlé n'est pas en défaut, mais elle est impuissante à produire le geste. Montaigne a excellemment montré [39] qu'échapper au vertige est le fait, non du philosophe armé de toute sa raison, mais du couvreur ! la coutume, principe irrationnel, peut seule triompher de la peur physique !

Dans son procès, Socrate se comporte, nous l'avons vu, en parfaite

37. Nous voyons ici pourquoi le terme de « droit » est préférable à celui de « fin » ; le médecin connaît la fin de son traitement, le devin connaît les fins dernières. Ce que connaît le sage, ou le dieu, est d'un autre ordre.

38. Que cette révélation se produise ici négativement par le silence du « démon » ne change rien à sa valeur surnaturelle ; elle exalte seulement l'excellence spontanée de Socrate.

39. *Essais* II, XII, *Apologie de Raymond de Sebonde.*

conformité avec la définition du courage selon Nicias. Mais son attitude n'éveille pas vraiment en nous l'idée de courage. Aucun commentateur, sauf peut-être à l'occasion d'une biographie vulgarisée, ni Burnet, ni Taylor[40], ni Grote, ne prononce le mot de « courage ». Socrate, inspiré d'un dieu, est trop serein pour cela. Parfaitement sûr d'avoir gagné la meilleure part[41], il est admirable pour cette certitude, pour l'élévation de son idéal, et pour sa constance ; pas pour son courage, car on ne voit pas qu'à ses propres yeux il ait rien sacrifié à son véritable bien.

C'est à un autre personnage illustre de la littérature athénienne que nous reconnaîtrons l'extrême courage, à l'autre héroïne du courage individuel et idéaliste, à Antigone ; la mort lui est affreuse à affronter ; si sûre soit-elle de l'excellence de son choix, elle ne laisse pas de déplorer son sort. Là est le vrai courage[42], acceptation du mal en vue du bien.

Après tout, la notion de courage, dans le cadre de la morale grecque, demeure profondément contradictoire. Car cette morale est égocentrique[43]. Or accepter le mal pour soi, en vue d'un bien pour soi, ne signifie pas grand chose. Si l'on dispose d'un critère sûr (révélé par un dieu, par l'exercice de la raison, par la réminiscence, peu importe) permettant un « calcul » rationnel « des plaisirs », l'idée de sacrifice se perd. Le choix devient celui du médecin qui résiste sagement, mais non courageusement, aux demandes dangereuses de son malade ignorant, du spéculateur qui fait une bonne affaire, de Socrate qui s'assure la meilleure part. Dans ce dernier cas, la mort étant le prix à payer, non seulement ce choix lucide et pondéré paraît loin du courage proprement dit, mais il est à la portée de bien peu de monde.

Si l'on ne dispose pas d'un critère sûr, le choix d'un intérêt privé parmi tous les autres semble sujet à caution. Platon n'insiste pas beaucoup sur ce problème, dont Socrate possède la solution, mais les hésitations de son Calliclès (cf. *Gorgias* 491 c) montrent combien une telle conception peut devenir confuse.

40. Celui-ci (*op. cit.*, p. 156) parle longuement du « martyre » de Socrate, mais en soulignant que, contrairement à l'idée banale du martyre, « un devoir extrêmement désagréable », suivi du moins d'une « exaltation », ce martyre-là trouve en lui-même sa propre exaltation. A propos du *Phédon*, Léon Robin (*Platon*, p. 173) analyse nettement la « sérénité [du philosophe] qui est moins faite de courage que de confiance et d'espoir. »

41. En cela, il est semblable à l'homme qui réalise une bonne opération financière, sans que le courage ait rien à y faire ! (*Lachès* 192 e).

42. Sophocle ne prononce pas ce mot (voir plus haut, p. 205). Mais la nature du sentiment est claire. Corneille, lui utilise le mot courage dans une situation analogue, la seule fois où il affronte une héroïne à la mort, après l'heure plus facile du choix :

« Mais que la grandeur du courage
Devient d'un difficile usage
Lorsqu'on touche au dernier moment ! »
(*Andromède*, v. 797-799).

43. Notre morale permet des vues plus claires sur le courage. Nous admettons comme critère l'intérêt d'autrui — individu ou collectivité, mais considéré dans son altérité ; non comme le *philos* ou l'*oikeios* dont on parle dans l'*Alcibiade* (115 b-c) — Donc on peut accepter le mal pour soi, et dominer la répulsion instinctive que ce sacrifice suscite, au nom d'un droit qui méprise, mais ne nie pas, les intérêts personnels. Le sacrifice justifié reste un sacrifice pénible.

Si l'on en revient à la bonne vieille conception classique du courage militaire, on peut l'analyser, sans doute, en termes logiques [44]. Mais demeure ce fait irréductible que les avantages privés de la sécurité collective n'apparaissent pas aussi sensiblement que ceux de la sécurité de l'individu [45]. Et l'on aboutit au plus grand illogisme avec les déclarations d'Alcibiade : la vie, d'une part, et le courage ou risque de mort, d'autre part, sont les deux plus belles choses du monde (*Alcibiade* 115 e). Le raisonnement de Socrate, à cet endroit, pour classer séparément le courage et le risque de mort est peu convaincant : la beauté du courage ne consiste pas à simplement sauver ses amis, comme le jeune homme en convient à la légère, car ce geste louable ne saurait à lui seul susciter l'admiration. C'est le risque de mort qui donne son prix de courage à un tel geste.

L'attitude d'Alcibiade à ce propos est absurde, en bonne logique. Son cri du cœur :

> « *Je n'accepterais même pas de vivre, si je devais être lâche !* » (115 d)

comporte une supposition saugrenue puisque le caractère propre du lâche est de vouloir vivre à tout prix : s'il était lâche, Alcibiade serait enchanté de vivre ! appliquée à des tiers, la prise de position est nette : qui n'a pas de courage est indigne de vivre ; mais elle se complique dès que l'on remplace le mot courage par sa définition, car elle devient à peu près : qui ne sait, à l'occasion, mépriser sa vie, est indigne de vivre. Il est paradoxal de proposer la vie en prix à celui qui méprise la vie !

Tout cela n'est guère logique, mais Socrate ne relève ici aucune anomalie, peut-être pour ne pas trop s'éloigner de son sujet, et le paragraphe ne surprend pas le lecteur inattentif, car, après tout, l'attitude d'Alcibiade, pour être irrationnelle, n'en est pas moins naturelle : elle tient compte à la fois de l'instinct primitif qu'est l'amour de la vie, et de la tentative culturelle, importante surtout en milieu aristocratique, de surmonter cet instinct-là par des passions nobles [46].

Seule la pensée réfléchie, dont le jeune Alcibiade ne fait jamais preuve, peut repérer la contradiction. Une fois de plus, l'interlocuteur de Socrate se montre sûr de savoir une chose essentielle dont il ignore tout : quels sont, pour l'homme, les biens et les maux.

Socrate laisse passer cette contradiction sans commentaire, mais il ne s'y oppose pas moins. Il s'y oppose par ses actes, par sa conduite courageuse à son procès, par ses paroles très fermes dans l'*Apologie de Socrate* : la mort n'a pas à être considérée comme un mal (29 a). En général, on ne « sait » pas que la mort est un mal, mais on le sent, par

44. Comme nous l'avons fait p. 199-200.
45. Cf. p. 200.
46. Le commentateur de Corneille, Paul Bénichou (*Morales du Grand Siècle*, NRF, collection Idées, p. 41 sq.) a bien expliqué comment l'exaltation du moi passe par le sacrifice du moi, chez ce dramaturge, dont la morale est souvent bien proche de celle des Grecs.

un irrépressible instinct. De toute sa logique, Socrate, déjà d'accord avec l'aristocratie sur la valeur du courage, a surmonté le sentiment naturel, et de ce fait a accédé à une attitude cohérente, vraiment philosophique.

De la différence entre le mépris que Socrate professe à l'égard de la vie, et l'attitude ambiguë de ses interlocuteurs, découle la différence entre les conceptions de Socrate et celles de ses interlocuteurs sur le sens du succès, la nature du mal, la réalité du « tragique ». Les incohérences d'un Alcibiade, d'un Calliclès, traduisent la difficulté d'imaginer un idéal culturel, ni bestial ni inhumain. A leurs incertitudes, le socratisme a tenté d'apporter le remède, par l'unification de la vie morale. Mais si la solution de Socrate est admirable de logique et de cohérence, peut-être fait-elle trop peu de cas des réalités psychologiques, et même physiques.

CHAPITRE VI

CONFORMISME ET ORIGINALITÉ DE SOCRATE

Nous avons remarqué, à chacune des étapes de cette étude, l'entente régnant entre Socrate et ses divers interlocuteurs sur des points importants et variés : comme Critias, Protagoras, ou Calliclès, Socrate méprise les métiers et les sciences que l'on peut utiliser professionnellement ; comme Alcibiade ou Calliclès, Socrate n'accorde à la vie humaine qu'une valeur relative ; comme Protagoras, Hippias, ou plus vulgairement Ménon, Socrate pratique le culte de l'intérêt personnel ; et comme Critias, Lysis ou Ion, il considère avec méfiance les réalités irrationnelles. Mais là où tous les autres, disciples ou adversaires, se satisfont de leur lot de sentiments ou de préjugés, sans se soucier des disparates, voire des contradictions éventuelles, Socrate sait ordonner ses principes en une pensée cohérente[1]. Socrate et les autres envisagent donc les problèmes moraux de manière très différente, et s'il veut, fort de sa logique, Socrate peut convaincre ses interlocuteurs de la justesse de ses propres vues. Mais la possibilité de fonder la démonstration sur des prémisses acceptées par tous d'un commun accord donne à la dialectique socratique son caractère particulier. Ces prémisses communes à tous les personnages de Platon ne sont rien de moins que la condition nécessaire à la progression du dialogue ; toute la logique de Socrate pourrait rester impuissante à persuader un homme qui, *a priori*, ne partagerait en rien sa manière de voir[2].

***

1. Tirant la leçon morale de ces manières de penser propres à Socrate et à son milieu, V. Goldschmidt écrit de façon percutante (*Questions platoniciennes*, p. 57) : « Il n'est pas étonnant que [la vie de Socrate] se soit terminée si mal, parce qu'aucune société ne peut supporter qu'on l'oblige à vivre selon sa propre idéologie. »

2. Sensible au caractère partial des argumentations platoniciennes, Aloys de Marignac (*Imagination et dialectique*, Paris 1950, p. 130) va plus loin encore, et suppose entre Platon et son lecteur (car, plus que la *dramatis persona*, c'est le lecteur qui doit être convaincu) un accord préalable sur les conclusions, et pas seulement sur leurs prémisses.

Le Criton.

L'exemple le plus significatif des pouvoirs du dialogue et de ses limites, nous l'avons dans le *Criton*. Socrate et son interlocuteur y partent de principes opposés. Chacun d'eux est convaincu d'avoir raison : la véhémence de Criton et ses redondances en font foi :

> « *Est-il rien de plus honteux que l'opinion* » que tu vas donner de moi ? (44 c), « *Tu me sembles entreprendre une action qui n'est pas juste* » (45 c), « *Moi, j'ai honte pour toi, et pour nous autres tes amis* » (45 e), « *Écoute-moi et fais ce que je dis* (45 a) « *De toute manière, écoute-moi, Socrate, et fais exactement ce que je te dis* » (46 a).

Socrate, plus posé (c'est encore une différence pleine de sens), formule sa conviction avec une netteté plus grande :

> « *Les raisonnements que je tenais avant, je ne peux les rejeter parce que cet événement m'est arrivé, et je les trouve fort semblables ; j'honore et je respecte les mêmes que naguère. Si nous n'en avons pas de meilleurs maintenant, sache bien que je ne te céderai pas, même si...* » (46 b-c).

Ce « *si nous n'en avons pas* » ouvre l'examen dialogué au terme duquel la conviction de l'un des deux doit s'écrouler, tandis que la conviction de l'autre, se renforce de l'accord remporté sur le premier. De fait, la fin du *Criton* est la reddition absolue de l'homme du monde, reconnaissant : « *Non, Socrate, je n'ai rien à dire* » (54 d), aveu qui lui coûte à la fois et ses préjugés, et son amitié, la joie de sa vie.

Comment un tel retournement est-il possible ? En principe, grâce à la pure logique. C'est le fondement de la dialectique de Socrate : tout homme effarouché par des conclusions opposées à son tempérament ou à ses habitudes, cédera automatiquement s'il reconnaît successivement la justesse de chaque étape d'un raisonnement correct [3]. Et Criton, à force de dire « oui », « oui », et encore « oui », à des évidences, finira par avouer le contraire de sa position initiale [4].

3. Aussi la thèse a-t-elle, en principe, plus d'importance que son champion (cf. V. Goldschmidt, *Platonisme et pensée contemporaine*, p. 42, et les textes de Platon qu'il cite). Toutefois le dialogue évolue différemment selon la manière d'être du champion de la thèse.

Léon Robin, dans *La Morale Antique*, p. 26, donne pour but à la recherche socratique « d'arriver à quelque proposition sur laquelle toutes les intelligences puissent s'accorder, en quelque lieu ou temps que ce soit. » Nous verrons pourtant que cette ambition immense n'existe qu'en apparence, ou bien qu'elle demeure hors d'atteinte.

4. François Châtelet (*op. cit.*, p. 88... 103) analyse la différence entre la parole banale, monologue, « dialogue de sourds », où les erreurs, volontaires ou non, s'épanouissent à l'aise, et le vrai dialogue, régi par les « lois » du discours, notamment « l'exigence de non-contradiction », et où la vigilance de chaque interlocuteur sert de pierre de touche à la valeur des propos de l'autre.

Mais les choses sont beaucoup moins simples ; la vérité n'est pas ce rouleau compresseur capable de niveler toutes les originalités humaines. Quelques maîtres habiles en ironie ou en maïeutique ne pourront jamais faire régner l'entente universelle. On peut convaincre seulement ceux qui veulent bien être convaincus.

Le *Criton,* qui semblait illustrer cette utopie, est un trompe-l'œil : Socrate et Criton sont bien moins éloignés l'un de l'autre qu'on voudrait nous le faire croire. Une brève étude du dialogue et de ses participants le montrera.

Criton est un vieillard de l'âge de Socrate (*Apologie* 33 e) : soixante-dix ans. Le grand problème que pose sa personnalité est celui-ci : est-il ou non un esprit philosophique ? Le témoignage de Diogène Laërce (II 121) nous invite à nous arrêter un instant à cette question, puisqu'il nous présente Criton comme l'auteur de dix-sept dialogues philosophiques sur des sujets politiques ou moraux ! Maurice Croiset, dans son introduction pour la collection des Universités de France[5], réfute ce témoignage par de peu convaincantes vraisemblances. Quoi qu'il en soit, ces dialogues, à les supposer authentiques, ont disparu, et semblent avoir été peu prisés dès l'Antiquité puisqu'ils sont si peu cités. Il est donc permis de soupçonner qu'ils étaient fort médiocres, et d'accepter sans scrupules excessifs le témoignage de Platon qui, lui, fait de Criton un personnage dépourvu d'esprit philosophique.

Dans le dialogue plus tardif qu'est le *Phédon,* surtout, nous pouvons apprécier les rapports entre Socrate et Criton tels que Platon les évoque : non seulement Criton s'abstient de placer un mot dans toute la discussion philosophique, mais encore, quand il reprend la parole, au soir, pour régler les questions pratiques, il ne tient nul compte de ce qui a été dit, même pas des conclusions, plus que l'argumentation accessibles à un profane ; au point que Socrate, un peu dépité peut-être de se voir si mal compris, le raille gentiment (115 a - 116 a). C'est en effet l'amitié qui règne dans les rapports entre les deux hommes ; Criton semble avoir été dévoué sans restriction à Socrate, prêt à lui sacrifier « *son argent ou plus encore* » (*Criton* 45 a), recueillant ses derniers mots avant de lui fermer les yeux et la bouche (*Phédon* 168 a) ; sur le plan spirituel, il ne le comprend pas, sans doute, mais il essaye, lui confie l'éducation de ses fils, et lui-même lui tient compagnie, écoute le récit de discussions compliquées, assure qu'il aime les « entendre » et en tirer profit (il n'est pas question d'y participer), et juge ce qu'il entend sans subtilité mais avec un estimable bon sens (*Euthydème* 304 c-d). Il n'est donc pas contradictoire de tenir Criton pour un représentant de la pensée populaire non philosophique, et d'accepter cependant le témoignage de Diogène Laërce comme véridique jusqu'à preuve du contraire : n'est-il pas vraisemblable que Criton se soit essayé — sans grand succès — à rédiger dans la forme littéraire à la mode ses idées sur des questions qui l'intéressaient, ou plutôt les idées de Socrate, en souvenir de son ami ?

5. Paris 1946, Tome I, p. 211, n. 4.

Dans le *Criton*, Socrate ne dialogue donc ni avec un autre philosophe, ni avec un disciple, et c'est normal car le sujet du texte n'est pas la définition rationnelle d'une entité abstraite. Mais il dialogue avec un homme du peuple[6] puisqu'il s'agit de justifier son geste historique, qui a sans doute le plus stupéfié, sinon scandalisé, l'ensemble des contemporains, habitués à considérer la vie comme l'un des plus grands biens[7]. Toutefois Criton n'est pas n'importe qui dans le peuple, et son amitié pour Socrate est plus qu'un élément utile à la vraisemblance de l'anecdote. Elle conditionne la progression du dialogue, car Criton est capable, et d'avoir les mêmes hypothèses de départ que Socrate, et d'accepter son raisonnement, étant rompu à cette manière d'examiner les problèmes, et familiarisé avec les principes du maître.

Dans le petit discours où Socrate le laisse parler, et développer librement ses idées, il esquisse un système qui fait honneur à la générosité et au sérieux de ses idéaux. Il a le sens de la responsabilité : pour lui-même et ses amis d'abord, car s'ils ne font pas évader Socrate, ils en assumeront l'infamie devant l'opinion (44 b), et ce malheur mérite d'être comparé par Criton au malheur que sera le deuil d'un ami tel que Socrate (44 b) ; c'est assez dire combien la chose est grave. Le sens de la responsabilité s'exprime plus explicitement encore quand il s'agit des devoirs de Socrate : celui-ci est un père de famille, et cette situation implique des devoirs importants. Ces devoirs ne sont d'ailleurs pas une manière d'accepter la fatalité comme pourrait l'être un devoir filial — mais la conséquence d'un choix sérieux, et qui engage. C'est avec force que Criton rappelle :

> « *De deux choses l'une ; ou bien il ne faut pas faire d'enfants, ou bien il faut peiner pour les élever et les éduquer.* » (45 d)[8]

Criton a donc une haute idée des rapports humains. C'est le sens de la famille, c'est l'amitié qui le guident. Au nom de l'amitié, il est prêt à tout mettre en jeu pour sauver Socrate : sa fortune, plus peut-être (44 e - 45 a), et il proclame la prééminence de l'amitié :

> « *Est-il une réputation plus honteuse que celle de préférer ses biens à ses amis ?* » (44 c)

Non que les biens soient négligeables à ses yeux, loin de là. Le seul fait d'insister autant sur le sacrifice qu'il veut faire (44 c - 44 e - 45 a-b) indique ce que cela représente pour lui, et aussi le fait de prêter à

6. Non au sens social, évidemment, mais au sens culturel du terme !

7. Cf. *Alcibiade* 115 e, et les difficultés de Xénophon à faire l' « apologie » de Socrate.

8. On doit remarquer au passage combien ici Criton insiste sur la spécificité des liens éducatifs qui unissent le père aux fils : Socrate ne va pas trahir ses disciples qu'il abandonne sans maître, mais seulement ses fils dont il est si peu question ailleurs.

Cela nuance l'analyse de H. I. Marrou, *op. cit.*, p. 67 : selon lui, la pédérastie est la seule forme d'éducation possible en Grèce, le père n'étant occupé que des affaires publiques au détriment de la famille ; cf. le début du *Lachès*, et nos p. 171-172.

Socrate des soucis du même ordre : Socrate, lui, sacrifierait jusqu'à sa vie pour épargner la fortune de son ami ! cela dit, il reste que l'amitié est plus précieuse encore à Criton que sa précieuse fortune.

Cette morale s'accorde à un esprit de parti rapidement suggéré en 45 c :

> « *Il me semble que tu entreprends une injustice en te trahissant, alors que tu peux être sauvé ; et tu t'appliques à t'attirer précisément le genre de chose que tes ennemis s'appliqueraient volontiers, et se sont, de fait, appliqués à t'attirer, dans leur volonté de causer ta perte.* » (44 c).

Ici, la première phrase très générale : il est injuste de te trahir sans nécessité, n'évoque qu'un devoir abstrait envers soi-même, mais elle est nuancée par la seconde : tu te traites comme tes ennemis te traitent ! cette précision paraît être l'essentiel : nous y retrouvons l'idée populaire qu'il est juste de favoriser ses amis et de défavoriser ses ennemis [9]. Le devoir de Socrate serait de se défendre pour ne pas faire le jeu du parti adverse !

Dans le cas particulier, ce devoir consiste à vivre, la vie étant, d'ailleurs, le moyen de rendre service aux siens, à ses enfants. La vie permet l'exercice de la responsabilité, vérité de bon sens. Sans formuler les choses de façon aussi nette, Criton envisage donc une morale où les biens, les amis, la famille, le sens des réalités et le goût des rapports humains font de la vie une valeur suprême, ou plutôt la condition du devoir. Vivre pour vivre sonnerait en effet un peu creux et l'on pourrait y subodorer un relent de cette lâcheté qui déplaît tant aux honnêtes gens [10] ; fort adroitement, Criton présente le choix de la vie comme la solution de difficulté, ce qui est bien entendu le plus paradoxal des paradoxes. Comment ! Socrate reste en prison, il subit la loi dans toute sa rigueur, il va mourir, et il s'entend dire :

> « *Il me semble que tu choisis le plus facile. Mais il faut choisir ce que choisirait un homme valeureux et courageux, surtout si l'on prétend se soucier de vertu dans toute sa vie.* » (45 d)

C'est là que les choses se gâtent. Il est vraiment surprenant de voir Criton mettre en avant une considération aussi étrange, et il convient enfin de se rappeler que, si Criton n'est pas philosophe, il est un habitué des cercles philosophiques, et même sophistiques [11] ; peut-être son argumentation est-elle plus subtile qu'honnête. Bien sûr Criton est tout à fait honnête dans son espoir que Socrate se laissera persuader de partir.

9. Cf. *Antigone* de Sophocle, v. 643-4 ; et chez Platon *République* I, 132 b, *Gorgias* 456 d-e, *Ménon* 71 e.

10. Cf. *Alcibiade* 115 d.

11. Cf. l'*Euthydème* : s'il n'approuve pas la méthode de réfutation à tout prix, du moins écoute-t-il la discussion sans ennui.

Mais peut-être l'est-il moins en argumentant que Socrate a le devoir de vivre. Après tout, il se laissera très vite convaincre par Socrate, et dès que ce dernier aura repris la parole, Criton ne dira plus que : « *C'est bien dit... oui* » (47 a) et autres formules d'acquiescement, sans aucune velléité de reconsidérer la question de son point de vue à lui. Pour comble, dans quelques minutes, au paragraphe 47 d, il niera déjà que la vie vaille en soi la peine d'être vécue :

> « *Nous est-il possible*[12] *de vivre avec un corps misérable et ruiné ?* »

demande Socrate, et Criton répond — « *Absolument pas* », ce qui, par analogie, l'amènera sans tarder à en dire autant et plus d'une vie vécue avec une âme injuste (47 e - 48 a).

Nous voyons, ainsi, s'opposer Socrate et Criton : le philosophe est décidé à perdre la vie, ses motifs sont d'ordre intellectuel ; l'autre est un homme du monde, sensible aux soucis matériels, mû par une morale terre à terre où la première place appartient aux devoirs envers autrui et soi-même, devoirs d'agir, et donc de vivre ! Mais, au fond, ces deux hommes sont des amis, liés par le souvenir de maintes conversations communes, et si l'un est philosophe, l'autre est philosophe amateur. C'est cela, et cela seulement, qui emporte l'adhésion finale :

> « *Disons-nous qu'en aucun cas l'injustice n'est ni bonne ni belle, comme souvent dans le passé nous en avons convenu ?* » (49 a) :

par là Socrate utilise les conversations précédentes.

> « *Ce qu'on a reconnu être juste, faut-il le faire, ou faut-il manquer de parole ?* » (49 e) :

par là Socrate fait appel au besoin de cohérence de qui se mêle, si peu que ce soit, de philosopher. Sans cette double prémisse, son argumentation resterait vaine, et Criton n'est pas un interlocuteur choisi au hasard parmi les hommes du monde pouvant vraisemblablement s'intéresser à Socrate.

***

« *Parle-t-il grec ?* ».

De fait, il y a toujours une entente initiale entre Socrate et ses répondants, jusqu'au plus irréductible de ses adversaires. Cette entente est celle d'une communauté de sentiments instinctifs, antérieure à tout raisonnement, qui constitue une culture, un langage commun. Nulle part cette vérité n'est formulée avec plus de force que dans le *Ménon* : Socrate

12. *Biôton* pourrait exprimer une possibilité biologique, mais la comparaison avec l'âme prouve le contraire. Possible, ici, signifie acceptable.

vient de définir et d'expliquer sa théorie de la réminiscence : les âmes humaines sont immortelles, alternativement « mortes » — c'est-à-dire situées ailleurs — et vivantes, et tout ce qu'elles « apprennent » dans la vie n'est que réminiscence de notions apprises dans une autre vie, ou dans la « mort ». Quoi de plus universaliste qu'une telle doctrine qui permet à toute âme de tout savoir ? Maintenant Socrate va établir expérimentalement cette théorie. Pour cela, il va faire retrouver à quelqu'un des connaissances scientifiques et spéciales, comme des théorèmes géométriques, et la démonstration sera d'autant plus probante que le cobaye sera plus ignorant, plus vierge de tout vernis d'instruction. On appelle donc pour jouer ce rôle un jeune esclave de Ménon, qui, par deux réponses hâtives, prouve qu'il n'est pas mathématicien le moins du monde. Il résoudra pourtant le problème du doublement d'un carré. Une lecture rapide du passage donne donc l'impression que la réminiscence permet à tout homme de retrouver les connaissances qui font la supériorité d'un Socrate, ce dernier étant seulement plus conscient qu'un autre de ses propres connaissances.

Or ce texte est moins universaliste qu'il n'y paraît. Socrate a bien pris garde de ne pas dialoguer avec n'importe quel valet ignorant ; il a bien pris soin de s'enquérir : « *Est-il Grec ? Parle-t-il grec ?* »[13] (82 b). Il serait étrange d'interpréter ces mots comme une précaution nécessaire pour ne pas parler avec un Barbare incapable de comprendre le premier mot, car Ménon doit bien y avoir pensé, ou alors un interprète aurait été prévu. De toute façon ce détail très menu n'aurait pas sa place dans l'œuvre d'art. En réalité il ne s'agit pas du tout d'un détail, mais d'une des remarques les plus importantes de l'œuvre. Socrate ne peut dialoguer avec n'importe qui, mais seulement avec un Grec. Même la réminiscence ne fera peut-être pas retrouver la géométrie à un Barbare comme à un Grec qui, si ignorant soit-il, sait ce qu'est un carré, une multiplication, et a l'esprit assez clair pour reconnaître ses erreurs si on les lui fait remarquer.

Toutes les divergences peuvent être réduites, à la lumière de la vérité absolue, si du moins elles ne sont pas fondamentales, et ne dépassent pas les divergences relatives possibles entre Grecs de même culture, de même formation[14].

Cette réserve, nous la retrouverons constamment dans les dialogues qui nous occupent. Tantôt, elle est formellement exprimée, comme dans le *Charmide*. Là, d'une façon un peu imprévue, Socrate interrogeant le petit Charmide sur la nature de cette *sôphrosunê* qu'il possède probablement, ajoute : « *Puisque tu parles grec* (ou « *puisque tu hellénises* »), *tu me diras quelle est sa nature* ». (159 a) Et voilà l'enfant amené à définir non pas l'idée d'une sagesse universelle, conforme à l'esprit d'un Perse comme d'un Scyte, ou même d'un Indien, si l'on en avait

13. *Hellên mèn esti kai hellênidzei* ? c'est le professeur Emmanuel Levinas qui a attiré notre attention sur ce passage, dans une conversation privée.

14. Le mot très général *hellênidzei* semble en effet indiquer un trait de culture autant qu'un trait de langue.

découvert un, mais une idée toute grecque, spéciale à la mentalité du milieu, très embarrassante pour le traducteur français, avec sa lourde et imprécise « sagesse morale »[15], et qui, une fois traduite, demande explication lorsque Charmide la définit si simplement comme des manières « posées ». Ainsi est orienté un dialogue qui serait sans doute parti dans un autre sens, si la donnée initiale n'était pas aussi fortement marquée d'un particularisme culturel.

Tantôt, la condition d'être Grec reste implicite dans le raisonnement qui triomphe de l'adversaire. Mais alors elle est plus importante encore, car il ne s'agit plus de définir une notion plutôt qu'une autre : il s'agit de constater qu'un argument grec convainc l'interlocuteur, mais n'aurait sûrement pas convaincu n'importe qui. Dans l'*Alcibiade I* nous avons coup sur coup deux exemples de raisonnement grec. Le second (dans l'ordre du texte) porte sur les mots eux-mêmes, sur un fait de langue : pour prouver à Alcibiade que le beau est avantageux, Socrate joue sur une double équivalence : *kalôs prattein* égale *eu prattein, eu prattein* égale *eudaimones einai* (116 b). C'est intraduisible, à moins de se résigner à l'incohérence et à l'artifice : Léon Robin dans l'édition de la Pléiade (p. 222) propose pour la première équivalence :

> « *Quiconque se conduit d'une belle manière, est-ce qu'aussi il ne réussit pas ce qu'il fait ?* »

ce qui ne paraît pas précisément évident au lecteur non prévenu ! Maurice Croiset à l'édition des Belles Lettres (p. 81) donne pour la deuxième équivalence :

> « *Ceux qui se conduisent bien ne sont-ils pas heureux ?* »

et le lecteur est tout surpris de lire la réponse : « *Comment en douter ?* » Dans la notice, p. 55, M. Croiset se plaint que ces lignes ont le

> « tort de ressembler trop à un jeu de mots, auquel d'ailleurs la langue gecque se prête mieux que la nôtre ».

Jeu de mots ? un peu sans doute, et pour gagner du temps. Mais surtout, car le texte est sérieux, assurance que tout Grec employant la locution *eu prattein* éprouve le sentiment intime, et antérieur à toute réflexion, que le « bien faire » et l' « être heureux » ne sont qu'une seule et même chose. Rien de moins convaincant pour un étranger ou pour un homme d'un autre temps, mais rien non plus de plus évident pour n'importe lequel des compatriotes de Socrate[16]. C'est là-dessus que compte ce dernier pour amener tout son entourage à ses vues.

15. Léon Robin, Édition de la Pléiade.

16. Cf. *République* I 338 c, la confusion où se noie un Thrasymaque décidé à définir comme juste ce que tous appellent injuste, et vice versa. Il finit par appeler de nouveau juste et injuste ce que les autres appellent ainsi (343 d).

L'autre argument n'est plus d'ordre linguistique, mais psychologique, et tout aussi relatif. Socrate veut montrer à Alcibiade que le courage — qui consiste à risquer de se sacrifier — est avantageux pour le courageux lui-même. C'est paradoxal, et Socrate ne le prouve pas abstraitement, mais en faisant appel à l'instinct d'honneur de l'interlocuteur :

> « *Que dis-tu du courage ? à quel prix accepterais-tu d'en être privé ? — Je ne voudrais même pas vivre en étant lâche ! — Tu penses donc que la lâcheté est l'extrême malheur ? — C'est mon avis.* » (115 d).

Voilà une démonstration rapide et brillante, mais qui n'a rien d'universellement persuasif. Tout lâche accepte très bien de vivre tel quel, et dans une civilisation qui ne fait pas du courage la pierre de touche de la valeur, un lâche pourra bien avouer son état et en accepter les implications [17]. Seulement Alcibiade est Grec, formé à l'héroïsme, et comme Socrate escomptait les réactions d'Alcibiade, sans doute Platon — car il n'écrivait pas pour son traducteur français un peu déconcerté par tous ces « hellénismes » — escompte-t-il que tous ses lecteurs, étant Grecs, feront leur la réaction spontanée d'Alcibiade, et accepteront arguments et conclusions.

Donc l'entente entre Socrate et ses amis ou disciples est fondée sur l'éclairage objectif de la vérité, mais plus encore sur une entente préalable à propos d'un certain nombre de notions instinctives ou culturelles communes aux Grecs, et peut-être aux Grecs seulement.

Cependant il y a aussi des irréductibles, parmi les interlocuteurs de Socrate. L'échec de celui-ci à convaincre Calliclès serait-il dû à une originalité trop grande de ce dernier, à un modernisme sophistique qui aurait rompu avec de vieilles traditions plus sages ? Il y a sans doute de cela, et il n'est pas exclu que Platon ait voulu montrer en la sophistique une innovation dangereuse coupant la jeunesse de ses racines traditionnelles, tandis que le socratisme serait le plus pur retour aux sources, contrairement à sa réputation.

Toutefois, même avec un Calliclès, si le désaccord est profond et durable, l'entente aussi est réelle bien que limitée. Vers la fin du dialogue, Calliclès a l'honnêteté d'avouer :

> « *Je ne sais comment, il me semble que tu parles bien, Socrate ; mais je suis comme les autres, je ne suis pas tout à fait convaincu par toi.* » (513 c)

17. Cf. le règlement biblique (*Deutéronome* 20. 8) d'après lequel le soldat qui a peur est autorisé à quitter l'armée. Ce règlement aurait été réellement appliqué (*Juges* 7. 3.).
Montaigne raconte que des Italiens avouent leur défaut de courage, et s'en excusent sur d'autres qualités : « Un seigneur Italien tenoit une fois ce propos en ma présence, au desavantage de sa nation : Que la subtilité des Italiens et la vivacité de leurs conceptions estoit si grande qu'ils prévoyoyent les dangiers et accidens qui leur pouvoyent advenir de si loin qu'il ne falloit pas trouver estrange si on les voyoit souvent, à la guerre, prouvoir à leur seurté, voire avant que d'avoir reconneu le peril ; que nous et les Espaignols qui n'estions pas si fins allions plus outre. » (*Essais* II XI).

Qu'est-ce qui l'a convaincu à demi ? le raisonnement d'après lequel la vie de l'homme injuste est aussi peu enviable que la vie du malade incurable (512 a-b). Cette analogie touche Calliclès, car il accorde que la vie de l'invalide ne vaut rien (505 a) ; il accorde aussi que tout art n'est pas noble du moment qu'il sauve la vie, ainsi la natation, méprisable parce que trop vulgaire (511 c). Donc Socrate et Calliclès s'entendent pour mépriser la vie dans certains cas, et c'est essentiel. De là tous les moments émouvants, où nous voyons Calliclès plus ou moins touché, et de là aussi la grandeur de Socrate, qui paraît plus honnête que Calliclès. Et en effet, si Calliclès revient pour finir à sa position initiale et tourne le dos à celle de Socrate, c'est parce qu'il reste incohérent, méprisant la vie parfois et parfois la prisant plus que tout. Socrate, lui, est splendidement cohérent [18].

Socrate a donc prise sur Calliclès en le convainquant à demi, et Platon sur son lecteur en lui faisant admirer la force persuasive de Socrate et sa droiture, parce que Calliclès — avec son originalité — est Grec avant tout. Mais qu'est-ce que Socrate aurait eu à dire à un Barbare cohérent qui aurait vu les choses autrement, à un Juif déclarant que la natation est un art admirable ? [19]

Il arrive que le texte de Platon explicite ce fait que l'on est entre Grecs, et que l'on entend le rester. Dans le dialogue qui porte son nom (188 d), Lachès compare élégamment la rhétorique à la musique : celle-ci harmonise des notes, celle-là harmonise — non les paroles entre elles, la comparaison n'est pas si rigoureuse — mais les paroles avec les actes de l'orateur honnête. Et comme l'harmonie musicale connaît plusieurs modes, l'harmonie rhétorique aussi connaît les mêmes, le dorien, celui de la concordance parfaite entre la vie et les discours, étant le seul vraiment grec. Ce qu'il y a de plus grec au monde, c'est donc l'accord entre paroles et actes. Pour le dire, Lachès reprend en effet le groupe *logos-ergon* qui est l'une des plus typiques expressions grecques ; en fait, les exemples littéraires nombreux de l'emploi de ce groupe le traitent généralement comme une opposition. On observe couramment en Grèce que l'on dit une chose, pour en faire une autre ; et c'est chaque fois relevé comme un scandale. Il existe donc un idéal de conformité de la théorie et de la pratique ; idéal qui, sans doute, n'est pas spécifiquement grec, mais auquel les Grecs ont donné la plus nette des formulations. Ceci dit, ils ne se sont guère mis en peine de réaliser cet idéal, au moins dans le domaine de la vie publique : songeons à la malhonnêteté politique du jeune Alcibiade [20], et à cette même attitude largement attestée chez l'historien Thucydide [21].

18. Cf. chapitre II.

19. *Talmud de Babylone Kidouchin*, p. 29 a et 30 b :
« Le père doit à son fils de le circoncire, le racheter, lui enseigner la Thora, le marier, lui enseigner un métier. Certains [Maîtres] disent : aussi le faire nager... Pourquoi ? Parce que c'est [nécessaire à] la vie. »

20. *Alcibiade* I, 109 b-c.

21. I 23-6 en pose le principe sans tarder.

Toutefois, l'on peut reconnaître que les Grecs en général, comme les personnages de Platon, méprisent jusqu'à un certain point de cacher la réalité sous de flatteuses paroles ; d'où un certain cynisme qui apparaît souvent, chez Polos ou Calliclès, Thrasymaque ou Alcibiade, cynisme du même ordre que celui des Athéniens dans le « dialogue de Mélos » selon Thucydide ; d'où également l'extraordinaire étalage d'orgueil commun à Gorgias ou Protagoras, à Hippias et à Ion [22]...

Ce que Socrate est venu enseigner à ses contemporains n'est donc pas la mise en accord de la vie et de la doctrine ; cet idéal était déjà revendiqué par tous, et même appliqué autant qu'il est humainement possible. Ce que Socrate est venu enseigner, c'est la cohérence de la doctrine. Il ne s'agit plus de changer la vie pour la mettre en accord avec la doctrine ; il s'agit de changer la vie parce que la doctrine aura été changée.

Un esprit aussi rebelle et réfractaire à l'intimidation que Calliclès ne s'y trompe pas, lorsqu'il entre en lice en s'écriant :

> « *Dis-moi, Socrate, devons-nous supposer que tu es sérieux maintenant, ou que tu plaisantes ? Car si tu es sérieux et si par hasard ce que tu dis est vrai, ne serait-ce pas que notre vie à nous autres hommes va être bouleversée, et que nous faisons tout le contraire, semble-t-il, de ce qu'il faut ?* » (*Gorgias* 481 c).

Donc un enseignement philosophique, si intellectualisé soit-il, ne sera jamais un jeu d'esprit, bon tout au plus pour affiner l'intelligence [23], mais aura le caractère, redoutable et admirable à la fois, d'entraîner l'adhésion pratique. On s'explique d'autant mieux les inquiétudes soulevées par l'activité de Socrate, par son succès effectif auprès des jeunes gens qui l'écoutaient.

Somme toute, l'activité de Socrate ne se comprend que parmi des Grecs : seuls des Grecs pouvaient être persuadés par ses raisonnements ; et c'est surtout des Grecs qui pouvaient, une fois persuadés, donner aux conclusions leur valeur en les prenant au sérieux et en les faisant passer dans les faits [24].

L'accord grec entre les mœurs et les doctrines (qui si souvent nous paraît cynisme, car notre doctrine est bien différente) s'explique par certains aspects de la doctrine elle-même. En effet l'éthique grecque est hautement naturelle, elle exalte l'amour-propre ; il n'y a donc pas de

22. Notons aussi que l'hypocrisie ne joue presque aucun rôle dans le théâtre grec, cf. p. 109-110.

23. Le jeu d'esprit existe aussi ; pensons à la définition trop rigoureuse de Nicias dans le *Lachès* (194 d et sq.) ; seulement dans ce cas, les mots n'engagent à rien ; que le courage soit savoir ou non, la conduite du soldat n'en sera pas modifiée puisque les connaissances hors de sa portée resteront hors de sa portée. De même les disputes éristiques du genre de celles de l'*Euthydème* exaspèrent car on n'en peut rien tirer pour la vie.

24. Les Athéniens ont préféré pourtant faire disparaître Socrate (cf. p. 211, n. 1). Mais c'est qu'ils ne pouvaient pas le considérer comme un doux rêveur ou un original inoffensif ; confrontés par lui à leur « propre idéologie », ils devaient l'écarter ou l'écouter.

difficulté à calquer la conduite sur ces principes qui ne choquent nul instinct humain[25].

Nous avons vu[26] que le *Lysis* nous amène à une conception, étonnante pour les modernes, de rapports humains fondés sur un calcul intelligent des intérêts personnels. Nous avons vu que cette conception n'était pas proprement socratique mais pouvait sans difficulté être attribuée au milieu de Socrate. D'ailleurs la démarche entière du dialogue, comme d'habitude, exige des interlocuteurs « hellénisants » (au sens du *Ménon* 82 b). Nous, barbares modernes, ne serions jamais arrivés aux conclusions déconcertantes de Lysis et de Ménexène, parce que nous aurions d'abord accepté l'hypothèse initiale :

> « *Est-ce que, dans ces domaines où nous sommes des inutiles, nous serons des* philoi *pour quelqu'un, et quelqu'un nous aimera-t-il* (philêsei) ? » (210 c).

Avec notre réponse dubitative sinon affirmative toute la conversation aurait été autre. Remarquons d'ailleurs que là il y a accord entre Socrate et ses répondants et que la divergence probable porte seulement sur la définition de l' « utile ». Mais, semble-t-il, tout Grec s'accorde à fonder les rapports humains sur l'utile, quel qu'il soit. Et là nous touchons au trait essentiel de cet « hellénisme », de cette culture grecque, patrimoine commun à tous les personnages de Platon, et condition des *Dialogues* ; la morale grecque est égocentrique[27].

Le culte de l'intérêt personnel apparaît partout dans nos dialogues : orgueil ou vanité d'Hippias, individualisme impitoyable de Polos ou de Calliclès ; Criton et Lysimaque assimilent le devoir des pères envers les enfants à celui de chacun envers soi-même et ses propres biens ; bon gré mal gré, Euthyphron finit par admettre que la piété est l' « art du commerce ». Enfin l'amitié n'a de sens que pour rendre service à l'aimant. Voilà qui répond admirablement à ce côté de la nature humaine, à cet amour-propre, tant dénoncé par les moralistes chrétiens qui le prisent moins que les Anciens. Et c'est un aspect de plus de la sincérité grecque, de l'adéquation *logos-ergon*. Le Grec moyen — cité par Polos — n'hésite pas à envier hautement l'abominable mais puissant tyran Archélaos (*Gorgias* 471 c-d), comme Lysis n'hésite pas à dire en présence de son ami Ménexène qu'on aime seulement les gens utiles. Tout ceci dénote une spontanéité totale. Nul ne ressent le besoin de masquer sa nature. Et là Socrate s'accorde avec ses compagnons, car s'il définit autrement

25. A en croire Thucydide, les Athéniens étaient plus cyniques, en politique, que les autres Grecs. Edmond Lévy (*op. cit.*, p. 3) écrit qu'à la fin du Ve siècle il y a « coïncidence entre la pratique impérialiste, et l'idéologie de la puissance et du droit du plus fort, ce qui en fait un moment de lucidité, où la parole, la pensée et l'action tendent à converger. »

26. Cf. chapitre V.

27. Léon Robin écrit en conclusion à sa *Morale Antique* (p. 170-1) : « Jamais les tendances formalistes qui se manifestent çà et là n'ont signifié la valeur absolue de la bonne volonté indépendamment du Souverain Bien... Les Grecs n'ont jamais conçu de vie morale, si élevée fût-elle, qui ne dût avoir le bonheur pour récompense. »

l'intérêt personnel, lui aussi n'argumente qu'au nom de l'intérêt personnel. Le *Gorgias* en est le meilleur exemple avec sa conclusion, en 527 d :

> « *Tu n'éprouveras aucun mal si tu es vraiment un honnête homme, appliqué à l'exercice de la vertu.* »

Que les dialogues socratiques vaillent seulement en milieu grec, nous paraît limiter leur intérêt, mais c'est une réaction bien digne des barbares que nous sommes. Platon et ses lecteurs ne s'intéressent qu'à leurs frères de race — non pas qu'ils méprisent forcément les Barbares ; l'éloge fait par Socrate dans l'*Alcibiade*[28] de la monarchie perse suffit à prouver amplement le contraire. Tout simplement ces Grecs se sentent évoluer dans un autre monde que les Barbares, et, sauf dans leurs rêves politiques de conquête du monde entier, ils ne les « voient » littéralement pas. Inutile de parler avec un Barbare de choses aussi universelles que la géométrie ! A cette remarque, glissée comme en passant dans le *Ménon* (82 b), fait écho une autre phrase de Socrate, plus furtive encore et plus férocement raciste, qui raye les non-Grecs, certains d'entre eux au moins, du monde moral :

> « *Si vous commencez maintenant à vous mêler de pédagogie, il vous faut considérer que vous en risquez l'expérience non sur un Carien, mais sur vos fils et sur les enfants de vos amis.* » (*Lachès* 187 a-b).

Ce malheureux « Carien » est glosé, aussi bien par Alfred Croiset dans la collection des Universités de France, que par Léon Robin dans la Pléiade, et par Émile Chambry dans l'édition Garnier-Flammarion, par « *in anima vili* » ; dans le texte de Platon il passe presque inaperçu, car l'expression a la banalité d'un proverbe. Dans le *Petit Hippias*, dès le prologue, le conférencier énumère les personnages remarquables de l'épopée homérique : Achille, le meilleur des hommes, Nestor le plus sage, Ulysse le plus fourbe ; et Hector ? serait-il un comparse ? Ni Hippias, ni aucun auditeur ne le mentionne ![29]

Enfin cet exclusivisme est exprimé avec netteté, toujours par Socrate, comme matière d'enseignement dans le mythe final du *Gorgias* (524 a). Zeus, dit Socrate, a décidé de mettre fin à la coutume de juger les morts vêtus de tous les attributs de leur vie passée. Une telle justice était en effet trop partiale.

28. 121 c ; 122 c ; 123 b ; 124 a.

29. A noter aussi l'indication du *Ménon* 70 c : Gorgias se ferait fort de répondre à n'importe quelle question de n'importe quel Grec ; pourquoi cette restriction qui, d'ailleurs, ne semble même pas avoir été ressentie comme une restriction ? Dans l' « archéologie » qui ouvre son œuvre, Thucydide attribue une même origine aux Grecs et aux Barbares ; mais les Grecs auraient évolué en raffinant leur civilisation, tandis que les Barbares seraient restés dans l'état primitif.

« *J'ai fait juges mes fils* » dit alors Zeus, « *deux d'Asie, Minos et Rhadamante, un d'Europe, Eaque ... Rhadamante jugera les morts venus d'Asie, et Eaque ceux d'Europe, et à Minos je donnerai le privilège de juger en dernier ressort au cas où les deux autres seraient embarrassés, afin que le jugement soit le plus juste possible.* »

L'idée est d'autant plus intéressante, que Zeus vient de priver les morts de toutes les contingences susceptibles de cacher l'état de leur âme nue. L'origine géographique (ou ethnique et culturelle) n'est donc pas du tout assimilable à une telle contingence. Il faut comprendre que la nature même de l'âme est autre, suivant son origine, et qu'un Grec d'Europe ne peut être jugé comme un Asiatique ni par un Asiatique [30], et réciproquement ; soit que les morales de ces deux groupes humains divergent, soit que leurs psychologies diffèrent au point de rendre l'entente impossible. Il est vrai que les affaires douteuses dans les deux tribunaux passent en dernière instance devant le même juge suprême (lequel est asiatique, marque nouvelle de l'estime de Platon pour ces étrangers !). Ceci réunifie l'humanité dans une perspective universaliste. Il reste que cette solution universaliste est un cas extrême et exceptionnel, et que, dans toutes les affaires courantes des morts comme des vivants, la distance est considérable entre les Barbares et les Grecs.

⁂

Le milieu dépeint par Platon dans ses dialogues socratiques est un milieu homogène, par sa culture, par ses idéologies [31]. Sans doute, il s'agit d'un cercle restreint de la haute société athénienne : on ne saurait, bien sûr, attribuer à l'ensemble des Grecs, peuple fécond en savants, en artistes, et en poètes dont certains ont créé le théâtre tragique, ce mépris des sciences et des métiers, des sentiments et des arts, et cette ignorance du « tragique », dont témoigne souvent l'œuvre de Platon. Mais probablement, parmi les amis et les adversaires de Socrate, ces traits ont-ils eu une réalité : nous avons cité, ici et là, des phrases de Xénophon, et même des maximes de personnages de théâtre, confirmant telle ou telle opinion énoncée chez Platon ; nous avons à l'occasion noté

30. Sans doute, la ligne de partage entre Europe et Asie ne coïncide pas avec celle qui sépare Grecs et Barbares. Du moins peut-on souligner ici que les juges asiatiques cités par Socrate, Minos et Rhadamante, sont d'origine phénicienne, barbare. D'autre part, si Grecs d'Europe et Grecs d'Asie sont aussi étrangers les uns aux autres que ce mythe le laisse entendre, que faudra-t-il en déduire, *a fortiori*, de la distance séparant Grecs et Barbares !

31. Edmond Lévy par exemple *(op. cit. passim)* trouve pourtant dans les *Dialogues* des témoignages du passage de l'idéologie de la puissance à celle du droit. N'est-ce pas que Platon se soucie peu d'éclairer les variations doctrinales d'un égocentrisme mettant successivement l'accent sur diverses manières d'être heureux, mais plutôt de souligner l'opposition du matérialisme général au spiritualisme de Socrate ?

la vraisemblance historique des portraits d'Hippias, de Ménon, de Protagoras [32].

La grande figure de Socrate, comme il est naturel, est conforme aux caractéristiques du milieu dont elle est issue, et dont elle a reçu ses préjugés, sa manière de penser. Mais Socrate est aussi un esprit extrêmement original, sujet de scandale pour ses contemporains qui l'ont finalement rejeté. Cette originalité illustre admirablement le pouvoir de la raison : à partir des mêmes évidences, senties d'instinct ou tôt apprises par tous, Socrate édifie en raisonnant une doctrine morale révolutionnaire où règne la seule logique, insoucieuse des sentiments, de toutes les réalités de la vie [33]. Tout s'y ordonne ; les moyens et les fins y forment une hiérarchie, et la fin suprême justifie ou condamne sans recours beaucoup de choses dont les hommes aimaient à juger autrement [34].

La répugnance tenace des Grecs à l'égard de cette doctrine trop cohérente, trop ordonnée, se manifeste dans l'œuvre plus tardive d'Aristote, spécialement l'*Ethique à Nicomaque* : malgré l'enseignement reçu de son maître, cet ancien disciple de Platon récuse l'unité des vertus chère à Socrate : le Bien est relatif, divers, et les vertus le sont aussi ; leur unité factice éclate en une poussière de cas particuliers, et le traité de morale d'Aristote prend souvent des allures de catalogue [35] ; faisant un appel constant à l'évidence, Aristote exprime certainement les pensées normales dans son milieu ; ces pensées sont la réaction du simple bon sens réaliste devant les constructions trop raffinées de la pure logique.

Quant à Socrate, sa morale épurée, toute rationaliste qu'elle est, et paradoxalement par cela même, émane en dernière analyse d'un Dieu, démon attaché à sa personne, Apollon de Delphes, ou — selon la terminologie platonicienne — Idée du Bien [36] ; car Dieu fonde la fin dernière autour de laquelle s'ordonne toute la morale, et la révèle au philosophe [37].

32. Cf. p. 98, 118, 144, 145.
Une enquête systématique, pour établir la mesure exacte de vérité historique dans le tableau peint par Platon, dépasserait de beaucoup le cadre de notre étude.

33. Georges Bastide (*op. cit. passim* jusqu'à la page 151) oppose le verbalisme vide des sophistes et l'attachement de Socrate à la réalité ; si telle a été l'opposition « historique » entre les deux formes de pensée, alors il a plu à Platon d'inverser les rôles dans ses *Dialogues*.

34. Cf. V. Goldschmidt, *Platonisme et pensée contemporaine*, p. 33-34 : l'auteur analyse la contradiction constante chez les interlocuteurs de Socrate entre une « prétention » de l'individu, et une « exigence essentielle » ; cette dernière, toutefois, pourrait paraître moins « essentielle » dans une autre civilisation.
Cf. aussi Schaerer, *La Question Platonicienne*, p. 37.

35. Spécialement remarquable est la manière dont Aristote traite le concept de « courage », qu'il limite sans équivoque au domaine militaire, comme le faisaient les interlocuteurs de Socrate. Taylor (*op. cit.*, p. 61) remarque cette infidélité d'Aristote à Platon et commente : « Cependant, la divergence est une pure question de vocabulaire. » Il nous semble, au contraire, que le désaccord est fondamental.

36. Cf. p. 63 et n. 75.

37. Nous retrouvons ainsi les éléments de l'analyse de Léon Robin dans *Quelques survivances dans la pensée philosophique des Grecs d'une mentalité primitive*, R.E.G., XLIX, 1936 ; p. 276, après avoir souligné le goût de Platon pour « les traditions mythiques..., les

Aussi n'est-il pas étonnant que la morale de Socrate, si grecque dans ses prémisses, rejoigne souvent dans ses développements les préceptes d'une morale toute différente, inspirée de religions plus mystiques : la primauté de l'âme sur la matière, l'amour dû au prochain, comme l'unité de la vertu, sont des enseignements communs à la pensée judéo-chrétienne et à celle de Socrate ; et dans leurs démarches, pourtant, ces deux formes de pensée restent profondément étrangères l'une à l'autre.

révélations mystiques... les formes les plus élémentaires de la pensée », il écrit : « C'est justement parce que l'origine s'en perd dans une nuit mystérieuse, qu'on ressent alors une émotion de respect, on se sent illuminé d'une clarté qui vient du dehors, de très loin, et de très haut. » Et, p. 279, L. Robin conclut que, tout entière, la philosophie de Platon pose cette question : « Par quels moyens, dans l'état de choses actuel, réussira-t-on à rétablir avec la Surnature un contact qui, depuis l'époque des origines, s'est perdu ? »

BIBLIOGRAPHIE

I. — Éditions et traductions des textes de Platon

A. Texte et traduction dans la *Collection des Universités de France,* publiée sous patronage de l'Association Guillaume Budé, Société d'Édition « Les Belles Lettres ».

Platon : Œuvres complètes

Tome I. — *Hippias mineur, Alcibiade, Apologie de Socrate, Euthyphron, Criton.* Texte établi et traduit par Maurice Croiset. Paris, 1946.

Tome II. — *Hippias majeur, Charmide, Lachès, Lysis.* Texte établi et traduit par Alfred Croiset. Paris, 1936.

Tome III (première partie). — *Protagoras.* Texte établi et traduit par Alfred Croiset, avec la collaboration de Louis Bodin. Paris, 1941.

Tome III (deuxième partie). — *Gorgias, Ménon.* Texte établi et traduit par Alfred Croiset, avec la collaboration de Louis Bodin. Paris, 1935.

Tome V (première partie). — *Ion.* Texte établi et traduit par Louis Méridier. Paris, 1931.

Tome VI. — *La République,* livres I - III. Texte établi et traduit par Émile Chambry, avec introduction d'Auguste Diès. Paris, 1932.

B. Texte et traduction anglaise dans *The Loeb classical Library.*

Plato

Tome I. — *Euthyphro, Apology, Crito,* by Harold North Fowler, and an introduction by W. R. M. Lamb. London, 1966.

Tome III. — *Ion,* by W. R. M. Lamb. London, 1942.

Tome IV. — *Laches, Protagoras, Meno,* by W. R. M. Lamb. London, 1952.

Tome V. — *Lysis, Gorgias,* by W. R. M. Lamb. London, 1953.

Tome VI. — *Greater Hippias, Lesser Hippias,* by H. N. Fowler. London, 1939.

Tome VIII. — *Charmides, Alcibiades,* by W. R. M. Lamb. London, 1955. *The Republic,* books I - V, by Paul Schorey. London, 1963.

C. Traduction dans la Bibliothèque de la Pléiade.

PLATON : **Œuvres complètes**

Tome I. — Traduction nouvelle et notes, par Léon Robin. Paris, 1950.

D. Traduction dans l'édition Garnier-Flammarion.

PLATON

I. — *Hippias mineur, Premier Alcibiade, Euthyphron, Lachès, Charmide, Lysis, Hippias majeur, Ion.* Traduction, notices et notes par Émile Chambry. Paris, 1967.

II. — *Apologie de Socrate, Criton.* Traduction, notices et notes par Émile Chambry. Paris, 1965.

III. — *Protagoras, Gorgias, Ménon.* Traduction, notices et notes par Émile Chambry. Paris, 1965.

IV. — *La République.* Introduction, traduction et notes par Robert Baccou. Paris, 1966.

E. Édition de textes commentés.

Plato's Euthyphro, Apology of Socrates, and Crito. Edited with notes by John Burnet. Oxford, 1970.

Plato : Gorgias. A revised text, with introduction and commentary, by E. R. Dodds. Oxford, 1971.

F. Traduction commentée.

Protagoras-Plato. Edited with an introduction by Gregory Vlastos. Indianapolis. New York, 1956.

II. — ÉDITION DES TEXTES DES SOPHISTES

Die Fragmente des Vorsokratiker. Griechisch und deutsch von Hermann Diels, herausgegeben von Walther Kranz. Trois volumes. Dublin-Zürich, 1968.

III. — OUVRAGES SUR SOCRATE

Georges BASTIDE. — *Le moment historique de Socrate,* 332 p., Paris, 1939.

Norman GULLEY. — *The philosophy of Socrates,* 222 p., London, 1969.

W. K. C. GUTHRIE. — *Socrates,* VII-200 p., Cambridge, 1971.

W. K. C. GUTHRIE. — *Socrates and Plato,* Brisbane (Queensland), 1958.

V. DE MAGALHAÈS-VILHENA. — *Le problème de Socrate, Le Socrate historique et le Socrate de Platon,* 568 p., Paris, 1952.

V. DE MAGALHAÈS-VILHENA. — *Socrate et la légende platonicienne,* 235 p., Paris, 1952.

René MILLET. — *Socrate et la pensée moderne,* XXI-287 p., Paris, 1920.

Michael O'BRIEN. — *The Socratic paradoxes and the Greek mind,* XIV-249 p., North Carolina, 1967.

IV. — OUVRAGES SUR PLATON

Yvon BRÈS. — *La psychologie de Platon,* 432 p., Paris, 1973.

François CHÂTELET. — *Platon,* 250 p., Paris, 1965.

A. J. FESTUGIÈRE. — *Contemplation et vie contemplative selon Platon,* 493 p., Paris, 1950.

G. C. FIELD. — *Plato and his contemporaries,* XI-242 p., London, 1967.

Adam FOX. — *Plato for pleasure,* VIII-176 p., London, 1962.

Victor GOLDSCHMIDT. — *Les dialogues de Platon, structure et méthode dialectique,* XI-376 p., Paris, 1947.

Victor GOLDSCHMIDT. — *Le paradigme dans la dialectique platonicienne,* 139 p., Paris, 1947.

Victor GOLDSCHMIDT. — *Platonisme et pensée contemporaine,* 271 p., Paris, 1970.

Victor GOLDSCHMIDT. — *Questions platoniciennes,* 290 p., Paris, 1970.

Georges GROTE. — *Plato, and the other companions of Sokrates,* London, 1888, 4 vol.

Pamela HUBY. — *Plato, and modern morality,* VIII-80 p., Edimburg, 1972.

Alexandre KOYRÉ. — *A la découverte de Platon,* 229 p., Paris, 1962.

Aloys de MARIGNAC. — *Imagination et dialectique.* 168 p., Paris, 1950.

Simone PÉTREMENT. — *Le dualisme chez Platon, les gnostiques et les manichéens,* 354 p., Paris, 1947.

Léon ROBIN. — *La théorie platonicienne de l'Amour,* 190 p., Paris, 1964.

Léon ROBIN. — *Platon,* VIII-364 p., Paris, 1938.

Gilbert RYLE. — *Plato's progress,* VIII-311 p., Cambridge, 1966.

René SCHAERER. — *Dieu, l'homme et la vie, d'après Platon,* 217 p., Neuchâtel, 1944.

René SCHAERER. — *La question platonicienne,* 342 p., Neuchâtel, 1969.

Paul SHOREY. — *The Unity of Plato's thought,* 88 p., Chicago, 1968.

A. E. TAYLOR. — *Plato, the man and his work,* X-562 p., London, 1966.

Paul VICAIRE. — *Platon, critique littéraire,* 448 p., Paris, 1960.

Gregory VLASTOS. — *Plato, a collection of critical Essays,* N. Y., 1971, 2 vol.

Alban Dewes WINSPEAR. — *The genesis of Plato's thought,* VII-390 p., Montreal, 1974.

V. — ÉTUDES GÉNÉRALES, OU SUR LE MILIEU DE SOCRATE

J. ANDRIEU. — *Le dialogue antique, structure et présentation,* 366 p., Paris, 1954.

Daniel BABUT. — *La religion des philosophes grecs,* 213 p., Paris, 1974.

Ernest BARKER. — *Greek Political Theory,* XII-468 p., London, 1967.

John BURNET. — *Greek Philosophy,* X-292 p., London, 1914.

Victor EHRENBERG. — *From Solon to Socrates, Greek History and Civilisation during the sixth and fifth centuries B. C.,* XVII-515 p., London, 1973.

Jean-Claude FRAISSE. — *Philia, la notion d'amitié dans la philosophie antique,* 504 p., Paris, 1974.

Yvon GARLAN. — *La guerre dans l'Antiquité,* 223 p., Paris, 1972.

Alvin W. GOULDNER. — *Enter Plato. Classical Greece, and the Origins of Social Theory,* VIII-407 p., London, 1967.

W. K. C. GUTHRIE. — *The Greek Philosophers,* V-168 p., London, 1950

W. K. C. GUTHRIE. — *The Sophists,* IX-345 p., Cambridge, 1971.

Edmond LEVY. — *Athènes devant la défaite de 404,* IX-339 p., Paris, 1976.

Henri-Irénée MARROU. — *Histoire de l'Éducation dans l'Antiquité,* 646 p., Paris, 1965.

Helen NORTH. — *Sophrosyne,* XX-391 p., New York, 1966.

Lionel PEARSON. — *Popular Ethics in ancient Greece,* 262 p., Stanford-California, 1962.

Fernand ROBERT. — *La littérature grecque,* 127 p., Paris, 1967.

Léon ROBIN. — *La pensée grecque et les origines de l'esprit scientifique,* XXI-517 p., Paris, 1963.

Léon ROBIN. — *La morale antique,* 178 p., Paris, 1947.

Jacqueline de ROMILLY. — *Thucydide et l'impérialisme athénien,* 326 p., Paris, 1951.

René SCHAERER. — *L'homme antique et la structure du monde intérieur, d'Homère à Socrate,* 416 p., Paris, 1958.

Constantin TSATSOS. — *La philosophie sociale des Grecs anciens* (traduit du grec par Fernand Duisit), 339 p., Paris, 1971.

Jean-Pierre VERNANT. — *Mythe et pensée chez les Grecs,* Paris, 1965, 2 vol.

Jean-Pierre VERNANT et Pierre VIDAL-NAQUET. — *Mythe et tragédie en Grèce ancienne,* 187 p., Paris, 1973.

VI. — Articles de revues

Guido Calogero. — *Gorgias and the Socratic principle « Nemo sua sponte peccat »*. Journal of Hellenic Studies, LXXVII, Part I, 1957, pp. 12-17.

Jacqueline Duchemin. — *Remarques sur la composition du* Gorgias. Revue des Études Grecques LVI, 1943, pp. 266-286.

Jacqueline Duchemin. — *Platon et l'héritage de la poésie.* Revue des Études Grecques LXVIII, 1955, pp. 12-37.

Victor Goldschmidt. — *Le problème de la tragédie d'après Platon.* Revue des Études Grecques LXI, 1948, pp. 19-63.

Edmonde Grimal. — *A propos d'un passage de* Ménon *: une définition tragique de la couleur.* Revue des Études Grecques LV, 1942, pp. 1-13.

H. Jeanmaire. — *Le substantif HOSIA dans le vocabulaire religieux, et sa signification comme terme technique.* Revue des Études Grecques, LXVII, 1954, pp. 68-84.

Evelyne Méron. — *De l'*Hippolyte *d'Euripide à la* Phèdre *de Racine : deux conceptions du tragique.* XVIIe siècle, 1973, n° 100, pp. 35-63.

Evelyne Méron. — *La paysannerie pauvre d'après Euripide et Ménandre : un même sujet, deux attitudes opposées.* Bulletin de l'association Guillaume Budé, 1972, n° 1, pp. 57-69.

Joseph Moreau. — *Les thèmes platoniciens de l'*Ion. Revue des Études Grecques LII, 1939, pp. 419-428.

Joseph Moreau. — *Le platonisme de l'*Hippias Majeur. Revue des Études Grecques LIV, 1941, pp. 19-42.

Léon Robin. — *Quelques survivances dans la pensée philosophique des Grecs d'une mentalité primitive.* Revue des Études Grecques XLIX, 1936, pp. 255-292.

Gilberte Ronnet. — *Le sentiment du tragique chez les Grecs.* Revue des Études Grecques LXXVI, 1963/2, n° 361-363, pp. 327-336.

Pierre-Maxime Schuhl. — *Remarques sur Platon et la technologie.* Revue des Études Grecques LXVI, 1953, pp. 465-473.

Dorothy Tarrant. — *Plato as dramatist.* Journal of Hellenic Studies, 1955, pp. 82-89.

INDEX

DE QUELQUES SUJETS DE RÉFLEXION DISPERSÉS DANS CE LIVRE

TABLE DES MATIÈRES

IMPRIMERIE A. BONTEMPS
LIMOGES (FRANCE)
Dépôt légal : 3e trimestre 1979